前海股权事务所 Qianhai Equity Business Firm　中力知识科技 ZHONGLI INTELLECTUAL TECHNOLOGY

基于顶层设计的股权激励

——从股权激励到股权运营

刘建刚　李建辉　邵铁健　张宏强　马　伟　谭开强 ◎ 著

商业与股权创新之道，四大原创知识体系
催发新时代产业英雄！

团结出版社 UNITY PRESS

图书在版编目（CIP）数据

　　基于顶层设计的股权激励 / 刘建刚等著. -- 北京：
团结出版社, 2018.8
　　ISBN 978-7-5126-6591-0

　　Ⅰ. ①基… Ⅱ. ①刘… Ⅲ. ①股权激励—研究 Ⅳ.
①F272.923

　　中国版本图书馆CIP数据核字（2018）第204467号

基于顶层设计的股权激励

刘建刚　李建辉　邵铁健　张宏强　马　伟　谭开强　著

特约策划：润商文化　陈　润
责任编辑：郑　纪
出　　　版：团结出版社
　　　　　　（北京市东城区东皇城根南街84号　邮编：100006）
电　　　话：（010）65228880
发　　　行：（010）51393396
网　　　址：http://www.tjpress.com
E – mail：65244790@163.com
经　　　销：全国新华书店
印　　　刷：中国电影出版社印刷厂

开　　　本：170×240　1/16
印　　　张：19.5
字　　　数：240千字
版　　　次：2018年11月第1版
印　　　次：2018年11月第1次印刷

书　　　号：978-7-5126-6591-0
定　　　价：60.00元

前海股权事务所、中力知识科技专家团：

刘建刚　李建辉　邵铁健　张宏强　马　伟　谭开强　宋卫华

许亚梅　胡克华　赵曼廷　杨　宇　黄俊铖　曾　波　石生仑

许亚红　涂国志　马福臣　吴开权　覃恩侨　张铭焯　刘九章

中国股权激励实战咨询及培训辅导领先团队，研发专利 30 余项，完成多项国家相关课题研究，深度服务过数百家上市公司、新三板企业、国有企业，数千家拟上市公司和成长型企业。

团队坚持独立思考和自主创新，研发了现代企业商业运营核心知识体系，拥有多项知识产权。产品和服务涉及商业决策与创新、产业升级、公司治理、股权架构与控制权设计、股权激励、合伙人机制、股份改制、股权融资、并购重组、上市规划、市值管理与股权价值发展等顶层设计与股权运营领域。还包括企业家精神、企业文化、领导力建设、赋能型绩效、人力资本发展、企业传承、新生代企业家训练、科技创新服务等板块。

目　录

赋能用户，引领行业

这是产业大革命时代，新技术、新产业、新模式、新业态呼啸而来，人类从未有过如此壮怀激烈的产业迭代史，层出不穷的产业英雄创造了一个又一个充满想象力的商业故事，引领最前沿的产业风潮。

这轮产业风潮是前所未有的大融合，产业边界日渐模糊，企业成长逻辑发生深刻变化，商业的成功很难是单个要素的推动，技术、模式、资本、运营等元素的有效融合，才可能跑出一个有价值的商业体。这些融合已经不能依靠生产要素和其他资源，对人的依赖成为绝对，人的知识和能力已然是企业最核心的资产，我们真正进入了人力资本时代。越来越多的行业，人的知识和能力同样成为了最核心的生产要素，如何在公司制下实现最大程度的人合，就成了这些行业企业的痛点。这个因素，是当下中国企业实施股权激励的最主要原因，所谓委托代理制对股权激励机制的推动，反而不是最现实的理由。

在这个大环境下，越来越多的企业有了实施股权激励的紧迫性和积极性，但环顾目前导入了股权激励机制的企业，效果欠佳者不在少数。市面上关于股权激励的书籍亦汗牛充栋，概念满天飞舞，基本大同小异，程式化、套路化严重，对企业个性化指导性和实战性差。业界真正需要一套具备独立思考体系，应用性广、实践性强的股权激励专业书籍，来帮助从业人员及企业推动股权激励有效实施。

在这样的背景和使命驱动下，《股权激励三部曲》终于问世了。丛书思考了三大核心问题：究竟什么样的企业适合做股权激励？为什么有些企业股权激励做得不成功？股权激励在这个新时代究竟怎么做才能发挥最大效用？从《股权激励你不能做》到《股权激励你不会做》到《基于顶层设计的股权激励》分别给出了很好的答案。特别是《基于顶层设计的股权激励》这套知识体系，我们提出了国内首创的股权激励系统逻辑和模型工具，形成了创新的方法论，获得了多项知识产权。

感谢前海股权事务所、中力知识科技诸君的情怀和付出，在繁忙的讲课和咨询工作之余，完成了股权激励三部曲丛书的写作，这是我们集体智慧的结晶，更是我们数年来实践经验和成功案例的一次提炼和总结。感谢我们客户长期对中力的信赖，放心把股权激励项目交给我们咨询实施，为这套丛书积累了宝贵的素材。

希望这套从实战中来，凝聚二十余位股权激励权威咨询专家心血的丛书能够对企业实施股权激励，对从业人员学习股权激励起到一定作用。虽几易其稿，依然难求完美，商榷之处请有识之士不吝交流。

刘建刚

深圳中力知识科技有限公司董事长

前海股权事务所 / 中国合伙人研究中心创始人

全国中小企业商业与股权研究中心执行主任

2018 年 10 月 27 日晨 5 点

股权时代的经营智慧

股权时代已经到来

在世界现代化进程中，公司作为一个社会经济组织展示出了令人惊叹的力量，而股权就是这股力量的源泉。股权是企业的核心资源，它将单枪匹马的个体凝聚为高效协作的团队，将各方资源整合在一起撬动整个产业，将一股股资金汇聚成商业资本放大企业价值。

如今，股权已经成为现代企业无法绕开的话题，无论是企业在创业阶段进行创始合伙人股权设置、以股权吸引风投融资，还是企业在快速发展期通过股权吸引人才、整合资源，抑或是企业上市后通过股票定增融资、并购重组、未来市值管理，股权的作用都是不可忽视的。

对于股权，企业家们往往既熟悉又陌生。熟悉的是，股权代表着自身利益和权力。陌生的是，如何让股权发挥应有价值，如何用股权链接人才、资源、资本，从而使企业快速发展。有很多企业家已经开始在企业中推动股改和股权激励。但是，在前海股权事务所、中力知识科技过往十年与数千位企业家打交道的过程中，我们发现，很多企业家对股权的认知是非常有限的，只是将其当成激励或融资的工具，或者将其当成控制企业的手段。

如果我们能站在企业顶层设计的角度去看待股权背后的意义以及股权带来的裂变式效应，或许能看到不一样的价值和风景。股权吸引人才不是结果，股权融资和整合资源也不是目的，通过股权链接企业的利益相关者，与他们合作共赢，一起创造未来财富，搭建一个共识、共生、共创、共享、共治的生态组织，达成企业战略目标，实现企业的长足发展，才是股权的真正价值。

可以说，作为企业管理运营和公司治理的核心工具，股权发挥着至关重要的作用，它影响着企业的持续健康发展，影响着企业的未来。

股权运营是构建企业人才竞争优势的法宝。通过股权运营这种利益共享机制，人才的利益与企业的利益紧紧地捆绑在一起，增强员工的归属感和认同感，激发员工的积极性和创造性，使他们成为企业转型的中流砥柱，为企业创造更多的可能性。

股权运营是撬动产业发展的杠杆。用股权来整合上下游的产业资源，打造股权联盟实现行业内扩张发展，打造跨界联盟实现跨界整合发展，才能实现资源的优化配置，使企业突破发展瓶颈，实现转型升级、联盟共赢，获得长足发展。

股权运营是中小企业实现健康快速发展的利器。受国际国内经济大势影响，原本就存在经营规模小、业绩不稳定、抗风险能力弱等问题的中小企业，又面临着经济下行和新经济崛起的多重压力，这使得其发展与规划都举步维艰。而实施股权激励，能帮助中小企业把握企业发展方向、设计商业模式、优化组织效能、完善机制保障，使其在新时代洪流中有效地避开市场经济旋涡，顺利渡过难关。

对企业家来说，股权意味着事业与格局。对创业者来说，股权意味着梦想与目标。对员工来说，股权意味着奋斗与希望。对投资人来说，股权意味着信任与回报。对公司来说，股权背后链接着人才、资源与资本，也代表着理念共识、价值共创、责任共担、利益共享、全员共治的企业文化。

股权时代已经到来，我们不知不觉中已身处其中。谁能真正地把股权这个工具理解、掌握、达到"运用之妙，存乎一心"的境界，立足股权的视角，发掘股权的力量，谁才能实现企业的持续发展。

顶层设计与股权激励

能在企业中扎根落地的股权激励机制一定要结合企业的顶层设计，从而明确企业发展方向，呈现独特的商业价值，通过股权激励与顶层设计的系统联动，实现企业长久发展。

根据前海股权事务所、中力知识科技独创的"基于顶层设计的股权激励"模型，实施股权激励首先要明确战略——以顶层设计为核心基础，围绕着商业设计、治理设计、组织规划、产融规划做调整。顶层设计既是发展蓝图，也是经营脉络所在，它不单是需要艺术的表达，更需要层层分解，条条落实。

商业设计是股权激励的原点，体现出一个企业的思想和价值。商业模式是企业创造价值的核心商业逻辑，从价值的主张到价值的创造、传递，再到价值的实现，在其建构过程中，企业与相关利益者形成利益共享、资源共享、合作共赢的关系；战略规划解决的是企业发展的路径问题，把外部大环境和企业本身的变化纳入战略的选择当中；决策推演可以推导出成功的可能性，以及遇到的障碍和失败的可能性，做到防患于未然，并决胜于千里之外。

治理设计为股权激励做好布局统筹，体现出一个企业的规则与权力，为公司定好股东与股东、股东与投资人、股东与高层管理者之间的"游戏规则"。股权架构重在为企业设计好控制权，避免日后企业因为控制权问题而引发波诡云谲的风云变幻。而公司重要决议的产生乃至CEO的任免都与公司治理结构制定的规则密不可分。公司设定的规矩则是企业的一道护城河，在公司未来发生纠纷的时候，设定的公司章程可以成为企业的救命稻草。

组织规划是实现企业内部激励的基础。股权激励的周期通常长达几年，需要经历一个很长的过程，组织规划必不可少。组织规划可以从组织的高度，解决组织需要什么样的人才、怎么定岗定编、如何进行人力资源规划、人才如何储备等核心问题，从而实现企业的内部激励。而股权激励的推行，也可以在企业内部建立"造血"机制。股权激励与组织规划相结合，二者匹配起来，才能促进组织向好的方面发展。

通过产融规划可以实现外部激励。股权激励是激励外部资源的手段，不仅内部员工是企业的股权激励对象，上下游供应链和其他合作伙伴都可以是企业的激励对象。资源和资本是企业发展过程中必不可少的要素，通过股权最大限度地链接资源、资本，才能实现企业跨越式发展。

从激励原点、布局统筹、内部激励到外部激励，构成了一个完整的股权激励系统。从这个角度来看，顶层设计与股权激励两个体系之间有了内在的、全方位的、紧密的关联，实现了完全融合。妙用商业设计以统筹全局，放大企业价值，统一价值观，为企业的股权激励做好物质准备和精神准备；善用治理设计以科学布局，避免股权激励中可能出现的纷争；巧用组织规划以承载战略，激活人才，对公司内部激励做好统筹；活用产融规划以整合资源，广泛链接公司外部资源，真正做到融智、融资和融力。

"经济基础决定上层建筑，分配是关键；顶层设计决定奋斗蓝图，方向是根本。"这是前海股权事务所、中力知识科技提出的基于顶层设计的股权激励之根本思想。企业想要长久发展，企业家必须具备顶层设计与股权激励的思维和智慧，将顶层设计与股权激励结合作为股权激励的主轴，激发股权核动力，打造从商业模式到人才发展的股权生态链，使企业与人力资源、产业资源、金融资本、社会财富等形成合力。

企业家是股权生态系统的总设计师

管理大师艾尔弗雷德·斯隆在《我在通用汽车的岁月》中说道："他们（企业家）是将自己的性格、天分作为一种主观因素灌输至企业的运营之中，而不是从方法和目标上追求管理的规律。"企业是由企业家创立的，它承载了企业家的梦想和希望。因此，企业的发展离不开企业家的引领。

如今，中国经济已进入资本时代，顺应市场潮流、留住核心骨干、招纳优秀人才、凝聚合伙人、整合产业上下游、吸引资本青睐已经成为企业家的经营核心。当下中国企业面临机遇和挑战，各行各业都在转型升级。逆水行舟，不进则退，作为一个企业的领导者，企业家应不断学习、精进、创新，形成适应时代发展的管理理念与治理智慧。

企业家是股权激励的总设计师，应从顶层设计考虑未来股权激励，要充分认识到：顶层设计是企业未来价值创造的方向，是统一思想的基础，是奋斗方向的根本。在这个倡导合伙人精神、资源共享、产融互动的时代，股权激励思维已经成为企业家更高层次的经营智慧。在波诡云谲的商海中，企业要想可持续发展，企业家需要不断创新，突破原有思维，乐于与他人分享发展成果，葆有为社会创造价值、不断挑战现状的情怀。谁能做到这些，谁就能成为时代的英雄。

在股权时代，企业家自身境界与格局的提升，对股权激励发挥着非常关键的作用。愿每个企业家都能与时俱进，改变思维，在做好企业顶层设计的基础上实施股权激励，打造股权生态系统，加快自身的成长以及企业的裂变，实现共赢。如此，企业方能永续经营。

作为现代企业的必修课，"顶层设计与股权激励"的普及教育还有很长一段路要走。前海股权事务所、中力知识科技将坚持行走在这条路上，不断深入研究开发、持续分享、落地支持，为中国中小企业的发展贡献力量。

第一篇

股权时代：从"摸着石头过河"
到"造船出海"

第一章

新时代，新挑战

第一节　全球竞争格局下的中国新时代

从 1978 年至今，中国的改革开放已历经 40 年风雨征程，辉煌成就有目共睹：

GDP 是一个国家综合实力的主要体现，改革开放以来，中国 GDP 的增长速度十分迅猛，从 1978 年的 3678.7 亿元到 2017 年的 82.71 万亿元，增长了 226 倍，年均增长 9.5%，平均每 8 年翻一番，远高于同期世界经济 2.9% 左右的年均增速，在全球主要经济体中名列前茅。

对外贸易不断开拓新格局，实现了跨越式发展。1978 年到 2017 年，按人民币计价，我国进出口总额从 355 亿元提高到 27.8 万亿元，增长 782 倍，年均增速达 18.6%。其中，出口总额从 168 亿元提高到 15.3 万亿元，增长 914 倍，年均增速为 19.1%；进口总额从 187 亿元提高到 12.5 万亿元，增长 664 倍，年均增速为 18.1%。

产业结构不断优化升级。改革开放以来，我国产业结构发生了持续、全面、影响深远的变化，第三产业逐渐成长为国民经济主导产业。尤其是党的十八大以来，新技术、新产业、新业态不断涌现，数字经济、平台经济、智能经济等新经济快速发展，产业结构加快从以劳动密集型消费品工业和原材料型重工业为主，向以资本、技术密集型制造业和满足生产生活需要的现代服务业为主转型，优势产业集群逐渐发展壮大，为经济的持续增长以及新旧动能的转换提供了重要支撑。

经济规模跃居世界第二位，对世界经济增长的贡献持续提高。1978 年，我国经济总量居世界第十一位，之后不断攀升，2010 年超过日本，成为世界第二大经济体。2017 年，我国国内生产总值折合 12.3 万亿美元，占世界经济总量的 15% 左右，比 1978 年提高 13%。近年来，我国对世界经济增长的贡献率超过 30%，成为世界经济增长的主要稳定器和动力源。

中国之所以能取得举世瞩目的巨大成就，创造"人类发展史上最激动人心的奇迹"，实现从"赶上时代"到"引领时代"的伟大跨越，除了国家在关键时期推动改革开放的远见和魄力之外，也与全球化的历史进程是密不可分的。起始于 1978 年的改革开放，正好接上了全球化历史上最兴盛的阶段。从 20 世纪 70 年代以来，经济全球化进入蓬勃发展的时期，这一时期也是世界经济增长最为迅速的时期。中国也因此把握住了全球化的历史机遇，逐渐融入世界经济体系之中。不管是改革开放初期在南部沿海地区建立的经济特区，还是今时今日的"一带一路"、"中国制造2025"，中国始终以拥抱全球化作为推动经济发展的动力。

不仅如此，中国还以最大的发展中国家之姿态，持续不断地为世界经济贡献能量。随着经济全球化的日益深化，中国逐渐成为一股不可小觑的经济力量，一方面吸纳了大量原材料、能源、资金和技术的进入；另一方面也把大量优质产品输向世界，推动全球经济的发展与变革。

在 2008 年金融危机席卷全球之前，中国始终是全球化的被动参与者，一直在努力融入、学习赶超。2008 年的金融危机给世界经济带来了摧毁性的打击，却也由此开启了一段特殊的全球化进程。这场金融危机后，过去的全球化暴露出了一系列深层次问题，"逆全球化"暗潮汹涌。这一时期，已是世界经济重要引擎的中国开始在全球化中扮演起重要角色，甚至成为新一轮推动全球化的核心动力，通过自身的崛起释放巨大能量重塑与升级当前的全球秩序，中国企业也开始融入全球价值链，并积极参与全球竞争，进行资源全球采购、产品和技术全球输出，甚至收购海外优质企业等。2015 年底，中粮集团旗下的中粮国际有限公司以 7.5 亿美元收购香港来宝集团所持有的中粮来宝农业 49％ 的股权，这项交易之后，中粮国际持有中粮来宝农业 100％ 的股权。类似的中国企业收购或控股国际顶级品牌早已屡见不鲜。

当今世界仍处于大变革、大调整之中。面对错综复杂、变幻莫测的国际局势，中国也不断向世界表明对外开放、维护全球化的决心。习近平主席在 2018 年博鳌亚洲论坛上说："综合研判世界发展大势，经济全球化是不可逆转的时代潮流。正是基于这样的判断，我在中共十九大报告中强调，中国坚持对外开放的基本国策，坚持打开国门搞建设。我要明确告诉大家，中国开放的大门不会关闭，只会越开越大！"

在这一背景下，中国政府提出"顶层设计"的理念可谓恰逢其时。在中共中央关于"十二五"规划的建议中，"顶层设计"这个名词第一次出现。党的十八大以来，一个个强有力的顶层设计方案不断出炉，不但开辟了改革新局面，也在深入推动着全球化的发展。

对于企业来说，无论身处任何时代，其成功的 90％ 因素都取决于国家大势，大环境决定了企业的生死存亡。因此，在全球化的大背景下，企业家应该顺势而为，把握时代脉搏，站在全球角度，放眼世界，布局未来。

不过，企业家们也应该认识到，面对全球化浪潮，应对激荡的外部环境带来的挑战，是所有企业面临的共同难题。

第一，随着中美贸易战的爆发，全球经济前景更加不确定，全球化进程也可能面临更多的波折，中国企业必然会承担很大压力，尤其是存在明显出口依赖的制造业企业会受到巨大冲击。中国企业想生存，抢占国内市场，必须自身加紧修炼内功，让科技赋能，减少对美国市场的依赖，多管齐下，从而度过贸易战带来的贸易寒冬期。

第二，全球化使中国企业融入巨大的全球价值链体系中，但在这个价值链体系中，中国的大多数企业仍处于低端，比如富士康集团虽然规模庞大，却只是美国苹果公司主导的价值链体系下的一个下游加工厂。在中国的产业越来越深地被纳入国际分工体系之中的今天，低质高耗、低附加值的下游企业只能处于被动地位，毫无竞争力，甚至完全依赖于上游产业的兴衰。

第三，中国企业普遍缺乏自主创新能力，真正拥有核心技术和自主知识产权的可谓凤毛麟角。大部分中国企业仍处于引进和消化国外技术基础上的创新阶段，无法摆脱对国外企业的依赖，只能受制于人，为其他企业"打工"。在全球化过程中，很多欧美企业都在不停地设置技术门槛，使中国根本无法涉入。

第四，中国企业的经营管理能力普遍较低。如今中国在全球化进程中扮演的角色越来越重要，中国企业"走出去"成了必然的选择。然而，我们发现，就目前来看，很多中国企业并不具备管理好跨地区、跨国、跨文化、跨民族的员工团队和企业的经营能力。

第五，中国企业的复合型人才存在很大缺口。企业竞争力的体现一方面是科学技术，另一方面是人才，这两方面构成一个企业持续发展、经久不衰的动力，对人才的培养和有效利用，是企业在全球化中保持竞争力的必要条件。然而，我国企业对人才的需求有很大的缺口，尤其是综合型人才，我国企业要进入国际市场，急需一批对外国文化、法律、语言等精通的复合型人才，还有就是高级经理人，经济分析师等与世界企业接轨的高级复合型人才。

中国企业还有太多不足和需要学习的地方。不过，从另一个角度来说，挑战也是机遇，挑战越大，机遇越大。全球化的日益加深和中国从受益者到引领者的角色转换，将对中国企业形成倒逼，使中国企业重新认识自身的缺陷，对发展战略进行积极调整，在动荡的格局中探寻企业经营的本质，更好地利用外部的条件，抓住机会，实现企业的涅槃重生。

同时，中国企业也可以吸纳、利用全球的资源，使其为"我"所用：抓住科技全球化机遇，提高企业创新意识和能力，实施知识产权战略，做"强"企业；抓住生产全球化机遇，提高企业合作意识和能力，实施国际经营战略，做"大"企业；抓住贸易自由化机遇，提高企业开放意识和能力，更好地适应并参与多边贸易，加速对外开放的步伐，大力推进产品和服务"走出去"，做"广"企业；抓住资本全球化机遇，充分借助资本市场，有效吸引和利用外资，解决资金不足的问题，从技术、质量、品种、服务等多角度不断提升品牌形象和价值，做"精"企业。

如今，中国的经济发展正处于爬坡过坎、逐步深化的阶段，经济转型也已进入关键窗口期。产业结构不断优化，创新成为经济发展的新引擎，随着以工业互联网为代表的新一代技术快速发展，云计算、大数据、人工智能等与实体经济不断深度融合，新技术、新产业、新业态、新模式不断涌现，引领新方向，形成源源不断的经济新动能，"中国制造2025"也正在如火如荼地实施过程中。置身于这股汹涌的浪潮之中，中国企业也面临着转型再出发的新挑战，必须从商业模式、治理设计、组织规划、产融规划等层面进行长期持续全方位的"顶层设计"，才能让企业把握住转型升级的突破口，使企业拥有国际竞争力，实现质的飞跃。

第二节 新时代的巨大挑战

"这是一个 VUCA 的世界。"宝洁公司 CEO 罗伯特·麦克唐纳曾经这样描述当下新的商业格局。"VUCA"是一个军事术语，是四个英文单词开头字母的组合，它代表着世界已经进入一个易变（Volatile）、不确定（Uncertain）、复杂（Complex）和模糊（Ambiguous）的时代。在这个时代里，无论是客观世界还是人们的主观理念都处于快速变化中；企业的未来充满了不确定性；企业的问题也不能简简单单地处理；信息碎片化让企业更难以清晰地认识到客观世界的全貌。

换言之，如今的企业面对的是一个变革的时代，"互联网 +"时代的到来、信息技术的爆发式增长、新思潮的迭代创新以及需求变化的不规则，正在不断地冲击和颠覆着原有工业体系的经营理念和经营思维，这是时代的潮流，所有人都裹挟其中。动态的商业世界蕴含着更多的机遇，但也给企业带来了巨大挑战。

一是在"互联网 +"时代，企业与消费者之间的连接纽带变了，过去，两者之间还有很多中间商，然而，随着"互联网 +"的大幅度普及，企业与消费者的关联出现了更多模式，如 B2B、B2C 、C2C 等，使得商业回归人性；互联网的完善，未来的商业本质是数据，企业寻找精准的客户依靠的是数据，同时，互联网打破了组织内部的壁垒，从原来的分工，到现在的协同，建立起生态协同系统逻辑。

二是新一轮科技革命引发了产业发展方式的大变革，互联网技术和传统制造业不断深度融合，每个行业都有可能被重新塑造。

三是共享经济时代的到来，使得生产者与消费者、企业、行业的边界被彻底打破，价值提升速度迅速加快，重构出新的商业模式；同时，这种模式具有低成本、多元化、无形资产、高效网络等特点。

基于此，原有商业体系的平衡被打破，商业世界变得更加透明，商业社会的进化和升级随之而生。互联网对传统企业的影响逐渐从传播、渠道层面过渡到供应链及整改价值链层面，社会资源的配置与整合也不再遵循线性法则，而是开始呈现出全新的网状结构，跨界整合、跨界竞争导致一大批新的商业模式出现。

在外部环境变幻莫测和企业内部转型升级的双重夹击下，现代企业正面临着多重困境的考验，企业经营的复杂度是以前任何一个时代都无法比拟的。企业的经营与发展如同逆水行舟，不进则退。企业想在这样的环境下获得成长与成功，必须创造并保持自己的核心竞争力，跟得上时代的步伐。在"互联网+"时代，这已经成为左右企业生死的核心。只有有格局、有谋略、有魄力的企业家才能把握住这个新时代，只有那些善于学习、反应迅速和懂得及时动态调整的企业才能抓住历史机遇，得到腾飞。

我们必须清楚，无论身处哪个时代，追求利润和持续增长都是企业的永恒话题。在"互联网+"时代，因为需求和竞争的变化，原本获得利润所依靠的关键成功要素发生了根本性改变，规模、角色的清晰性、专业化等工业时代的成功要素开始逐渐让位于追求速度、灵活性、整合、创新的信息时代的经营法则，企业必须调动起更强大的力量，因此，通过创新快速整合资源，以最为灵活的方式为客户创造价值，实现资源的快速变现，成为企业的重中之重。**只有把人才、资源和资本都有机结合起来，企业才能把新时代的主导权牢牢掌握在自己手里。**然而，要实现这一点并非易事，需要建立一整套全新的思维体系。

然而，我们看到，当下的很多企业往往习惯于以静态的眼光来看待问题，只懂得沿着过去的成功路径继续前进，却没有发现道路已悄然发生了变化，更不知道自己已经深陷困境之中：如同原本在坦途上一往无前的车子，驶进了崎岖不平、坑坑洼洼的山路，顿时变得颠簸不已、失去平衡，如果不能及时地对方向和速度进行调整，不但无法到达目的地，甚至有可能整辆车子都会被损毁。企业按照固有思维以及过去的模式，费尽心力制定出来的战略，不但不能指导企业创造高收益，反而还会引领企业"南辕北辙"，使目标与现实之间的鸿沟越来越大。

缺乏面对新环境和新问题的系统性思考能力，成为了限制企业持续发展的最大桎梏。无法突破这样的瓶颈，企业就只能在彷徨迷茫中艰难前行，难以找到破局之道。有些企业甚至在不断追逐利润的奔跑中走向了穷途末路。

大润发堪称超市零售业的神话，它曾经创造了一个传奇纪录：19年不关一家店。在创始人黄明端的带领下，大润发只用了10年的时间，就成了横跨大陆两岸、年营业额突破400亿元人民币的零售帝国。2011年7月27日，大润发还与欧尚合并在香港上市。拥有"大润发"和"欧尚"的高鑫零售，市场占有率超过沃尔玛，一跃成为中国最大的零售商。然而，面对着互联网大潮，大润发却始终反应迟缓。当电商蓬勃发展时，黄明端依然固执地认为，电商烧钱的逻辑不符合商业规律。直到互联网势不可挡的影响一点点渗透到他的生活点滴时，他才猛然惊醒：不能再拒绝互联网了。2013 年，黄明端推出了飞牛网，迈出了进军电商领域的第一步。但这时为时已晚。这之后，飞牛网连续亏损，大润发的线下也备受挑战，在落后一步就等于落后一个时代的互联网时代，他已无力回天。2017 年 11 月，旗下拥有欧尚、大润发两大超商品牌的高鑫零售，被阿里巴巴以 200 多亿港币收购。3 个月内，大润发原来的高层几乎都被撤换了，在辞职时，黄明端感慨："战胜了所有对手，却输给了时代。"

大润发的前车之鉴足以警醒世人。企业家作为企业转型的总设计师，必须认清大势所趋，提高自己的系统性思考能力，充分重视顶层设计，并引导企业在趋势里努力。实际上，互联网 1.0 是一个"消费互联网"，解决的是消费端的问题，比如新的渠道、沟通方式。而互联网 2.0 是一个"产业互联网"，企业必须借助互联网的力量，整合产业资源，并回归到产业价值中来。这要求企业时时关注"顶层设计"，只有顶层设计清晰，企业才会整合到更多的市场资源，从而把握住有效市场、精准用户、流量、大数据和价值创造等新的行业竞争要素，实现创新发展与量级增长。

三一重工的智能工厂就是"互联网 +"时代利用信息化实现产业升级的一个经典案例。三一重工的 18 号厂房在设计之初引入数字化工厂理念，通过虚拟现实和建模仿真手段，对车间的工艺布局、信息系统、生产能力等进行了全方位的仿真试验。在虚拟车间中实现全面信息化与效益最大化，才开工建厂。

这个车间可以实现柔性化生产，随时应对外部的变化。车间配备了 SAP 智能数据录入系统、智能物流系统、智能检测系统等智能化信息系统，如果把整个车间比作一个大机器人，以上信息技术的融合，使大机器人具备了一个十分聪明的大脑，它收集并下达指令，指挥车间的人和设备，总是在正确的时间和地点，做正确的事。

从订单签订开始，系统就会发出指令，物料从立仓"自动"配送上架，机器之间相互"传达"生产信息，人、设备、公共资源迅速协调。仅1个小时，一台全新的泵车就能成功下线，而三一重工的昆山智能工厂更快，只要5分钟，就能下线一台挖掘机……

设备下线了，并不意味着三一重工的"智能制造"告一段落了。恰恰相反，三一重工的"智造"体系随着这每一款"智能产品"的下线，而变得越来越有价值。三一重工在每一台设备上植入一块自主研制的控制芯片SYMC控制器，这个控制系统相当于三一泵车的大脑，能远程控制设备，完成一系列高难度的复杂施工动作，能对设备全生命周期进行管理，给客户提供各种增值服务，还能实时传输设备信息，并将其反馈给三一重工的ECC企业控制中心。智能设备不断采集反馈的海量数据，就构成了为企业所用的工业物联网大数据。

这些大数据，反过来作用于企业，用于指导企业的研发、制造、服务以及生产和经营，为企业发展提供决策支持，甚至为国家的宏观经济提供数据支撑。随着数据不断上传至云端，三一重工搭建起行业唯一的"终端+云端"工业大数据平台。

在"互联网+"时代，深刻理解企业转型是一场艰巨而影响深远的系统工程，做好顶层设计，企业才能放眼产业生态，以更广阔的视野，充分利用设计思维，以系统化、结构化的思维模式将各种要素在新环境下进行有机组合。这也对企业和企业家提出了新的要求，企业家必须拥有强大的心智和稳健的心态，企业必须保持常变常新的心态，将这种持之以恒的心态贯彻到底，才能使企业充满活力与竞争力。

第二章

产业变局、企业转型升级与顶层设计

第一节 突破产业变局，顶层设计先行

在全球化新时代的世界产业竞争格局新态势下，中国进入了一个新的转型时期。中国的产业发展正面临着一个十字路口：一方面，"中国制造2025"、"互联网+"、人工智能、大数据、3D打印等话题振奋人心；另一方面，工厂倒闭、生态污染、过度消耗资源、人力成本上升等危机令人忧心。中国的产业格局变得扑朔迷离。

从整个国民经济结构的角度来看，传统产业产能过剩的现象更加严重，第三产业发展仍然相对滞后，导致国民经济结构失衡。一方面，我国传统产业尤其是第二产业虽然发展速度较快，规模很大，然而却始终大而不强，处在价值链的最低端；再就是产品结构不合理，一般产品相对过剩与技术含量高、附加值大的产品短缺同时并存，在主要工业品中，有80%以上的产品生产能力利用不足或严重不足，同时每年还要花大量外汇进口国内短缺产品。另一方面，第三产业的教育、医疗、养老、环保等领域供给严重不足。

从传统产业本身来看，我国传统产业尤其是传统制造业产能过剩，高消耗、高排放、高污染、低产出、低效益，供过于求矛盾突出，已经成为制约经济转型、制约供给侧结构升级的难题。在传统制造业中，钢铁行业是产能过剩的代表。2015 年，我国粗钢实际产能约 12 亿吨，产能利用率不足 70%。这一年，钢铁业全行业由盈转亏，亏损额为 645 亿元，亏损面达 50.5%。

从供给体系的角度来看，以低收入群体为主的供给体系没有及时调整为以中等收入群体为主的供给体系，以致中低端产品过剩、高端产品供给不足，无法满足多样化、个性化的消费需求。从表面上看，国内市场上供给充足，商品琳琅满目，但是"大路货"居多，高精尖产品少。从消费来看，随着人民大众收入水平的提高，消费品位和消费水平也随之升级。但是国内的供给体系未能适应这一变化，以至于出国大采购成为一大奇观。每到节假日，国人赴海外"淘货"经久不衰，而且正在从高档奢侈品向中高档耐用消费品扩散，赴日游客疯狂抢购他们所能买到的一切日用品，甚至马桶盖。

处在产业转型期的中国企业，也面临着巨大的困境。通过一组数据，我们可以窥见一斑：机床占世界产量的 38%，但数控机床基本靠进口；大部分出口机械为贴牌产品，拥有自主品牌的还不到 20%。另外，90% 的工业机器人、80% 的集成电路芯片制造装备、70% 的汽车制造关键设备、40% 的大型石化装备等自动化成套控制系统及先进集约化农业装备全部依赖进口。

20 世纪 90 年代初，宏碁电脑创始人施振荣提出"微笑曲线"理论：曲线左侧是全球性竞争，胜败关键在于技术、制造与规模；右侧是地区性竞争，胜败关键则是品牌、营销渠道与运筹能力；中间下凹处为附加值最低的"生产制造"环节。如果把视野放到全球产业链之中，就会发现中国的大部分产业都处于"微笑曲线"的最低端，始终在全球产业链低附加值区域缓慢提升。

中国的各个产业为何会面临如此困境，主要有四大原因：

第一，生产成本不断提高。波士顿咨询在 2015 年发布的《全球制造业的经济大挪移》报告中指出，"以出厂价为例，中国制造业的成本优势相较于美国，已低至不足 5%。"人力方面，农村可转移劳动力人口下降，全国 65 岁以上老年人口比重上升，廉价劳动力时代结束，人口红利逐渐消失。资源方面，工业用地供应量减少，地价攀升，土地成为中国企业发展的重要约束因素；粗放增长方式被淘汰，环境污染、资源浪费处罚力度加大，生产成本随之上涨。

第二，国际品牌影响力不高。据公关机构爱德曼对于信任度的调查显示，中国企业在国内的信任度达到 79%，在发展中国家为 58%，在发达国家仅 19%。信任度折射的是企业的品牌影响力和综合实力，三组数据依次递减说明中国企业的竞争力随疆域扩展而逐渐减弱，反映出中国品牌国际竞争力不强。走出国门的中国产品大部分还处在贴牌、代工阶段，品牌之路依然漫长。

第三，同质化严重，中低端产能过剩。中国各个产业长期面临的困境是高精尖产品稀缺，中低端产品产能过剩，许多技术设备落后、创新能力不足、工艺水平低下的作坊式工厂靠低价在市场夹缝中艰难求存，利润越来越薄，不惜以次充好苦苦支撑。在淘汰落后产能、调整产业结构的时代大潮中，这些企业会死掉一大批。

第四，全球竞争格局更加激烈。发达国家"再工业化"浪潮引发制造业回流到欧美发达市场，重新占领新一轮工业革命的战略制高点；而生产成本更低的发展中国家以争夺"世界工厂"地位的决心迅速追赶，在全球资源、技术创新和市场扩张的竞争中更加艰难。前后夹击的形势让中国产业面临双重压力。

客观来说，这四大原因导致中国各个产业面临的困境并非无底深渊，更似敲响警钟，未雨绸缪，在危机中寻找机会和出路。

为了促进我国经济转型，中央适时推出了供给侧结构性改革的重大举措。供给侧结构性改革的重要作用就是让资本、劳动力和资源从传统落后产业部门向新兴产业部门转移，让生产要素被配置到劳动生产率更高的产业部门，从而提升生产要素效率，优化经济发展原始动力，进而推动产业结构的优化升级。新常态下，供给侧改革正从"高频词"化为政府、企业明晰具体的改革"路线图"。

"市场活力来自于人，特别是来自于企业家，来自于企业家精神"，供给侧结构性改革强调发挥企业和企业家作为市场主体的作用。作为市场主体，中国企业应该积极地做出调整和改善，比如控制成本、提升效率；往"微笑曲线"两端延伸，提高附加值；重构商业模式，树立品牌意识；利用互联网，整合全球资源。从根本上来说，突破产业变局，关键在于转变产业发展方式，不断推进产业的升级换代，突破思维瓶颈和架构瓶颈。

而要实现这些关键因素的转变，企业的顶层设计必须先行。优化顶层设计，通过互联网、大数据、云计算等服务的融合，实现生产方式由粗放式向集约式、由注重规模到注重效率、由劳动密集型向资本与技术密集型、由产量到质量转变，为产业发展构筑内生动力，才能促进中国高科技产业的发展，进一步做强产业集群、做优产业业态，形成多点支撑、多元支撑的工业产业发展格局，全面提升产业核心竞争力。这是产业发展的未来方向。

产业转型升级的关键还在于企业家的升级，面对产业变局，企业家必须有新思维。在微观经济层面上，产业转型升级主要是在众多企业家的带领下实现的。企业家以什么理念办企业，以什么方式获取利润，决定了产业发展的方向。企业家的眼界更决定了中国产业国际竞争力的前景，如果更多的企业家都注重于获取短期利润，一心想"赚快钱"，那么，产业就难有真正的核心技术积累。产业核心技术的形成无不是企业家"耐心"的产物，没有执着的"耐心"，就难以形成真正具有中国根基的产业。

第二节　企业转型升级就是顶层设计的重构

2016 年 5 月，波士顿咨询公司发布调研报告《转型求变，致胜未来：新常态、全球化、互联网＋之中国企业变革之道》，指出：受新常态及供给侧结构性改革、全球化演进速度加快以及"互联网＋"热潮三重趋势影响，很多中国企业正走在组织与人才转型的"十字路口"。

这份报告还指出，中国企业的组织与人才转型之路上普遍有三大痛点。一是管控模型。部分领先的中国企业总部已经做出了"放权"决策，但在实践过程中仍面临放权速度过快、过程监控不足、放权范围不当、放权解读不一以及放权效果含糊这五大挑战。二是组织设计。许多企业纵向层级多、决策链条长，甚至出现冗员；横向由于部门墙的存在阻碍了内部资源整合与协作，影响客户满意度及运营效率。三是人才管理。中国企业在人才的"新旧交替"中遭遇吸引保留不力、能力断档、基因传承的挑战。因此，在"人才争夺战"中传统企业受到互联网企业的强烈冲击。

由此可见，中国经济升级，倒逼企业转型。为了解决生存危机、突破发展瓶颈，中国企业的转型升级已经刻不容缓，对于很多企业来说，转型升级，转过去就是驶上了高速车道，转不过去就只能被边缘化，甚至山穷水尽。然而，究竟什么是转型升级？如何转型升级？转型升级的最终目标是什么？企业转型升级有哪些误区？怎样才能降低转型升级的痛苦？对这些问题，却从来没有标准答案。因此，企业家们只能按照自己的想法和理解去引领企业转型升级。前海股权事务所、中力知识科技曾接触过很多中小企业，发现只有少数企业转型升级很成功，而 80% 的传统企业都是以失败而告终。

湘鄂情的转型失败就是一个前车之鉴。湘鄂情前身是 1999 年创立的北京湘鄂情酒楼有限公司，后在 2007 年成立股份公司。初期定位是中式餐饮，后来于 2009 年在深圳证券交易所挂牌上市。这之后，2012 年 4 月，通过收购上海齐鼎餐饮发展有限公司，湘鄂情从正餐领域进军快餐领域，但就在当年，湘鄂情的净利润增长率却出现了上市以来的第一次下滑，从 2011 年的 50.93% 大降至 2012 年的 15.14%。2013 年，湘鄂情实现营业收入 8.02 亿元，同比下降 41.16%，营业利润 - 5.64 亿元，同比下降788.76%，共关闭门店 13 家，这是湘鄂情自成立以来出现的首次严重亏损和经营困境。

在餐饮主业严重亏损的背景下，为了谋取业绩增长，湘鄂情开始尝试跨行业的多元化转型之路。2013 年 12 月，湘鄂情通过收购江苏晟宜环保有限公司 51% 股权，以及设立合肥天焱生物质能科技有限公司，进入了环保产业。2015 年 3 月，先后收购了北京中视精彩影视文化公司和笛女影视传媒 (上海) 有限公司 51% 的股权；紧接着，在 5 月 5 日，又与中科院计算所共建网络新媒体及大数据联合实验室；5 月 11 日，宣布定增 36亿元，并用其中的 29.2 亿元拓展公司互联网业务；5 月 25 日，以不低于

51% 的股权与上海瀛联体感智能科技有限公司合作成立上海爱猫新媒体数据科技有限公司。由此，湘鄂情成为一家横跨餐饮、环保、影视、大数据和新媒体的企业。然而选择的环保、影视、新媒体、大数据等 4 项新业务，均不能助其走出当前的困境，湘鄂情的多元化转型只能被看作是"病急乱投医"的失败之举。

根据前海股权事务所、中力知识科技的观察，湘鄂情等企业之所以转型失败，原因可以归结为一点，那就是企业没做好顶层设计。顶层设计做不好，就会导致很多企业转型与升级的思路不清晰、途径不正确，并且缺乏足够的人才、资源、资本支撑，这样一来，企业就如同失去航标灯的轮船，只能随波逐流，最终陷入了"不转型是等死，转型是找死"的困境，企业家也会渐渐失去对企业的控制力。

因此，要想使企业成功转型升级，顶层设计是至关重要的突破口，从本质上来说，**企业的转型升级就是企业顶层设计的重构。**

顶层设计是企业对机会和战略、品牌和模式、产品和用户整体一盘棋的布局。很多成功企业正是因为从顶层设计入手，重塑企业的愿景、使命与价值观，在企业内部统一价值，达成共识，明确价值方向，实现各项资源（人、财、物）的重新配置，才一步步完成转型升级，找到新出路。

工信部给李克强总理推荐的企业转型升级样本红领服饰就是一个典型的案例。当中国的传统服装企业在国外时尚服装品牌和互联网电商品牌的双重冲击下节节败退、库存滞销时，红领服饰却逆流而上，用时 12 年对传统制造业进行升级探索，用信息化互联网的思维，建立了自己的大数据系统。

酷特智能商业平台就是红领服饰从一家传统的服装代工企业转型升级为一家定制服装企业的最核心资产，正是这个创新的智能平台，使得这家原本平淡无奇的服装企业在行业日益萎缩的情况下脱颖而出。酷特智能商业平台最大的突破在于改造生产和组织流程，运用大数据和云计算技术，将大量分散的顾客需求数据转变成生产数据。平台用大数据系统替代常规的手工打版，经过 CAD（计算机辅助设计）部门的大数据制版后，信息会传输到布料准备部门，按照订单要求准备布料，裁剪部门会按照要求进行裁剪。裁剪后的布料挂上电子标签进入吊挂，便开始了在整条流水线上 300 多道加工工序的旅程。每一个工位都有专用电脑读取制作标准，利用信息手段数字化快速、准确传递个性化定制工艺，以流水线的生产模式制造个性化产品。

经历了十几年的不断摸索与努力，红领服饰彻底完成了从服装企业到数据型制造企业的转型——大规模定制化的红领工厂已经完全成型，同时完成的还有销售运营、公司管理、组织架构、生产体系的整体转型，如今，与其说红领是一家服装企业，不如说服装只是红领的"壳"，它的内里其实已经是一家不折不扣的大数据企业。

可见，顶层设计是站在战略高度，聚焦企业价值提升，从产业格局、企业基因的视角规划企业的未来发展，是"升维思考、降维打击"，是立足今天的优势，抓住明天的趋势。做好顶层设计，中国企业才有未来。

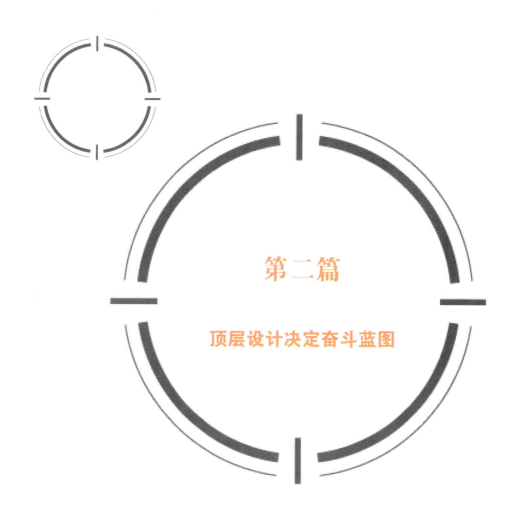

第二篇

顶层设计决定奋斗蓝图

第三章

为什么说顶层设计决定奋斗蓝图

第一节　阻碍企业发展的三大瓶颈

　　企业陷入生存危机的原因是多方面的，比如，缺乏创新精神，只知山寨模仿，生搬硬套，这样的投机心理导致产品质量不佳，企业最终难逃被市场淘汰的命运；人力资源配置不合理，中高层人才"青黄不接"，到需要时无人能堪大任；管理层目光短浅，缺乏战略思维，使企业深陷僵局；组织结构臃肿，工作效率低下；股权分配不均，使企业内部人心涣散；跨部门合作困难，组织内部沟通不畅等。在前海股权事务所、中力知识科技服务的诸多案例中，也发现有些企业确实会存在这样的乱象。

　　然而，尽管我们罗列了这么多问题，却只是阐述了表面问题，并未揭露出问题的本质。实际上，所有的问题都可以归结为三点，这三点正是阻碍企业持续发展的三大瓶颈。

企业家的思想高度不够

经济学家张维迎在其著作《市场的逻辑》中曾经说："中国改革开放30多年，最重要的变化，是企业家人才从政府和农业部门中脱颖而出，并且成为中国配置资源的一支不可忽视的力量，这一变化是中国两千多年以来前所未有的，这是中国繁荣的源泉。"

但是，我们不得不承认一点，那就是目前国际上鲜少有对中国企业家及其管理思想予以重视并进行深入研究的，这与当年日本崛起形成了一定的反差。当年随着日本经济的兴起，日本很多企业家赢得了国际的声誉，稻盛和夫、松下幸之助、盛田昭夫、本田宗一郎等日本四大"经营之圣"的管理思想更是成为许多商学院的管理圣经。然而，尽管如今的中国企业在许多产业领域都已跻身世界领先行列甚至成为全球第一，企业家的管理思想却并没有赢得国际社会同样的关注。

为什么会出现这样的遗憾？归根结底在于企业家的思想高度不够。具体来说，这一问题主要体现在两个方面。

第一，很多企业家在企业中习惯了以自我为中心，根据个人好恶定夺公司的一切。而且，与这种唯我独尊的治理模式思维相匹配的商业模式，也是以自我为中心，导致企业家很容易犯"一叶障目"的错误。

第二，缺乏企业家精神。在西方经济学家看来，企业家精神是与劳动力、土地和资本同等重要的四大生产要素之一，它们分别对应于利润、工资、地租、利息四大报酬。企业家精神实际上就是指企业家组织建立和经营管理企业的才能，它是一种重要而特殊的无形的生产要素。然而，如今的很多企业家却不具备企业家精神，他们在取得一些成绩后故步自封、不再进取，在面对新挑战时安于现状、不愿意创新求变，还有一些企业家急功近利，追求一招制胜，结果反而让企业深陷泥潭之中。

日本管理大师大前研一认为："21世纪，国家之间最大的竞争是思考能力的竞争，一个国家能否在全球经济大舞台上扮演重要角色的决定因素，已经不再是丰富的矿产资源、庞大的人口规模和强大的军队，而是思考的能力。"**企业家的思想高度决定了一个企业的高度，企业要想发展壮大，必须要有一个善于思考的企业家去引领。**因此，企业家万万不可放松对自己的要求，要时刻保持精进。

企业文化没有发挥应有的作用

现在，很多企业家都认识到了，企业文化是企业的灵魂，推动着企业的发展与进步。然而，尽管企业文化的重要性已经众所周知，其作用却并未得到发挥。根据前海股权事务所、中力知识科技多年的观察与研究，我们发现，在很多企业中，企业文化形同虚设，甚至有些企业家认为，找几个别人不知道的词，提炼出来了，把它往墙上一贴，文化就出来了，然后不断培训，文化就起作用。这是大错特错的！

从本质上来说，企业文化是企业成功的逻辑，只有按照这个概念去提炼企业文化理念，我们才能确信按照这些理念去做会成功；只有坚信这么做会成功，我们才愿意按照这些理念去做；只有按照这些理念去做，我们的文化才会发挥作用。

简单来说，企业文化必须要"用"起来才有价值，一个企业真正的文化，不是挂在墙上的，而是体现在行动中。日本企业家稻盛和夫只用了半年时间就使面临倒闭的日航扭亏为盈，半年之后，很多人好奇地问他的秘诀是什么，他回答说，他只是用了他的12条经营哲学。他的经营哲学是怎么起作用的？就是"用"！他先对日航的各层级员工进行培训，让他们了解他的经营哲学是什么。然后，在企业中随时随地"用"他的哲学，比如开会时，遇到问题各个部门会习惯性地踢皮球，不愿意承担责任，这时，稻盛和夫就会运营他的"临事有勇"哲学，鼓励大家敢于担当，杜绝扯皮推诿。

除此之外，企业文化要发挥作用还必须与企业的战略、组织、人才机制创新结合在一起。如果不与这些基本的管理命题结合在一起，不通过基本的管理命题去落地，那文化和企业的经营就是两张皮。所以，真正要用它推动企业的变革，推动企业管理的提升，推动企业员工内在积极性的激发，企业就要通过顶层设计，通过战略、组织与人的基本命题落地。

企业的经营战略出现了问题

很多企业发展到一定阶段后，会发现动力不足、难以为继，其实这是因为企业的战略出现了问题。要么是战略方向模糊，没搞清楚大框架和大格局；要么是战略路径不清晰，企业推进的节奏出现了问题；要么是企业不善于借力，在商业模式和治理模式上缺乏系统思考，以至于在战略上依靠一己之力苦苦支撑。

这些问题都体现出很多中国企业存在的一个非常典型的问题，那就是"重战术，轻战略"。**很多企业家在经营企业时都把精力都用在了"招"和"术"上，而忽视了对真正意义上的战略的掌控，这就导致企业长不大、走不远。**

事实上，对于一家企业来说，战略事关企业的资源分配以及发展目标，是为了实现更多盈利、获得长期生存和发展，在对外部环境和内部条件进行详尽而科学的分析的基础之上，对企业的发展目标及实现途径所做出的一种全局性的规划，是必不可少的。战略能为企业设计出发展的未来之路，为企业的经营描绘出一个比较清晰的前景，具有一定的全局性以及前瞻性。

在战略的框架之下，企业里分散进行的各部门的行动将形成一个以统一的目标和策略为中心的整体，个人的努力才会被汇聚成为方向一致的团队力量。

第二节　做好顶层设计是企业家的当务之急

面对阻碍与瓶颈，如果一味逃避与无视，企业是不可能做强做大的。转变思维模式，做好企业的顶层设计，已经成为企业家的当务之急。惟其如此，才能从根本上破除这三大瓶颈，让企业从偶然成功转向必然成功，让成功可以复制，让成功可以延续。

然而，通过对众多中小企业的失败案例进行研究，我们发现，很多企业正是死于没有顶层设计。许多曾经辉煌一时的企业，因为缺乏顶层设计，把自己送上了绝路，奏响了一曲又一曲时代悲歌。

当年，凭借着一句"广告做得好，不如新飞冰箱好"火遍大江南北的新飞冰箱，最辉煌的时候被称为冰箱界"四朵金花"中的老大，海尔、容声、美菱全都排在它的后面。然而，2002 年，新飞冰箱进行国有体制改革，在引进外资的大趋势下，也跟风引进了新加坡企业丰隆集团进行合资，后期又进行股权转让，新加坡丰隆集团的股权占了 90%，中方的战略经营管理权彻底丧失。丰隆集团控制新飞冰箱后，进行一轮又一轮的折腾，不过，因为丰隆集团不熟悉中国家电行业的经营环境，盲目地改变新飞"乡土"品牌的定位，投资大量资金进行巨额赞助广告，却没有在生产车间效率提升、产品优化升级、经营模式创新上下功夫，导致新飞冰箱在产品、品牌、服务、营销各个战线上全都告急，在激烈的市场竞争中节节败退。这之后，随着资本市场的组合，新飞冰箱几经易主日渐衰落，甚至成了无人问津的"杂牌"。2018 年 6 月，新飞冰箱的全部产权在河南省新乡市中级人民法院淘宝网司法拍卖网络平台上进行公开拍卖活动，起拍价为 4.5 亿元。因为治理设计、产融规划等顶层设计不佳，曾经傲视群雄的国产冰箱"老大哥"最终在时代的浪潮里，走向了穷途末路。

曾经无限风光、如今却资金链断裂不得不破产清算的新一佳也同样令人扼腕叹息。20 世纪 90 年代，因为起源深圳又迅猛扩张，新一佳超市的发展速度曾经一度被媒体冠以"深圳速度"，到 2003 年，新一佳已经成为跨全国 8 个省，20 多个核心城市，50 多家分店的巨头。在其鼎盛之时，年销量达 180 亿元，一度与华润万家、人人乐位列广东超市三巨头地位。然而，初期的快速扩张，让新一佳在全国铺开上百家门店的同时，也带来供应链、管理上的漏洞。2016 年，新一佳危机集中爆发，门店严重缺货、供应商追债、员工被欠薪等问题接连出现，门店数量锐减至 18 家。2017 年 6 月，随着湖南省邵阳县法院发布的一则执行悬赏公告，新一佳创始人李彬兰跑路消息被坐实。破产清算、重组后的新一佳，如今已改名换姓为"悦购汇"，昔日巨头彻底退出历史舞台。如果新一佳能及早完善商业设计、组织规划等顶层设计，或许，这样的悲剧是能够避免的。

在这个巨变的时代，变化莫测的经济形势和纷繁复杂的产业环境，让每一个人都感到了巨大的压力。互联网尤其是移动互联网摧枯拉朽般的行业扫荡，让所有人感到危在旦夕，而如雾里看花般的全球经济变化，又让参与其中的人深陷迷茫之中。中小企业在瞬息万变的市场环境中，更是有朝不保夕的危机感。

如果说在过去的时代，企业家可以"摸着石头过河"，可以"一招鲜，吃遍天"，或者用远大理想和愿景去感召团队来取得早期成功的话，如今面临迅猛变化的形势，强调企业的顶层设计就变得尤为重要了，尤其在快速转型的时代，顶层设计更是企业取得成功的关键。在对外部环境和内部条件进行详尽而科学的分析的基础之上，对企业的发展目标及实现途径所做出的一种全局性的规划。对于一家企业来说，顶层设计事关企业的资源分配以及发展目标，是为了实现更多盈利、获得长期生存和发展。

第三节 企业顶层设计的四个层面

那么，究竟什么是顶层设计？

顶层设计是一种系统思维和全局观念，这个概念源于工程学，早在30年前就已经被很多跨国公司所采纳，作为经营管理的指导方针，通过科学的方法论，规划企业未来5年的发展，有效地解决错综复杂的市场问题和企业内部的经营管理难题，为企业的健康发展奠定坚实的基础。

关于顶层设计的认知大家一直是模糊不清的，莫衷一是，很长时间以来没有一套系统全面的认知，也没有形成可落地实施的方法论。一些人对此甚至存在着很多误区：

有些管理咨询机构认为做好商业模式就是企业的顶层设计，也有一些企业往往把营销战略与顶层设计理解成同一个内容，理解成战略规划。然而，战略规划就是顶层设计吗？

做好愿景描述就是顶层设计吗？

做好组织框架就是顶层设计吗？

……

种种这些理解都是片面的，仅仅从某一个点去理解顶层设计是不恰当的。顶层设计是一个大系统，包含了许多相互关联的重要内容，并不是战略或者商业模式可以简单替代的。

前海股权事务所、中力知识科技经过长期的咨询辅导实践和多年的案例研究，得出一整套落地性的理论并将其用于企业的实践，并且收到了良好的效果。前海股权事务所、中力知识科技认为，企业的顶层设计是基于企业未来商业定位的整体规划，从商业设计、治理设计、组织规划、产融规划等多维的角度视野，对企业未来发展蓝图进行前瞻性规划与设计，通过统筹规划把人才、资源、资本等核心商业要素更高效和有价值地运用，实现企业科学发展的系统工程。

企业的顶层设计包括四个层面：商业设计、治理设计、组织规划和产融规划，如图 3-3-1 所示。

图 3-3-1 企业顶层设计的四个层面

顶层设计的第一个维度是商业设计，主要包含商业模式、战略规划、决策推演三个方面。为什么要从商业设计开始做顶层设计呢？我们无论做什么企业，首先要搞清的就是"事"，**所谓的"事"就是企业的商业模式，指的是这个"事"有多大的价值**。确定了商业模式后，接下来要考虑的问题就是怎么做这个"事"，战略规划解决的就是"怎么做"。在做之前，我们要思考这个商业模式究竟适不适合我们的企业，如果出现危机怎么规避，如何未雨绸缪，这就是决策推演。商业设计是顶层设计的第一环节，是企业发展的根本所在，在做"事"的背后其实就是企业价值的发展方向。

商业设计在顶层设计中是至关重要的，投资就是投未来，为什么老板认为股份很有价值，但激励对象不认可股份价值？为什么老板认为做了股权激励，公司业绩有很大增长，实际公司业务还是老样子？为什么股份给出去了，但接下来怎么干却不清楚？这些根本性方向性的问题不梳理清楚、不呈现出来、不让人信服，员工如何看到企业未来发展的方向及潜力？如何有信心全身心地投入？如何投钱进去？商业模式和战略规划、决策推演是股权激励的基石，不把这个地基先打牢了，其他的技术方法都是空中楼阁。

治理设计是顶层设计的第二个维度。很多人认为，顶层设计推理的时候，考虑了"事"之后，接下来要做的就是找人、找钱。这是错误的。人和钱固然重要，但更重要的是先明确规则。这个规则决定了股东与股东之间、股东与未来投资人之间、股东与高层管理者之间的游戏规则。规则背后是"权"，所以这个规则从本质上说权力分配和均衡的规则。定好规则，也就是把企业运营的各个参与者之间的"权"理清楚。

一个企业不是死在市场拼杀中，而是死在内部纷争中，这是最悲哀的事情。因此，企业的发展要未雨绸缪，先把规则设定好，把股权结构、治理结构以及公司设定的相关章程和游戏规则设定好，做好这些避免股东内乱的布局统筹工作，让企业有一个实际的控制权和稳健的股权架构，才能使企业获得长久立足。

顶层设计的第三个维度是组织规划。做好商业设计和治理设计后，我们要考虑的下一个问题就是"人"。我们需要从结构设计、组织成长、人才发展三个方面来进行组织规划，从而优化人力资源配置，让员工的绩效得到不断提升，让他们为企业创造更大的价值。组织规划是一个动态的工作过程，一个好的组织规划，能非常清晰地让我们知道应该如何选人、用人、留人、育人。企业当前需要什么样的人才、未来需要什么样的人才都是和组织规划密切相关的，同样，人才发挥出来的效能会推动业务不断地发展。因此，在企业发展过程中，我们必须结合商业设计选择并优化企业的人力资源。如果企业的组织结构限制了人才的发展，企业的业务发展也会受到限制，那么，企业的人才效能就无法发挥，这时我们就要对企业的组织结构进行变革。

顶层设计的第四个维度是产融规划。产融规划指的是整合产业资源和金融、产业资本，实现产融结合，打造股权生态系统。产融规划包括供应链条、业务蓝图、资本路径三方面。我们首先要做的是供应链条的规划，比如找准自己在产业链之内的定位，也就是明确我们所处的供应链条的环节，想明白我们在供应链条中扮演什么角色、希望获得什么样的供应链资源以及希望与其他供应链资源一起来形成什么样的生态。供应链条是在产业链之内的，业务蓝图则是跨出企业的产业进行整合，这就叫作业务蓝图的产业规划。根据产业规划，也就是企业未来发展的方向，结合企业的主营业务发展路径，绘制业务蓝图，跨出产业进行整合。如果需要资本介入的话，我们还需要对资本路径进行规划，什么时候融资、融多少、向谁融等，这些问题都要事先考虑好。一个设计完善的资本规划，会让企业事半功倍。

顶层设计的四个层面是环环相扣的，任何一个层面都不容忽视。要知道，股权激励之所以有激励性，关键在于企业的股权价值能吸引人，如果不将商业设计、治理设计、组织规划、产融规划等这些企业的顶层设计做好，股权现在和未来价值看不到，纯粹地设计一个股权激励方案，岂不是无源之水，无本之木？

顶层设计的四个层面还是不断迭代的过程。随着企业不断地发展，产融规划决定了业务蓝图后，会再次回到商业设计的层面上。未来要实现的业务蓝图必定要匹配合适的商业模式、治理结构和人才规划等各个方面的内容，因此，顶层设计的四个层面就会不断地迭代。

对于企业来说，顶层设计是至关重要的。

首先，顶层设计是一种具有全局性、前瞻性的规划。 顶层设计应该为企业设计出发展的未来之路，为企业经营描绘出一个比较清晰的前景，因此，必须具有一定的全局性以及前瞻性，从而能够用于指导企业的运营与发展。

其次，顶层设计作为一种系统规划，应该有非常强的策略性。 企业进行顶层设计的目的之一，是赢得领先于竞争对手的持续竞争优势。而且，顶层设计还应该成为一种把企业的管理层、职能部门以及员工的决策和行动统一到一起的、覆盖全企业的决策和行动的策略。在顶层设计的框架之下，企业里分散进行的各部门的行动将形成一个以统一的目标和策略为中心的整体，个人的力量也会被汇聚成为方向一致的团队力量。

第三，对于一个成功的企业来说，仅仅拥有成熟的顶层设计是远远不能满足需求的。 根据顶层设计合理配置企业的资源，并确保在顶层设计的指导之下自始至终采取协调一致的行动同样十分关键。

因此，顶层设计是企业发展的必经之路，不但要设计，而且要专业、要精深、要系统。在新时代洪流中，把握企业发展方向、设计商业模式、优化组织效能、完善机制保障，企业的长久发展才有可能。而在做好顶层设计的基础上，我们的股权激励才不会迷失方向，才不会走弯路。

第四章

商业设计，彰显股权价值

　　商业设计是股权激励的原点，其关键是为企业找准产业格局中的定位，统一方向，明确价值；通过商业设计的过程，助力企业家打开思维格局让企业家以更敏锐的视角把握商机，以更宽广的视野精准定位，以更系统的逻辑推演科学决策。

　　商业模式是企业创造价值的核心商业逻辑，从价值主张到价值创造、价值传递，再到价值实现，让企业家明晰商机和方向，系统地谋划商业全局。企业家应把握商业环境趋势，拥有商业创新思维，具有高瞻远瞩的商业视野，以明确商业定位，对商业模式做出精准的决策推演。

　　战略规划解决的是企业发展的路径问题，为企业定好方向与目标，是企业运营的系统工程。企业在战略规划阶段要做好产品和服务方面的发展策略，地域方面的发展策略、以及客户方面的发展策略等，并对公司的价值链毛举缕析，逐步寻找到公司实现价值的有效途径。企业的战略规划需要制定好公司未来3–5年战略目标，并对目标进行有效分解，制定目标增长的策略，制定行动方案等。公司还需清晰规划核心业务、增长业务和种子业务，使企业明确从产品链到业务链，再到产业链的发展路径。

　　决策推演是在商业模式和战略规划初步形成之后，模拟沙盘推演过程而进行的逻辑推演过程。相关决策内容包括客户选择决策、市场定位决策、产品规划决策，业务设计决策、产品研发决策、产品生产决策、产品交付决策、营销模式决策、竞争策略决策、财务决策、相关利益者决策等。通过这条环环相扣的企业价值链，从最初的价值主张到最终的价值实现，进行逻辑演绎，可以推导出成功的可能性，识别出可能遇到的障碍和失败的风险点，真正做到运筹帷幄，决胜于千里之外。

决策推演是为了保证我们商业模式与战略规划的合理性与科学性，确保战略目标的达成和战略规划的实现；财务推演可以明确商业模式带来的收益，掌控未来资金的运行状况；价值推演是为了更好地呈现股权运营的合理性和逻辑性，确保股权价值的实现。

第一节 商业模式：望庐山瀑布

中国有句古诗"不识庐山真面目，只缘身在此山中"，深刻地揭示了人所处的位置、人的眼界对于所观察事物的影响。试想，如果人走出这座山后再看山，或者站在一座更高的山上回望此山，一定会豁然开朗，产生"会当凌绝顶，一览众山小"的感叹。

做企业犹如观山，仅仅将目光放在企业本身，则如同身处山中，只能看到企业层面的问题，而将视野放到整个行业、整个产业则是对思维的升级，可以看得更远。

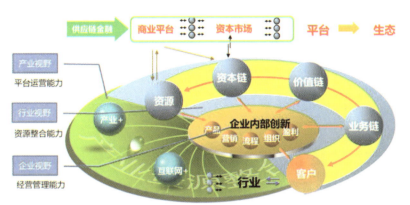

立足企业自身的优势与资源，结合未来的业务蓝图，通过多维角度的商业视野去创新，
实现商业价值的倍增。

图 4-1-1 商业视野的三个层面

一个好的商业模式就要拓宽商业视野，熟谙全球经济大势，做到顺势而为，找准风口。商业视野分为三个层面（如图 4-1-1 所示），第一是企业视野，在这个层面，企业内部出现的问题需要解决。有的企业产品没有竞争力，导致企业的收入萎靡不振；有的企业营销模式出现问题，造成客户不断流失，市场难以开拓；有的企业流程不顺畅，致使组织效率低下，成本攀升；有的企业组织冗繁庞杂，企业运营成本提高，人才的效能得不到最大发挥；有的企业盈利模式出现问题，企业的利润和价值得不到保障。企业通过开发客户、提高效率、降低成本、提高员工效能等手段，实现企业利润增长，增加现金流。**站在企业视野，努力改变企业现状，企业提升的是经营能力，增加的是股权分红价值。如果不能解决企业的现金流问题，那么企业的分红激励也是无本之木。**

在企业层面的商业视野下，企业注重现金流的充裕与否，这种企业从定位角度来说，一般是与产品打交道的产品型企业。此类企业，定位于价值链中的某个环节，为上下游提供产品和服务，企业的发展依赖于利基市场的发展。

有些企业，光靠产品不能满足客户需求，因此它可以基于产品提供者的优势为客户提供后续的技术服务、维修服务，从而增加企业的收入来源，也增加了客户黏性。还有一些企业除了给客户提供产品和服务，还会给他们提供一整套解决方案，帮客户一站式解决问题。**当企业解决方案做到极致的时候，它就会成为某个细分行业领域的冠军，垄断客户资源，甚至拥有为行业制定规范和标准的话语权，进而向行业资源整合者这个方向迈进。**

产品型企业是以客户需求为导向，用技术推动价值链的发展。在价值链当中，有的企业处于利基市场，生意严重依赖下游企业，比如一个企业是做大众汽车零配件的，只有大众生意好，它的零配件才能卖得好；如果大众出现问题，它的零配件也卖不出去。可以说，这个企业的生死与企业自身无关，而跟它的下游客户有关。这个企业如果想要改变，可以从技术创新入手，推动产业链的发展。比如说英特尔的 CPU 技术领先，市场上独占鳌头，通过自身产品的迭代推动产业链的发展，牢牢掌握了市场主动权。

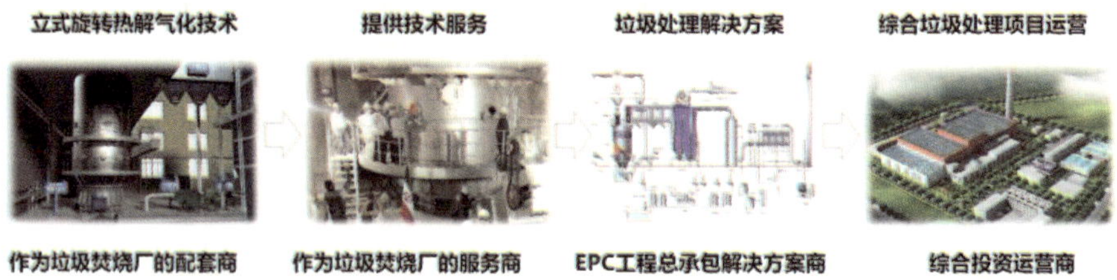

图 4-1-2 案例：某环保企业

前海股权事务所、中力知识科技有一家会员客户，如图 4-1-2 所示。在企业创建之初，主要依靠生产垃圾焚烧炉，作为垃圾焚烧厂的配套商，早期的盈利全都来自于产品销售。后来它们发现焚烧炉的关键技术如相关配套、温度控制等，很多厂家都不精通，期待技术和服务上的专业支持。于是，它们通过为合作厂家提供产品配套、技术支持和专业服务，以提高合作客户的生产效率、降低生产成本，从中获取更高的服务收益。再后来，它们发现在整个焚烧流程当中，最关键不是后端的发电而是在于中间的焚烧。刚好它们就拥有这个核心技术，所以完全可以通过主导垃圾焚烧的整条价值链，与政府和大型机构合作，做垃圾处理综合解决方案的提供者，为企业和政府提供完善的 EPC 工程总承包解决方案。通过长期的积累与解决方案服务，公司业务还扩展到 BOT、BOO、PPP 等多种投资运营模式，承包了生活垃圾、工业垃圾、医疗垃圾及危险废弃物、垃圾渗滤液等项目工程的投资运营。前海股权事务所、中力知识科技的这家会员从单一的设备出售，到专业技术服务，再到综合解决方案提供，重新构建了行业的盈利来源和竞争格局，基于自身的核心技术与独特竞争优势，成为了行业里的翘楚。

商业视野的第二个层面是行业层面。企业放眼于整个行业，基于客户需求和自身核心业务，打通行业的业务链、价值链、资本链，打造商业平台并进入资本市场。在此阶段，提升资源整合能力是企业要务，从追求现金流到价值流，企业股权资本价值增长成为企业的发展目标。例如，前海股权事务所、中力知识科技的会员企业众陶联从成立之初就立志于打造行业资源平台，因此，企业家站在行业角度俯瞰企业，思维和格局就会发生根本性的转变，企业不仅限于卖产品，而是进行资源整合，客户资源、供应链资源、人才资源、资本资源都是整合对象，这种商业模式跟传统企业完全不在同一维度。

在行业层面的商业视野下，企业的商业定位是产业链型或行业平台型企业。这个阶段的企业从企业资源整合者跃身为产业链组织者，在整个行业和产业拥有绝对的话语权；或者企业在某个业务环节具有领导地位，业务范围延伸到整个产业链条，进行全产业链经营，把控产业的价值链。企业此时成为行业或者产业的推动者，能够优化整合产业资源，也可以改变行业规则与交易结构，激励相关利益者。产业链型企业具有产业资源和主导地位，影响其价值的财务指标是资产规模、资产控制和资本溢价。产业链型企业如果能够结合互联网的技术，把客户变成流量，会有更广阔的发展前景。现在很多产业链型企业纷纷构建行业平台，例如上海钢联和欧浦智网，市值不断攀升，就是因为它们利用丰富的行业资源及产业优势为平台输入流量。流量越大，平台也就越有价值。当下很多产业互联网平台都是从信息流量、客户流量到资金流量逐步发展起来的。

商业视野的第三个层面是产业层面，企业站在产业甚至跨界的高度俯瞰整个商业大局，通过产业大平台，获得大量信息流量、客户流量、交易流量、收入流量和资金流量等，从而拥有巨大的平台价值，从产业平台型企业走向产业生态型企业，打造股权生态价值。这时候企业的商业定位是产业平台型或产业生态型企业。这种类型企业为单个或多个产业领域中某个或多个群体提供多方位、一站式综合服务，创新的业态或颠覆原有的业务模式。企业通过互联网技术链接产业各类资源，搭建信息、交易、资源、服务、技术和金融平台。平台拥有流量的类型越多，流量越大，不仅帮助用户创造更高的价值，而且提升了平台自身的价值，两者相互促进，共同提升。生态型企业通过资本、互联网打造各产业之间的链接，为社群提供一站式服务。它们全新的商业业态或颠覆传统的商业模式，整合产业中的资源，搭建共享、社群、数据及多个跨产业平台，此时生态型企业通过内部多个跨产业平台的相互协同，进行价值裂变和资源变现，实现更大的股权生态价值。

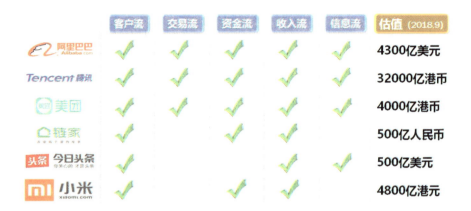

图 4-1-3 平台型企业与生态型企业流量与估值比较

平台型企业和生态型企业把上下游所有的资源整合进来，构建一个交易平台，平台上的商户做得越大，企业的流量也就越大，所有商户的流量都增加之后，企业的平台流量也相应增加，如此就形成了不同企业之间同荣共生的关系，变竞争对手为合作伙伴。为了自己迅速发展，这种企业需要赋能合作伙伴，让他们能力变得更强。这就像一个生态系统，越滚动，企业做得越大，这时候的企业股权就具有了生态价值，从一个产品平台，变成一个投资平台。其实，现在每一个大企业、上市公司，背后都有投资平台，它们就是投资这种可成长性企业，让价值进行裂变，价值就是平台，企业的平台价值来源于用户价值，用户越多，用户价值越高，平台价值越高。不管是 BAT 企业，还是小米、美团、链家地产、今日头条等，无不是因为在客户流、交易流、资金流、收入流和信息流中一个或者多个流量表现出色，才形成了巨大的产业价值，进而获得了可观的资本估值。

通过从企业、**行业**、**产业和跨产业**的拓展，从低维度到高维度商业模式的升维，实现更大商业平台的打造。可以说，随着商业视野的不同，企业的商业定位也大不相同。当商业视野从企业层面上升到行业层面以及产业层面，企业的商业定位也从产品提供者到服务提供者、解决方案提供者、产业链整合者、平台服务者以及生态链搭建者。在这个过程中股权价值也是实现着几何级的增长。

成功的商业模式有很多特点。有的带动客户持续消费，有的引发客户口碑传播，有的聚集大量粉丝支持，还有的让更多的利益相关者参与进来，进行持续地创新。现在越来越多的企业采用这种模式，让更多的消费者能够参与进来，促进整个企业本身的技术创新，或者是商业模式的优化，加强企业的竞争力。这其实是从行业的角度出发来思考商业模式的创新。如果企业占据某个业务环节领导地位，将业务范围延伸到整个产业链条，则可以形成全产业链经营的模式，把控产业的价值链，推动行业／产业变革，优化和整合产业资源，打造产业平台，最终形成价值生态圈……不管什么样的商业模式，归根结底是要为这个社会创造价值，让客户和相关利益者获益，在这个过程中实现企业的不断增值和成长。

刘慈欣在他的科幻小说《三体》里描述："世界有个'黑暗森林法则'，在这片森林中，需要永远保持缄默和敬畏，因为你不知道对手是谁，长什么样，甚至不知道他的武器是铁锤还是子弹，或者更高维的攻击。"

这个"黑暗森林法则"，在商业社会里同样适用。**当企业家用不同的视野看待企业，对自己的企业有着不同的定位，那么在激励的竞争中就有了不同的"打法"。那些站得更高看得更远的企业就会"升维思维、降维攻击"，让处于"山中"的企业在猝不及防中束手就擒。因此，你永远不知道，哪家公司会通过创新的商业模式，成为一匹黑马，成为自己的威胁。**就像很多人以为国内电商格局已定，却有拼多多凭借微信生态和拼团低价模式迅速崛起，就连阿里和京东也不得不高度重视；近一年，抖音让很多男女老少纷纷中毒，掌握了巨大的流量入口，连腾讯都不得不对它设防；正如打败康师傅的不是统一，而是美团和饿了么；打败大润发的，不是沃尔玛、家乐福，而是阿里巴巴；也许打败 BAT 的，不一定是搜索、电商和游戏公司，也可能是今日头条……

正因为商业模式的不断创新，造就了商业社会的风云诡谲、瞬息万变，也让其充满了奇迹和魅力。因此，了解商业模式的本质，不断创新商业模式，是企业势在必行的一个功课。前海股权事务所、中力知识科技认为，商业模式是通过设计实现商业价值的逻辑系统工程，与相关商业利益者形成利益共享，资源共享、合作共赢的关系，实现未来财富价值的蓝图。商业模式是对企业商业价值的规划，是企业股权价值的显现，通过商业模式可以看到企业的未来。商业模式对企业来说，是价值创造、价值实现的系统工程，是企业存在价值的理由；对于利益相关者来说，商业模式是价值创造的方向与未来价值实现的方式；对于资本方来说，是他们投资企业的核心关注点之一。

除了认识到商业模式的本质属性，我们还要明白，商业模式不是一成不变的。**企业在不同的发展阶段有着不同的商业模式，商业模式也随着企业的不断发展而不断地创新和迭代。一个好的商业模式将会帮助企业不断地提升价值和延伸未来的发展空间。**如图 4-1-4 所示。

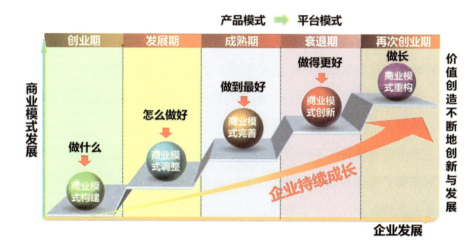

图 4-1-4 商业模式随着企业发展而变化

在企业的创业期，企业要先做好商业模式的构建，明确企业的商业定位。曾经的企业都是摸着石头过河，但是如今，在复杂的经济环境下，提前设计好一套切实可行的商业模式是企业在创业之初的重中之重；商业模式在执行过程中会面临诸多影响因素，企业进入发展期，要根据商业环境的变化适当调整商业模式；到了企业的成熟期，商业模式需要完善，让其在当时的条件下尽可能发挥出最好的价值；而随着时代进步、技术迭代和新的竞争格局的形成，企业以往的商业模式可能面临着巨大的冲击和挑战，需要通过创新来改变企业现有的商业模式，从而提升企业整体的运营效率，实现企业更大的商业价值。如果商业模式一成不变，在迅速变革的时代，企业就可能被大浪淘沙，被新生事物碾压致死。但是如果在这个时期大胆创新，勇于自我颠覆，通过商业价值的重构，实现企业的二次创业，进而开拓新的领域，延续企业生命，让企业做得长久。例如，有些企业从最初的产品模式升级为平台模式，伴随不同的发展阶段，商业模式不断迭代发展。这个过程中，企业的价值也随之不断地提升与发展，从而促进企业持续成长。

因为有光，人类才有广阔的天地任其驰骋。商业模式之于企业，犹如光明之于人类。没有商业模式指引方向，企业会在竞争的大海中迷失方向。不过，即使构建了创新的商业模式，企业也不能躺在"功劳簿"上高枕无忧，因为不继续思变创新，那么蓝海很快变红海，将企业瞬间湮没，拍死在沙滩上。

第二节 战略规划：决胜华山之巅

战略，古则重之。我国古兵书《孙子兵法》指出，"故上兵伐谋，其次伐交，其次伐兵，其下攻城"，这里的"谋"指的就是战略。随着西方率先进入大工业时代，战略在企业经营与市场竞争领域不断延伸和发展，20世纪七八十年代，著名管理专家不约而同地将战略描述为"与众不同、独一无二"，比如当代战略理论领军人物迈克尔·波特、定位理论创始专家杰·特劳特等。

如今，企业界已开口闭口言必称战略，一夜之间，仿佛战略无所不能，但实际情况是，战略的装饰用途大于真实用途，真正能够品尝战略成果的人少之又少。

前海股权事务所、中力知识科技认为，战略规划不是一系列流程，也不是一堆技术，更不是一种预测。首先，战略规划是指企业设立远景目标并对实现目标的轨迹进行的总体性、指导性谋划，是一种全局性的统筹和计划；其次，远景目标是企业战略要达成的表象指标，企业股权价值才是战略、远景目标以及计划始终围绕的深层本质指标。离开股权价值谈任何规划可能都只是纸上谈兵、无法落地，甚至是南辕北辙。

正如维布络技术首席执行官阿齐姆·普莱姆基所言："必须拥有战略才能践行梦想"。战略规划是统筹行动方针与计划，是对股权价值进行运营，企业利益相关方可以透过企业战略规划找到信心，没有战略规划，企业就失去了"梦想"实现的路线图。

所以，企业战略一方面包括企业常常谈到的发展方向和目标，比如吸引和取悦客户、击败竞争对手、取得行业地位、适应环境、实现企业目标等。另一方面，企业制定战略是为了获得更多利润，并且持续发展、基业长青。也就是说，企业通过战略的持续塑造，追求自己的"独一份"的价值认知身份，最终将产生独特的或不对称的竞争优势。比如沃尔玛致力于不断降低采购成本，最终以低于市场竞争对手的低成本获得市场青睐，苹果公司致力于设计和生产有别于普遍市场的产品而长久不衰。强生的婴儿产品的背后是可靠；香奈儿和劳力士的背后是奢华和尊贵；奔驰和宝马的工程设计和性能也是一样。

从市场角度上来说，战略就是对如何竞争做出的清晰取舍，它清楚描述了企业该做什么，不该做什么，这两个方面同等重要。做与不做的选择组合形成差异化的竞争要素组合，优秀的企业总能创造独特的竞争优势，做那些竞争对手不做或者无法做到的事情，并最终取得成功。

我们认为，企业在制定成功战略时要遵循"分三步走"原则：

第一步——愿景、使命、价值观（如图4-2-1所示）。企业战略首要是从根本上解释清楚企业是什么、要去哪里、为什么存在等终极问题。这既是企业最高生存法则，又是企业最本质信仰。在企业发展上，愿景、使命、价值观，指明了方向和路径，并明确了规则，能极大地凝聚团队；在企业价值上，愿景、使命、价值观也做了清晰的定位，可以产生强大的向心力和引导力；在选择合伙人上，企业可以通过自身的愿景、使命、价值观吸引、寻找合适的"意中人"，淘汰掉不符合、不认同企业根本信仰的人，实现企业与合伙人的"双赢"，因为只有目标一致、价值观一致的人才能够凝聚在这一目标下努力前行。

使 命
- 企业存在的原因或者理由，是企业生存的目的定位
- 企业实现远景目标必须承担的责任或义务

愿 景
- 企业存在价值的极限，未来的梦想、憧憬
- 社会价值、客户需求、员工梦想、股东利益体现

价值观
- 为实现远景，践行使命的精神灵魂与行为准则。
- 企业发展的内在动力与生存法则

图 4-2-1 寻找志同道合合伙人的标准

第二步——业务规划。业务是战略的载体，战略目标的达成本身就是各业务组合在管理、市场、财务、组织等不同维度上目标达成的集合，没有具体的业务规划，企业战略将无从落地。一般来说，不同的企业在不同发展阶段的业务规划大不相同。在发展初期，企业的业务规划一般表现为产品规划，企业处于产品经营阶段，通俗的讲就是通过卖产品来产生企业利润，企业收益主要是表现为现金收益；随着企业不断发展，企业产业链不断拓展，企业渐渐进入了产业经营阶段，这一阶段企业收益的更多是资产。之后，企业通过不断购置再发展所需要的土地、设备以及其他的资产，并购或重组关联或非关联产业，逐步形成企业不同的产业集群，企业进入

产业集群发展阶段，在这个阶段，企业资产规模不断扩大，股权收益随之增长；最后，企业进入资本经营阶段，通过企业产业资本以及资本链和资本的经营来进一步助力企业的产业发展，这一阶段资本收益、股权收益是主要的收益方式。

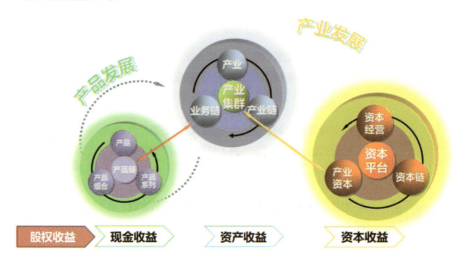

图 4-2-2 企业业务规划发展路径

从最初的产品规划到产业规划再到资本规划，这是在企业业务战略规划当中一个比较典型的路径（如图 4-2-2 所示）。从值钱模式上讲，产品经营、产业经营、资本经营的股权价值呈逐级增长态势，高级的经营形态比低级的经营形态更值钱、更具股权投资价值。苹果公司就是一个典型的代表，在产品经营阶段，推出以苹果为核心产品、包括电脑、手机以及平板等电子设备的苹果产品链。然后在产业经营阶段，苹果通过苹果在线应用商店以及电子音乐播放器作为增长业务。最后到资本经营阶段，苹果推出了智能化设备以及 Apple Pay 电子支付服务，苹果这一转变过程就是典型的业务发展规划路径。

　　因此，企业制定业务规划与战略的过程中，应围绕企业股权价值，设计三层业务链条。以 Apple 为例（如下图），在核心业务上，Apple 的主要业务是个人电脑、手机和苹果软件等硬件产品；以硬件产品为入口，扩大粉丝群体，发展增值业务，比如在线应用商店、ITUNES 音乐平台等增长业务，收益模式也从产品经营时期的现金收益转向产业经营时期的平台收益。最终发展到后期，苹果向产业链纵深发展，开发智能化设备和 Apple Pay 支付平台等种子业务，获取更大、更多的资本收益。

图 4-2-3 Apple 三层业务发展模式

　　值得关注的是，我们每个企业都要对价值链中进行深度分析，了解哪些价值环节挣钱，哪些价值环节不挣钱，结合目前企业的核心资源与优势，对价值创造多的可以优先发展和重点投入；价值创造少的，可以整合外部供应链资源进行外包。在价值链微笑曲线中，研发是最挣钱的，组装是最不挣钱的，企业有没有价值，取决于企业在整个价值链当中，是在价值的洼地，还是价值的高峰点。苹果这么挣钱，是因为它抓住了最重要的手机研发和营销价值环节,将从零配件到组装生产低挣钱环节全部交给富士康。富士康的生产优势更加明显,以更低的成本、更高的效率生产产品,富士康本质上是一个代加工厂。富士康上市后,因为处于挣钱少的价值链环节,财报状况不佳,估值过高的股价出现持续下跌趋势。

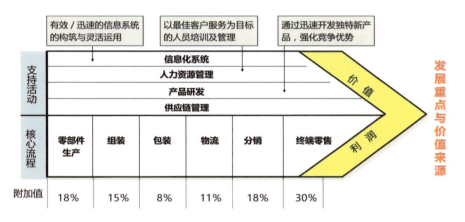

图 4-2-4 价值链设计图

第三步——战略执行。战略执行是战略规划得以实现的关键一步,企业在明晰了自身的战略目标之后,就必须专注于如何将其转化落实为可实施的行为和可衡量的结果。在这个过程中,企业首先要根据战略目标和业务规划进行资源和能力匹配,包括人才的匹配、设备的匹配、技术的匹配、资质的匹配、资金的匹配、场所的匹配等等,企业自身资源优势不明显的,应通过资源整合加以解决;其次,对战略目标和战略举措进行有效分解。在战略目标的分析上应努力做到清晰、清楚,必要时分解到公司小部门甚至人头,在战略举措的分解上应围绕关键指标实施分解措施,措施不宜多,原则上一个关键指标不超过三个核心举措。最后,企业要建立相关机制,持续推动战略落地。任何战略的推进都不会是自发的,需要核心领导层的持续支持和检视,并建立相关评价机制和审计机制,确保战略执行不停滞、不偏倚。

总之，战略规划是企业总体性、全局性的决策和计划。随着时代的发展，企业战略内容也不断得以丰富和升华。无论是企业的股权激励机制，还是企业的其他内部治理，最终都要服务于企业的发展战略，实现企业发展的目标。换句话说，**企业战略指明了企业前进的方向，股权激励则是推动企业向这个方向快速移动，而基于顶层设计的股权激励则是推动企业向这个方向快速移动的重要手段。**

第三节　决策推演：算盘不如算法

很多企业在制定商业模式过程中，把价值塑造得非常有吸引力，畅想着未来有巨大的市场空间，但实际落地的执行效果、财务指标、股权价值和原有的设计有很大的差距。归根溯源是企业在完成商业模式设计后，没有针对可能发生的情况或决策逻辑进行科学推理和可行性分析，没有对未来相应的财务数据进行模拟测算。所以企业要成功地实施商业模式，务必进行决策推演。

决策推演是企业在建构商业模式、制定战略规划时，通过一系列的推演方式方法，模拟出决策成果，规避掉决策风险的总称。决策推演可以推导出成功的可能性，以及会遇到的困难或者失败的可能性，从而想办法规避风险、进行决策的演变。决策推演分为决策链推演、财务推演以及股权价值推演。

决策链推演

　　决策链推演是判断公司商业模式的逻辑是否顺畅的重要一环。一个企业值不值钱，首先要看它整个业务链条能不能串起来，从一开始的价值主张，到客户定位，再到市场营销等环节，这整个的决策链逻辑是否相通。**比如，客户定位和市场营销决策是不是匹配——如果一个公司客户选择是高端的，而市场品牌策划却是针对大众消费端的，这种"错位"势必造成商业模式的失败。**又如，市场定位、产品研发、与营销模式决策也需要整体考虑，如果定位是高端市场，那么在这个决策链条上，产品的研发必然是针对高端用户的需求，而针对高端用户的营销模式也要考虑他们的购买习惯与方式。这种商业模式因果逻辑的理论推演清晰地指明了公司价值创造的有效路径以及业务的价值增长点在哪里。基于价值创造的决策推演路径模型，如图 4-3-1 所示。

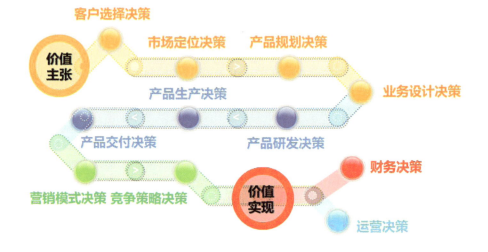

图 4-3-1 决策链推演路径模型

可以看到，决策链推演是一个从价值主张到价值实现的路径推演过程，可以预先通过每个决策点及其关联性分析商业模式成功和失败的可能，并以此为企业的价值实现做出评判。在此路径中，企业有了价值主张之后，需要做好客户选择决策、市场定位决策、产品规划决策、业务设计决策、产品研发决策、产品生产决策、产品交付决策、营销模式决策、竞争策略决策、财务决策以及运营决策等一系列决策过程，最终达到价值的实现。企业在设计商业模式过程中，如果整个价值创造的逻辑不通，这种模式成功的可能性就很低。很多企业从来没有进行过逻辑上的推演，经常在做到一半的时候发现进行不下去了，因此决策推演在企业创立之日起就必不可少。

在决策链推演方面，前海股权事务所、中力知识科技研发了"商业决策之兵棋推演"的课程，对提升企业决策链推演水平和实际应用能力起到了重要作用。"兵棋推演"来源于军队在军事决策上的模拟推演，军事上的"兵棋推演"是将部队兵员、武器装备作为棋子，战场环境作为棋盘，并赋予一定游戏规则，可提前预知未来作战过程的一种博弈。商业兵棋脱胎于军事兵棋，在现代商业中有着巨大的实用性，用于推演一系列商业环境，制定出能够适应环境变化的成功战略。需要推演的不仅有自己的公司，还有竞争对手以及市场，知己知彼，为现实情况提供指导和经验教训。

长久以来，很多企业缺乏量化思维和评估思维，对突发情况分析不足，造成了成本浪费和企业价值得不到实现。但如果在此之前，使用"兵棋推演"接近实战地进行分析、思考，对于企业的发展，不仅能获得事半功倍的效果，更能让所有员工更加了解自身所在的位置和潜在的风险。可以说，**决策链推演是企业家手中的剧本，这个"剧本"为企业的开端、发展、高潮和结局规划了一条合乎商业逻辑的路径。通过一战一棋的实际推演，运筹帷幄，决胜于未来的商业"战争"。**

财务推演

财务推演则是根据公司的财务数据得出公司资金的投入、产出、回报等相关数据，通过公司的投资回报率、资产收益率、净资产收益率和经济增加值等财务指标来对于公司的价值进行预测（模型和计算公式如图4-3-2所示）。企业在经营过程中就必须考虑到，企业收入有哪些构成、主营收入占比多少，成本结构包括哪些、主要成本是哪些，短期与长期收益怎么样。另外企业的现金流情况如何，最近这几年很多传统企业的倒闭很大部分原因就是企业现金流出现问题，如果没有现金流，企业经营很难实行下去。

ROI投资回报率	=	净收益/投资总额×100%
ROA资产回报率	=	净利润/总资产总额×100%
ROE股东权益收益率	=	税后利润/所有者权益×100%
EVA经济增加值	=	税后净营业利润(NOPAT)-资本成本
		=税后净营业利润(NOPAT)-资本占用×加权平均资本成本率(WACC)

图4-3-2 财务推演

投资回报率（ROI）=（净收益/投资总额）×100%。是指企业从一项投资性商业活动的投资中得到的经济回报，是衡量一个企业盈利状况所使用的比率，也是衡量一个企业经营效果和效率的一项综合性的指标。它涵盖了企业的获利目标。利润和投入经营所必备的财产相关，因为企业必须通过投资和现有财产获得利润。从投资角度来看，高 ROI 必定受到资本的追捧，企业未来的增长率也高。投资者对过低的 ROI 缺乏信心，没有投资的意愿，最近这几年在广东有些非常传统的制造业 ROI 在 5% 以下，导致很多老板没有兴趣和意愿继续追加投资，甚至有些关门或转型升级切入高 ROI 的行业。

资产收益率，也叫资产回报率（ROA），它是用来衡量每单位资产创造多少净利润的指标。资产收益率是针对重资产的企业盈利能力的指标之一，该指标越高，表明企业资产利用效果越好，说明企业在增加收入和节约资金使用等方面取得了良好的效果，否则相反。总资产收益率的高低直接反映了公司的竞争实力和发展能力，也是决定公司是否应举债经营的重要依据。一般企业的总资产包括负债和所有权益。如果企业的资产收益率高于负债的成本，企业就会举债经营加财务杠杆，房地产行业平均负债率 80% 以上，万科 2018 年负债 1 万多亿元负债率 82%、融创甚至达到 92%。为什么这些房地产企业有这么高的负债，原因是这么多年来房地产的资产回报率还不错，房地产企业典型是重资产的企业，靠资产周转快速发展。所以总资产收益率指标集中体现了资产运用效率和资金利用效果之间的关系。

巴菲特曾经说过，如果只能挑一个指标来选股，他会选择净资产收益率（ROE）。ROE，即净资产收益率，又称股东权益收益率，是指税后利润额与所有者权益的比值，是判断公司盈利能力的一项重要指标，这指标一直受到资本市场参与各方的极大关注。分析师将 ROE 解释为将公司盈余再投资以产生更多收益的能力。它也是衡量公司内部财务、行销及经营绩效的指标。该指标越高，企业自有资本获取收益的能力越强，运营效益越好，对企业投资人带来的收益越高；净资产收益率越低，说明企业所有者权益的获利能力越弱。例如，在上市企业中茅台的市值一直高飞猛进，不断创新高，影响市值非常关键的一个指标就是 ROE，贵州茅台近几年的 ROE 基本都维持在 20% 以上，甚至 30% 以上，这得益于贵州茅台的超高的销售净利率（54.17%），尽管他的资产负债率只有 16.03%。所以 ROE 是资本市场挑选行业或公司时很重要的一个指标，长期持有股票的最终收益应该和 ROE 基本一致。

彼得·德鲁克指出："作为一种度量全要素生产率的关键指标，EVA 反映了管理价值的所有方面"；高盛公司认为："与每股收益、股本回报率或自由现金流等其他传统的评估方法相比，EVA 能更准确地反映经济现实和会计结果"；中国证监会认为："EVA 将会被中国资本市场以及广大投资者接受，成为普及的投资价值指标之一。经济附加值（EVA），又称经济利润、经济增加值，是一定时期的企业税后营业净利润（NOPAT）与投入资本的资金成本的差额。经济附加值是基于税后营业净利润和产生这些利润所需资本投入总成本的一种企业绩效财务评价方法。公司每年创造的经济增加值等于税后净营业利润与全部资本成本之间的差额。其中资本成本包括债务资本的成本，也包括股本资本的成本。从算术角度说，EVA 等于税后经营利润减去债务和股本成本，是所有成本被扣除后的剩余收入。EVA 是对真正"经济"利润的评价，或者说，是表示净营运利润与投资者用同样资本投资其他风险相近的有价证券的最低回报相比，超出或低于后者的量值。如果 EVA 的值为正，则表明公司获得的收益高于为获得此项收益而投入的资本成本，即公司为股东创造了新价值；相反，如果 EVA 的值为负，则表明股东的财富在减少。

EVA 指标越来越受到企业界的关注与青睐，世界著名的大公司如可口可乐、IBM、美国运通、通用汽车、西门子公司、索尼、戴尔、沃尔玛等近 300 多家公司开始使用 EVA 管理体系。

通过财务推演可以判断公司的未来商业价值怎样、盈利水平如何，所以企业在构建商业模式的时候需要进行财务推演。

价值推演

　　随着资本市场的成熟发展，越来越多的企业家认识到资本对企业发展的重要性，他们纷纷与各种资本资源接触，希望企业能对接资本，一方面解决融资问题；另一方面让企业的股权价值得到更高的溢价。对企业家来说，如何让企业股权价值倍增将是其中一个重要任务。如何让股权价值倍增呢？首先我们了解股权价值有哪些因素组成，在证券市场股权价值等于股票数量乘以股票价格，股份公司的股权价值等于股份数量乘以股份价格。如图4-3-3所示，如果企业要提升股权价值，一方面，通过增发股份的数量，可以让股权价值得到提升，但增发股份的前提是需要不断有新的资产、资本注入或者原有资产不断增值稀释。最近这几年并购重组非常活跃，许多上市公司纷纷抛出许多并购方案，希望通过并购方式不断注入新的资产和更多利润拉升市值；另一方面，提高股票价格，影响股票价格的因素有很多，除了证券市场的行情因素，更重要的因素是企业的盈利能力，企业的每股净利润越高，股票价格也越高。另外一个重要的影响因素是市盈率，不同行业在资本市场的市盈率是不一样的，所以最近几年有些上市企业通过转型升级，从低市盈率的行业跨界到高市盈率的行业。例如：威创股份2015年之前主营业务是大屏幕及可视化解决方案，产品围绕信息可视化领域为客户提供可视化信息沟通的整体解决方案，是国内拼接显示行业的首家上市企业，超高分辨率数字拼接墙系统（DLP、LED、LCD）及解决方案业务在全球处于领先地位。2015年之前平均市盈率在25倍左右。2015年通过资本运作开始进军幼教行业，通过并购方式于2016年加速扩张，成为目前国内最大的幼教产业集团之一，实施双主业的发展战略。幼教的利润率高于传统的LED行业，教育行业本身的市盈率也高于制造业。

切入幼教业务后 2015 年威创股份的年平均市盈率高达 190 倍，哪怕 2015 年股市大跌后，2016 年也达到 92 倍，远高于 2014 年的 29 倍。

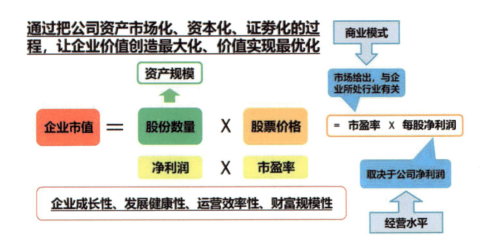

图 4-3-3 价值推演

　　资本运营是把公司资产市场化、资本化、证券化的过程，价值推演正是对这一过程的决策模拟，以此让企业价值创造最大化、价值实现最优化（模型如图 4-3-3 所示）。有很多公司暂时不赚钱，但是还是会获得大量融资，比如京东、亚马逊等互联网公司，滴滴、摩拜等新型公司也没有多少现金流，但是依旧是投资市场上的"香饽饽"。既得益于他们有着很好的商业设计，有着庞大的用户流量；也得益于很好的资本运营，估值持续增长。

　　以亚马逊为例，专注烧钱 20 年的亚马逊直到 2016 年才跟年度亏损说再见。但是市场却一直愿意给亚马逊高估值，很大程度上是因为它的价值推演。2017 年 6 月，投资公司 MKM Partners 的分析师罗伯·桑德森表示："亚马逊的成长空间比其他任何大公司都要大，将会在 2020 年成为市值最高的企业。目前，亚马逊在两个最具增值空间的行业中占据重要位置，即在线零售和云计算。"可以说，亚马逊在一个有着巨大潜力的行业中的发展前景乐观的领域里，有机会占据半壁江山。另外，亚马逊的云端运算服务是一项前景无限的高获利业务。2017 年第一季度 AWS 营收就同比增长 64% 至 25.7 亿美元，营业毛利也接近翻倍，达到 26%。如果华尔街的某些分析师的预测无误，那么亚马逊超越目前市值排名第一的苹果公司指日可待。

另外，企业的市盈率跟行业有关，不同行业的市盈率不一样，比如在银行业市盈率就是 10 倍，如果互联网企业就是 50 倍，如果是零售行业就是 30 倍，意味着企业切入不同的行业，它的市盈率是完全不一样的。它的身价也就完全不一样。而同样行业的情况下，企业的商业模式不一样，它的估值也不一样，比如说同样是零售行业，为什么永辉超市的市盈率比同行要高，因为永辉超市做的新零售，商业模式有创新，新的零售模式给永辉带来更高的坪效，资本市场这个晴雨表立刻有反应，它的估值就跟传统的超市有着天壤之别。同样阿里巴巴的"盒马鲜生"在新零售中也是一匹黑马，2018 年 9 月 27 日盒马鲜生 CEO 侯毅首次透露业绩：开店 1.5 年以上的门店单店坪效超过 5 万元，单店日均销售额超过 80 万元，线上销售占比超过 60%，均远超传统超市。这就是为什么我们要做商业模式的创新，有更高价值和未来发展空间的商业模式将影响到企业未来的估值。几年前，前海股权事务所、中力知识科技的专家去杭州走访一个企业，这个企业是做无线 WiFi 解决方案的，针对大型场所和办公环境进行无线上网解决方案，可以让上百人甚至上千人同时上网，网络完全不会卡，而且速度很快，通过软硬件控制合理布局提供整体解决方案。但是准备新三板挂牌的时候，他们找了一个券商，由于券商人手不够，找了个毕业没有几年，资质比较浅的顾问做项目。顾问在写文件时给企业定性为无线设备生产厂商，归属制造业。懂资本市场的人都非常清楚，硬件设备制造业和互联网服务行业的市盈率是不一样的。前海股权事务所、中力知识科技的专家非常清楚这家企业未来的价值在哪里，企业未来业务模式是提供互联网服务并延伸互联网增值服务，硬件只不过是入口而已，建议赶紧重新写申报材料，如果把现在的材料报上去，企业的市值至少砍一半，以后融资也不好融。因此，在价值链推演中，商业模式对企业的估值有着不可估量的影响。所以，企业家应该好好思考下，如何做好商业模式设计，把企业的价值更好的发掘出来。

由此可见，在互联网时代，只要公司的顶层设计有魅力，就有可能被资本市场青睐，拥有高估值，即便暂时亏损也依旧前途无限。与亚马逊处于同一行业的京东也是如此，多年来一直没有盈利，但是还有投资者先后投资，最重要的原因是投资者通过价值推演看到了公司未来的价值所在，从而相信他所投资的企业在未来一定会有可观的利润回报。

很多公司之所以能够获得资本市场巨额投资，是因为资本市场能够通过环环相扣的决策链推演，知道他们的客户和市场等是相互匹配，商业模式整体的因果逻辑是清晰的，这很好的指明了公司的价值增长点所在。企业从产品到盈利到现金流，他们的整条决策链是顺畅的，倒推、正推在逻辑上都是成立的。

在财务推演方面，只要看到那些企业的消费者需求以及实际收入的极速上升之后，就不会为这些公司的高估值而大惊小怪了，正如风险管理专家马克·舒斯特说的那样，"消费者已经在用他们的脚投票。"

从价值推演上说，那些估值高的公司有先发优势，极具创新性，创始人相当出色。这使得它们能够推向多个市场，这些未来价值让它们迅速完成融资，从而更好地规划公司未来的战略。**这些优势都有利于公司价值的增长，从而在价值推演中让投资者看到美好的未来。**

第五章

治理设计，奠定发展基石

都说商场如战场，而因股权引发的战争层出不穷，且惨烈无比。

1 号店于 2008 年创立，创始人（公司董事长）于刚、联合创始人（CEO）刘峻岭于 2015 年 7 月正式离职，他们未能度过 7 年之痒。在企业经营困难急于融资时，一号店将 80% 的股份卖给了平安集团，导致创始团队丧失了控制权，平安集团后来又把大部分股份卖给沃尔玛，而作为战略投资者的沃尔玛，在彻底获得 1 号店控制权后，也就是创始人黯然离场之时。另一边厢，老牌上市公司南玻集团，在宝能系资本逐步收购南玻股份获得控制权后，公司所有高管被逼辞职，亦上演了"高层血洗案"。还有俏江南张兰，因对赌协议痛失控制权，出局俏江南董事会；雷士照明的吴长江，在与资本的博弈中，步步失控，最终失去企业控制权，本人也身陷囹圄，令人不胜唏嘘。

这些都是中国企业界上演的如火如荼"商战大片"，至于每天发生的众多不知名的股权战争更是一幕一幕地上演，难以计数，企业家陷入无休止的争吵、心力交瘁的争斗之中。出现这些问题的主要原因有两个：

第一：缺乏股权风险意识，没有提及做好布局或防范措施。有些企业家从来没有想过有这一天的到来，出现斗争的时候往往悔恨当初。中国人往往和熟人一起合伙做生意都是你好我好大家好，不愿意一开始把规矩说死，都是先干了再说，避免伤了和气，大家都装君子。其实每个人心里都有自己的小算盘，公司没有做大什么都好说，但一旦公司做起来有丰厚的回报时，这些小心眼就起来了，小人就出现了。很多时候一开始大家都是君子，最后结果大家都变成小人。提前定好规矩，先小人后君子，最后大家都是君子。

第二：缺乏专业知识，没有远见或预见性。由于公司治理中股权规则、治理规则都是非常专业的。企业家缺乏这方面的专业知识，工作中又没有专业的团队及时给予提醒帮助，一旦出现问题往往都非常严重，处理的风险和代价非常高。如果掌握一定的专业知识并有专业团队的支持，提前预测风险做好防范措施就会避免严重性问题的发生。

科学的公司治理设计需要提前对规则和权力进行布局，为股权规划做好统筹。结合商业模式，在《公司章程》及相关股东协议、股权架构、治理结构、融资规划等方面进行合理设计，综合兼顾"权"和"利"，掌握股权统筹的关键点，为企业稳健发展奠定基础。

股权架构重在为企业设计好控制权，避免企业陷入控制权纷争从而导致竞争力下降甚至分崩离析。**股权架构事关企业生死，不可小觑，需要在企业创建之初就合理搭建股权架构，提前考虑后续融资而稀释股权的情况，以终为始，推演出股东在公司设立时的股权结构，制定股权稀释预测表。**假如公司是一栋大厦，那么股权架构就是钢筋水泥。如果股权架构出现问题，企业也就岌岌可危。为保障企业长治久安，企业家必须善于利用股权这个"杀手锏"，尽早设置好股权架构。

公司重要决议的产生、授权机制、董监高等高管的人事任免制定都依据一定的规则，而这些规则就构成公司治理的主要内容所在。如果企业股权架构不合理的既成事实难以改变，在一定程度上可以通过公司治理结构加以弥补。

《公司章程》及相关股东协议、议事规则等文件是公司设定的规矩，企业正常运营时，这些文件可能是在默默发挥作用，不显山露水；但是，在股东之间、股东和经营层发生纠纷的时候，这些文件的相关约定会作为处理的准则。

因此，只有将合理的股权架构设计、科学的治理结构设置、依法合规的机制设定三者有机结合才能让企业长治久安。

第一节 股权架构：阳光下的"纸牌屋"

企业争夺控制权的风云纷争屡见不鲜。股权之争主要表现在创始人与投资者之间、创始人与职业经理人之间以及投资者与职业经理人之间。创始人与投资者之争典型的有南玻、58同城、1号店、汽车之家等企业；创始人与职业经理人之争典型的有真功夫、新浪、国美等企业；投资者与职业经理人之争代表性的企业是万科……太多的企业因为控制权之争引发了波谲云诡的企业变幻，轻则伤筋动骨，重则灰飞烟灭。而追本溯源，企业控制权之争都是因为创办之初没有搭建好股权架构，或者股权架构没有随着企业形势的变化而及时调整。**而做好股权架构，把握住企业的控制权，是公司治理设计的第一要务。**

2018年4月30日，香港交易所《新兴及创新产业公司上市制度》正式生效，开始接纳相关上市申请。按照新规，香港交易所将对新兴的三类公司打开大门：同股不同权结构的公司；未有收入的生物科技类公司；将香港交易所作为第二上市地的公司。在"港交所IPO新政"的推波助澜下，本就很热门的香港更是成为众多内地新经济"独角兽"的IPO首选地，大批企业掀赴港上市潮。2018年5月，香港交易所上市新申报353家，排队企业已达127家。

在这种上市热潮下，香港的券商就会选择一部分企业优先办理上市事宜。而对这一部分企业的一个重要筛选标准就是公司的股权架构是否合理。如果股权架构不合理，即使其商业设计无可挑剔，也会存在很大的风险。因此，必须在企业创立之初就制定好企业的权力游戏规则，合理构建企业股权架构，否则后患无穷。

以雷士照明为例，这场控股权之争失控的资本游戏，让世人惊叹唏嘘，也留下了深刻的教训。在这场争斗中，雷士照明吴长江首先跟合伙人斗，创始合伙人的股权"平分秋色"，为后期的争斗埋下伏笔，"333"的平均股权结构让企业没有实际决策者。一旦股东之间理念发生重大分歧，企业因为没有最后拍板人而让决策停滞不前。**因此企业在创业期，应首先选好带头人，做好股权布局，平衡好权和利。股权结构一定要避免"55"或者"333"等均分式的"世上最差股权结构"，否则将为后续的股权风险埋下伏笔。**

虽然吴长江最终以1.6亿元的代价解决了股东之争，但是造成了资金短缺，不得不大量引进金融资本，进而触发了吴长江跟金融资本、产业资本的战争。风投公司趁火打劫，以超低的估值杀价获得大比例的股权，并且跟企业签订业绩对赌协议。为了更快完成业绩要求，雷士照明以大量并购的方式来扩大业务范围，**但是在扩大产业布局的过程中，企业没有预先做好股权和控制权设计，也没有预先规划资本路径，再次让企业遭到重创。**

另外，软银赛富和施耐德入股雷士照明，主要目的有两个方面：一是投资回报最大化；二是争夺企业的控制权。**因此，企业创始人在与资本打交道的过程中要预先了解金融资本和产业资本的真实目的，厘清其投资背后的逻辑，提前做好产业布局，防止金融资本与产业资本联手，为企业带来不利影响。**

最后，吴长江与王冬雷之间的斗争最终让自己彻底离开雷士，并身陷囹圄。吴长江一路走来，不断跟各种角色的人斗争，但是始终有双无形的手压着他，让他无法真正施展拳脚，这双手就是企业股权结构的不合理。吴长江戏剧化的人生被媒体称为"中国民企踏上资本化道路的教科书"，他的经历也为无数企业家敲响警钟。**企业创始人在实现双赢的融资过程中，需要将实业投资者作为长久合作伙伴，共同经营，保障企业。如果创始人背离使命、愿景和价值观，投机取巧，其个人和企业的未来充满变数。**

同时，也有很多企业因为注重股权架构而避免了很多纷争，让企业能够避开各种明枪暗箭，专心于企业运营：海底捞最初也是"平分秋色"的股权架构，但是张勇及时从施永宏夫妇的手中购买了 18% 的股权，成为绝对控股股东；李彦宏夫妇持有占百度 20% 股份的 B 类股，但其投票权却超过 60%；刘强东持有京东 18.8% 股份，投票权却超过 50%，把控制权紧紧掌握在自己手中……

从以上正反两方面的案例我们可以得出，股权架构是企业的生命线。**如果公司是一棵树，那么股权架构就是树根。如果股权架构出现问题，企业的生存根基也随之动摇。作为一个高瞻远瞩的企业，必须善于挥舞手里的股权魔法棒，尽早设置好股权架构。**

结合众多的股权架构设计正反面案例，我们需要注意以下几个股权和控制权设计方法：

第一，数量统筹控制权设计。在公司的不同发展阶段，要拥有一定数量的股权，才能达到能控制公司的程度。比如，初创期、发展期和扩张期要确保大股东分别拥有三分之二、二分之一和三分之一以上的股权。假设企业未来要上市，企业家要以终为始，反推股东在最开始时应具有什么样的股权结构，清楚将会稀释的股权比例，制定股权稀释预测表。在做公司持股比例的设计时，我们必须把控好股权统筹五个关键节点，如图 5-1-1 所示。

图 5-1-1 股权统筹五个关键节点

首先，在做公司持股比例的设计时，我们必须把控好三条生死线，这三条生死线与股东的表决权息息相关。

第一条生死线，是 67% 以上的绝对控股权，即 2/3 以上。拥有了 67% 以上的绝对控股权，企业家就可以进行进攻型统筹。

我国《公司法》第四十三条规定："股东会的议事方式和表决程序，除本法有规定的外，由公司章程规定。股东会会议作出修改公司章程、增加或者减少注册资本的决议，以及公司合并、分立、解散或者变更公司形式的决议，必须经代表三分之二以上表决权的股东通过。"第一百二十一条规定："上市公司在一年内购买、出售重大资产或者担保金额超过公司资产总额百分之三十的，应当由股东大会作出决议，并经出席会议的股东所持表决权的三分之二以上通过。"第一百八十一条规定："依照前款规定修改公司章程，有限责任公司须经持有三分之二以上表决权的股东通过，股份有限公司须经出席股东大会会议的股东所持表决权的三分之二以上通过。"因此，当企业家所持股份大于或等于 67% 的话，便有权单方来决定是否修改公司章程、增加或减少注册资本等上述涉及公司生死存亡的重大事项。

在企业发展的各个阶段，如果企业家希望一直拥有绝对的话语权、决策权，那么其所持股比例就必须占到 67%，在法律上控股大于等于这个比例的，又被称作"绝对控股"。

第二条生死线，是 51% 的相对控制权，这可以使企业家进行管理型统筹。

《公司法》第一百零三条规定："股东出席股东大会会议，所持每一股份有一表决权。股东大会做出决议，必须经出席会议的股东所持表决权过半数通过。"第一百一十一条规定："董事会作出决议，必须经全体董事的过半数通过。"除此之外，第十六条也规定了"公司为公司股东或者实际控制人提供担保的，必须经股东会或者股东大会决议。该项表决由出席会议的其他股东所持表决权的过半数通过"。

如果企业家控股大于等于 51%，那么就可以决定除了必须经三分之二以上表决权的几个重大事项以外的其他所有事项，也就相当于掌控了公司诸多事项的表决权，如选举董事、监事；转让、受让重大资产或者对外提供担保等等。因此，该比例通常被称为"相对控股权"。

第三条生死线，是 34% 的一票否决权，有超过三分之一的股权，即重大事件否决权，这有利于企业家进行防御型统筹。

我们认为，当企业处于创业阶段时，企业家所占股份以 67% 以上为宜。当企业进入发展期时，企业家的股份则应当占 51% 以上。而到了扩张期，企业家所占股份则最好是 34% 以上。与绝对控股线相比，三分之二以上表决权能够通过关于公司生死存亡的事宜，那么如果其中一个股东持有超过三分之一的股权，另一方也就无法达到三分之二以上表决权，那些事关生死存亡的事宜自然就无法通过。如此之下，持有大于等于 34% 股权的便控制了生命线，具有"一票否决权"的性质。当然，如果是对其他仅需过半数以上通过的事宜，就无法否决了。

把握了以上三条生死线，企业家基本上实现有效控制。除此之外，在企业运营中，还有其他的几个关键的股权数量节点。

10%：持股 10% 的股东可申请解散公司的权利。《公司法》第一百八十二条规定："公司经营管理发生严重困难，继续存续会使股东利益受到重大损失，通过其他途径不能解决的，持有公司全部股东表决权百分之十以上的股东，可以请求人民法院解散公司。"

5%：持股 5% 的股东变动会影响二级市场流通交易。持股比例在 5% 以上的股东，买卖时间是有限制的。一般普通投资者买卖公司，股票行为不受限制，但一个人一旦成为持有上市公司股份 5% 的股东，就可以认定他的行为能对上市公司实施一定影响，所以，他买卖该公司的股票行为，在时间上会受到一定制约。除此之外，上市公司规定，直接或间接持有上市公司 5% 以上股份的自然人、法人被认定为关联方。

3%：单独或者合计持有公司 3% 以上股份的股东，可以在股东大会召开 10 日前，提出临时提案，并书面提交召集人。召集人在收到提案后的 2 日内，应发出股东大会补充通知，公告临时提案的内容。

这些关键的股权数量节点，虽然不能直接影响到企业的生死存亡，但也不可小觑。在企业发展的某些阶段，即使是 0.1% 的股权变动，也有可能导致企业大厦的倾覆！因此，在实施股权激励时，即使是 0.1% 的股权，也有可能影响到企业的控制权，切不可掉以轻心。

第二，章程约定控制权设计。在本章第三节公司设定：一字千金的"文字游戏"中会有专门介绍。

第三，空间布局控制权设计，以达到股权和投票权分离（如图 5-1-2 所示）。大多数公司经过多轮融资和股权激励，创始人的股权是一个不断被稀释的过程，很难一直保持股权占比上的绝对地位。为了达到对公司的绝对控制权，把其他部分股东的股权与表决权相分离是个有效的途径，最终达到创始股东控制公司的目的。

		布局方式	适用企业
国内	■ 持股公司布局	单层、多层持股	未来国内上市
	■ 合伙企业布局	多结构、多层持股	股东多、股份比例少
国外	■ 境外持股	AB 股	未来国外上市
	■ VIE 模式	多结构、多层持股	股份大量稀释

图 5-1-2 空间布局控制权设计

其中，单层和多层持股法适用于未来国内上市的企业，多结构和多层持股法适用于股东多股份比例少的情况；AB 股适用于未来国外上市的企业，多结构和多层持股法适用于股份大量稀释的情况。

有限合伙持股可以让股东不直接持有股权，而是把股东都放在一个有限合伙企业里面，让这个有限合伙企业来持股。创始人担任有限合伙的普通合伙人（GP），其他股东为有限合伙人（LP），按照法律规定，有限合伙企业的 LP 不参与企业管理，从而达到创始人控制企业的目的。如图5-1-3 所示的蚂蚁金服的股权结构，马云通过担任杭州云铂投资咨询有限公司的 GP，以极少的控股比例通过控制杭州君瀚和杭州君澳两个有限合伙企业，牢牢掌控了蚂蚁金服的控制权。

图 5-1-3 蚂蚁金服的股权结构

又如，境外架构中的"AB 股计划"实际上就是"同股不同权"的制度。目前香港证券交易所和美国证券交易所允许二元持股的公司上市。所以许多上市前股权稀释非常多的企业都考虑在美国和香港上市，去年港交所发布了允许同股不同权企业上市制度后，小米、美团等中国独角兽企业纷纷提交上市材料。根据招股书披露，小米实行双重股权结构，分为 A 类股份和 B 类股份。当股东表决时，A 类股份持有人每股可投 10 票，B 类股份持有人每股可投 1 票。根据雷军持有 A 类和 B 类股票的情况，雷军的持股比例不超过 28%，但表决权比例超过 50%。

如果公司使用境外架构，可以用 AB 股计划，及实行"同股不同权"

制度。主要内容包括：公司股票区分为 A 序列普通股与 B 序列普通股，其中 A 股由机构投资人与公众股东持有，B 股由创业团队持有，两者设立不同的投票权。另外还有创始人一票否决权。这是一种消极防御性策略。当创始人的股权低于 50% 时，股东会层面决定会给创始人一些否决权，主要针对一些重大事项而设置，如合并、分立、解散、融资或上市。

同时还有其他几种股权与投票权分离的方法：**第一种是投票权委托**。公司部分股东通过协议约定，将其投票权委托给其他特定股东来行使。如京东在上市前，11 家投资方将其投票权委托给刘强东，使得持股 20% 的刘强东通过委托投票权掌控京东上市前过半数的投票权；**第二是一致行动人协议**。通过协议约定，某些股东就特定事项采取一致行动。意见不一致时，某些股东跟随一致行动人投票。一致行动人与投票权委托的区别在于投票权委托可以是全权代理；而一致行动人指的是针对特定事项的部分代理。比如韩都衣舍的几个联合创始人签订一致行动人协议，控制公司 51.17% 的股权，从而将公司经营的决策权掌握在自己手中，如图 5-1-4 所示。

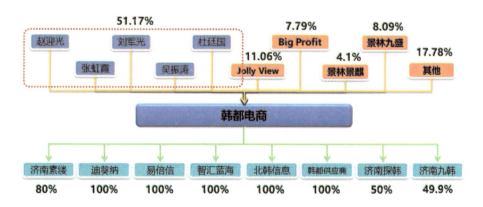

图 5-1-4 韩都衣舍的一致行动协议

总体而言，适合企业的股权架构就是最好的架构。随着公司不断加入新的合作伙伴或者资金，原有的股权架构必须适时做出调整，既要牢牢绑定初创合伙人，还要紧紧锁定"外来的和尚"，又要严防死守"门口的野蛮人"，既要让核心骨干心甘情愿为公司付出，还要让投资人为项目注入强有力的资本。因此，在多方博弈中，合理的股权架构设置是一门科学和艺术，让企业在初创阶段生存下来、在发展阶段加速发展起来，为企业发展提前定好规划。

第二节 治理结构：笼子里的"江湖规矩"

对于一个公司来说，设定股权架构关系到企业的控制权，而公司重要决议的产生甚至一个公司董监高的任免都与公司的治理结构制定的规则密不可分。有的公司在创立之初设立的股权架构不合理的事实木已成舟，或者不可逆转，或者重新设置需要耗费巨大成本，这时候就可以通过公司治理结构加以弥补。

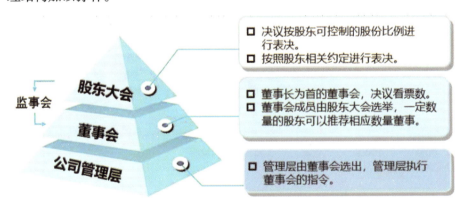

图 5-2-1 公司治理结构

其中，最上层的股东大会是公司的最高权力机构，对公司重大事情的表决、选举董事/监事等重要事项做出决议，决议按照股东的可控制比例进行表决；董事会是一个公司战略决策、经营决策的最高责任机构，在董事长的带领下，承担着公司的使命与前途，行使公司管理、经营、决策的权力，确保公司股东和客户的利益得到维护，董事会决议投票决定。其中，董事会的成员以及董事长都通过公司权力机构股东大会来选举，一般按股东的持股比例推荐董事。董事会以及董事常务委员会，一般由董事长来主持；监事会的职责是对公司的高级管理人员以及公司财务经营情况进行合理监督。其中公司的管理层是由公司董事会选出，中高级管理层要执行董事会的决策和指令。

关于股东大会的设立，《公司法》作出了专门的规定。其中，第三十九条规定，股东会会议分为定期会议和临时会议。定期会议应该按照公司章程的规定按时召开，代表十分之一以上表决权的股东，三分之一以上的董事，监事会或者不设监事会的公司的监事提议召开临时会议的，应当召开临时会议。

《公司法》第四十条规定，有限责任公司设立董事会的，股东会会议由董事会召集，董事长主持；董事长不能履行职务或者不履行职务的，由副董事长主持；副董事长不能履行职务或者不履行职务的，由半数以上董事共同推举一名董事主持。有限责任公司不设董事会的，股东会会议由执行董事召集和主持。

第四十一条规定，召开股东会会议，应当于会议召开十五日前通知全体股东；但是，公司章程另有规定或者全体股东另有约定的除外。股东会应当对所议事项的决定作成会议记录，出席会议的股东应当在会议记录上签名。

关于董事会的设立，根据《公司法》第四十四条规定，有限责任公司设董事会，其成员为三人至十三人；但是，本法第五十条另有规定的除外。董事会设董事长一人，可以设副董事长。董事长、副董事长的产生办法由公司章程规定。有限责任公司可以不设董事会，可设定一名执行董事。

《公司法》第四十八条规定，董事会的议事方式和表决程序，除本法有规定的外，由公司章程规定；第一百零八条规定，股份有限公司设董事会，其成员为五人至十九人。

董事会的设立原则首先是要注意股东结构和实际控制人的股份比例；其次要跟企业发展阶段相匹配。完整的董事会结构包括执行董事，主要是经营管理团队；非执行董事，主要是投资团队；独立董事，主要是第三方团队。董事提名和董事席位由各方博弈最终决定。

比如，阿里巴巴的董事会设置非常巧妙。在最初阿里巴巴董事会的四个席位中，马云团队拥有两席，作为大股东的雅虎只有一席，软银也只有一席，到了 2010 年 10 月，雅虎才有权获得与马云团队数量相等的董事会席位。马云通过董事会牢牢把控了阿里巴巴的发展方向，避免了雅虎和软银对于公司决策权的干预。

就世界各个国家现代公司治理结构现状来看，上市公司主导权往往掌握在三类主体手里，即股东会中心、董事会中心和企业家中心。股东会中心是说公司权力主要集中于股东大会，我国《公司法》也主要遵守了此项原则。董事会中心主要适用于股权较为分散的公司，一项决议能在董事会被通过，通常也能够在股东大会被通过，比如新浪网、民生银行等。企业家中心主要适用于以创始人为中心的公司，创始人即便股权比例不高，也通过各种方式牢牢掌控了公司控制权与决策权，以苹果、BAT 等企业为典型；或者在虽然股权分散但是经理人才能突出的公司，比如韦尔奇时代的通用电气公司。中国的万科公司也带有这种色彩。

一个公司的控制权到底由谁来掌控？每个公司都可以根据所处国家和规制的不同，并结合公司实际的情况做出不一样的选择。控制权对于公司来说诚然意义非凡，但是让谁来掌控，更利于其价值实现最大化则更为重要。公司应该建立有效的监督机制，来防止权力滥用。

现在，中国大部分的上市公司都属于大股东控权，也就是"一股独大"，体现为大股东对公司有绝对的控制权，所以股东大会的投票结果往往也成为了大股东意志的体现。并且，董事会的董事也基本上是由大股东进行委派和推荐。所以在大股东完全控权的情况下，这样的公司董事会名存实亡，成为了大股东个人主宰的会议。公司的管理层，也大多由公司大股东决定，并依附于大股东，成为大股东的代理人。

如此落后的公司治理结构现状，难免让中国的公司时常发生一些出人意表、啼笑皆非的现象。在中国，企业创始人或 CEO 被罢免的例子屡见不鲜。比如，万科是一家股权分散的上市公司，其开放友好、公开透明的制度被誉为中国公司制度的典范。直到 2016 年，宝万之争闹得沸沸扬扬，人们才把视线转向万科公司治理结构上的漏洞。

如果当时万科像美国的苹果公司、迪士尼公司等现代企业一样，具有治理结构完善的董事会，充分考虑全体股东、特别是中小股东诉求和利益，独立董事占据多数席位，权力互相制衡，监督效力强劲，或许这场公司创始人与"门口野蛮人"的争夺就会避免。宝能最初闻声而动时，如果万科公司的董事会能够站在全体股东的角度去分析利弊，去加以周旋，或许能够避免矛盾进一步升级。董事会是公司对外的法定代表机构，即便是董事长，也只是董事会的代表。董事长的言论、行为以及决策，都需要通过董事会内部进行批准和授权，严格受限。如果万科有这样一个规则完善的董事会，在选择公司第一大股东、决定创始人去留等关系公司命运的问题时，便能够考虑到更多中小股东的利益，那么，"宝万之争"也就不会激化到无法收拾的局面。当然，在这场争斗中，公司治理结构只是其中一个因素，但是如果这个因素提前设立得当，便可起到"防火墙"的作用。

万科事件以及其他相似事件值得警钟长鸣，中国多数公司的治理结构改革迫在眉睫。我们不要只是一味地对万科事件进行感性的道德绑架，而是要对现代公司的治理结构多一些理性的思辨。**不合理的制度，某种程度上让好人可能做坏事，而良好的制度则会让坏人在制度面前只能做好事。**

中国公司治理结构现代化任重而道远。首要的一点是在资本引进与公司治理之间要努力找到平衡。马云在这一方面就做得很好，他虽然没有很大比例的股份，但对企业拥有绝对控制权。华为则是另一种解决路径，采用全员持股的模式，也不上市，内部建立了完善的董事会治理结构，包括董事人选机制等，走出了属于自己的道路。所以，**企业特别是创业初期，一定要采用适合自己的方式，在资本引进与公司治理方面找到平衡。**

公司的治理设计可以说是公司的一种权力的游戏规则，在遵守规则的同时，还要在设立公司之初就设立规矩，其中公司章程对一个公司而言的作用可谓一道"护城河"，能使企业减少许多不必要的纠纷。

第三节 公司设定：一字千金的"文字游戏"

2016 年，内蒙古伊利实业集团股份有限公司被阳光保险举牌。阳光保险意图夺取伊利控股权的"司马昭之心"尽显。在这种危急的局势下，2016 年 8 月 9 日，伊利股份第八届董事会临时会议审议并通过了《关于修改＜公司章程＞的议案》，根据《公司法》、《证券法》、《上市公司章程指引》等相关规定，并结合公司实际情况，拟对《公司章程》部分条款进行修订，其中第五十三条、第七十七条、第九十六条都对策做出了相应对策。

章程修改后，投资者（或与其他人共同）持有公司已发行股份达3%时，须在三日内向董事会发通报披露目的和资金来源等情况。如有违反规定、虚假或误导性陈述，可定性为恶意收购，公司股东有权索赔，董事会有权采取反收购措施，同时在改正前该投资者不得行使相关表决权。

在发生公司被恶意收购的情况下，董事会可要求收购方提交关于未来增持、收购及其他后续安排的资料；为公司选择其他收购者；或在无须获得股东大会的决议授权的情况下，采取和实施反收购措施。

同时还提高了更换及提名董事会、监事会成员以及修改《公司章程》的要求，不仅规定连续两年以上单独或合计持有公司 15% 以上股份的股东才有权提出，而且需要股东大会上四分之三以上代表通过方为有效避免了被恶意收购。在伊利股份提出修改的章程中，有多达 10 余处的修改条款都围绕着"反收购"这个关键词展开，试图通过提高门槛，抵御市场上虎视眈眈的外来资本。

但因拟修改的《公司章程》多处条款与法律法规存在出入，被交易所问询，未完成修改，伊利只能寻求其他方式。10 月 22 日，伊利股份发布定增公告称，以 15.33 元 / 股引入呼市城投、内蒙交投、金石灏汭、平安资产、金梅花投资 5 名特定投资者，筹资 90 亿元，拟用于收购中国圣牧 37.00% 股权以及投资于新西兰乳品生产线建设项目等。另外，伊利计划授予 294 名员工公司当前 0.99% 的股份，实行股权激励。伊利顺利定增 90 亿元，实现在收购优质资产的同时，完美稀释阳光保险股份。阳光保险股份从原来的 5% 降低至 4.56%。根据 10 月 22 日公告，定增完成后，伊利股份仍不存在控股股东及实际控制人。

伊利股份案例给企业带来的思考是修改《公司章程》可以避免控制权旁落，公司更需要提前布局，在《公司章程》中对公司控制权进行设置。《公司法》第四十四条规定：董事会设董事长一人，可以设副董事长。董事长、副董事长的产生办法由公司章程规定；第四十八条规定，董事会的议事章程和表决程序，除本法有规定的外，由公司章程规定；第五十条规定，股东人数较少或者规模较小的有限责任公司，可以设一名执行董事，不设董事会。执行董事可以兼任公司经理。执行董事的职权由公司章程决定。

如果是有限公司，股东表决权的设置同样可以由《公司章程》进行规定。比如，《公司法》第四十二条规定，股东会会议由股东按照出资比例行使表决权，但是公司章程另有规定的除外；第四十三条规定，股东会的议事方式和表决程序，除本法有规定的外，由公司章程规定。股东会会议作出修改公司的章程，增加或者减少注册资本的决议，以及公司合并、分立、解散或者变更公司形式的决议，必须经代表三分之二以上表决权的股东通过。

在我国的《公司法》中，共有 64 个条文中出现了"公司章程"，其中 11 个条文中出现两次，即"公司章程"在《公司法》中共出现 75 次。这些条文中，有的是关于公司章程的总纲性规定，有的是关于公司章程效力的规定，有的是关于公司章程的规定以及应载明事项的规定，有的是对公司章程授权规定。

可见，公司章程在我国公司的治理中起到了至关重要的作用。《公司法》尊重公司自治，司法机关的原则是不介入公司的内部事务。因此，**通过公司章程设立规矩是每个企业都必须做好的功课**。

中国很多公司的治理设计有待完善，不仅要有合理的股权架构，还要树立起"规则感"，在熟悉通用法律和规则的同时，用本公司的章程作为自己的"护身符"。下面这个真实的案例也许可以给众多公司以启发。

佳动力公司中，葛永乐持股 40%；李建军持股 46%；王泰胜持股 14%。三人构成佳动力公司的董事会，其中葛永乐担任董事长；李建军担任总经理；王泰胜和李建军共为董事会董事。

佳动力的公司章程规定：董事会具有聘任和解聘公司经理以及其他管理层的职权。董事会必须要在三分之二以上的董事出席才有法律效应，同样董事会所做出的决议也应该有三分之二以上的董事表决通过才有效。

2009 年 7 月 18 日，董事长葛永乐主持了董事会，董事会的三位董事全部出席，会议有效。会议中达成这样的协议：由于李建军没有经过董事会三个人共同协商，自己挪用了佳动力公司的资金进行炒股，对公司造成了重大损失，决定即日起免去李建军总经理的职务。此项决议由葛永乐以及王泰胜两人同意且签名，总经理李建军未同意且拒绝签名。

　　李建军认为公司罢免其总经理职务的决议所依据的理由不成立。他还认为董事会的召集流程以及表决方式都违反了《公司法》的规定，他希望法院依照法律撤销本次董事会所做出撤销其职务的决议。但是，佳动力公司其他两位董事会成员则认为决议有效。

　　上海市黄浦区人民法院通过审理判决了这个案件，撤销了董事会决议。在宣判结果之后，葛永乐和王泰胜提出上诉，最后，上海市第二中级人民法院审判认定，董事会的决议有效，撤销原判。董事会决议有效的原因是：只要公司的董事会没有违反《公司法》以及公司章程的规定，那么公司董事会解聘总经理的决议所依据的理由是否成立，不属于法律司法的审查范围，所以董事会决议有效，撤销了李建军总经理的职务。

　　以下是前海股权事务所、中力知识科技对本案的解读：

　　根据《公司法》第二十二条的规定，由董事会决定的决议可被撤销的事由包括：公司董事会召集程序不合法或者违反了公司章程的规定；董事会决议表决方式不合法或违反了公司章程规定；董事会的决议内容不符合公司章程规定。下面分别从这三个方面进行分析。

　　首先，从召集程序来看。本次董事会会议由董事长葛永乐进行召集，公司的三个董事会董事都出席了本次会议，所以这次的董事会召集程序没有违反公司法的规定，也没有违反公司章程。

　　其次，从董事会表决方式来看。首先佳动力公司章程规定对所议事项只有当公司董事会董事三分之二以上表决通过，该决议才有效。案件中，这次董事会撤销李建军总经理职务的决定由三位董事中的两位董事表决通过，那么在表决方式上，也没有违反公司法，也没有违反公司章程。

　　最后，从董事会决议的内容来看。佳动力公司章程规定，董事会有权力解聘公司总经理。在决议中，解除李建军总经理职务的原因是，李建军没有通过董事会内部的同意，就私自挪用了公司资金进行炒股，对公司造成了重大损失，这就是解聘其职务的原因，而董事会解聘总经理职务的决议内容本身没有违反公司法和公司章程。

至于董事会解聘李建军总经理职务的原因是否理由成立，都不会导致董事会决议撤销。因为公司法尊重公司自治，司法机关的原则是不介入公司的内部事务。而且，在佳动力公司章程中，并没有对董事会决议解聘公司经理的职权，进行更加详细的规定来做出限制。哪怕没有原因，只要公司董事会不违反公司章程以及《公司法》，解聘公司总经理也是允许的。在《公司法》第四十六条中明确指出，公司董事会有权力决定聘任或解聘公司总经理，有权力决定总经理的报酬薪资事项，也有权力根据总经理的提名来决定是否聘任或解聘公司中高层管理人员。而且，由于公司对于总经理付有薪资，所以公司董事会有权力聘任或解聘经理，即使公司总经理表现良好也是如此。所以，在本案中董事会可以行使权力来解聘公司总经理，公司董事会决议有效。

那么总经理的职务何种情况下可以得以保全呢？那就是在公司章程中进行另外详细的特别规定。比如，在公司章程中规定，总经理任期三年之内或五年之内，在任期未满之时，董事会无权力更换总经理，除非公司连续利润下滑，经营亏损。类似这种公司章程的设定，就保护了总经理的权力。如此，在规定的任期内，董事会解雇总经理需要有充分理由。因此，可以在公司的章程中，做出一些特别规定，可避免公司大股东在夺取控制权后经常更换总经理。

上面所述仅仅是公司章程对于公司决议之关键作用的"冰山一角"。除了控制权、任免权，还有很多重大决策与公司章程紧密相关。在公司章程上多加一条对创始人或者董事长予以保护的相关规定，或者多加几个与股权激励相关的条例……虽然只需要几行字，却足以改变一个人乃至一个公司的命运。

很多股权激励相关的纠纷案与公司设定以及公司章程有关，比如：富安娜股权激励纠纷案足以看到公司签署的《承诺函》的效力，雪莱特股权纠纷案则表现出公司章程中有关赠送股份的限制条件效力……

太多的案例告诉我们，公司治理设计是多么重要，公司章程设定的规矩对于日后规避风险可谓"四两拨千斤"。有限公司出资人协议、股份公司发起人协议、合伙人协议、公司章程、章程附件或补充协议……相关协议和文件一个也不能少。除了抵御风险，在公司的内控管理中，也离不开公司相关文件的制定。比如**控**股子公司管理办法、总经理公司细则、分权手册、财务管理办法等，可以保证公司内部管理科学规范、高效运作。约定内部管控中的机制建设、管理原则与工作流程以及职责分工与权责界定。平常《公司章程》和相关文件也许就是不起眼的"白纸黑字"，但在公司面临纷争时就是救命稻草，可谓一字千金。

公司设定对内可约定股东之间股权处理方式，对外可以制定阻挡"外来野蛮人"的风险措施，可以说"内可安邦，外可御敌"，千万不可小觑。

第六章

组织规划，激发人力效能

股权激励不是为了留人而留人，激励的最终目的是提升员工的效能，激发员工的潜能，创造更大的价值。员工如同组织的细胞，如何去分配这些细胞，实现做到"干得快"的同时，还要保障"干得好"，是组织规划的直接目的。目前企业的用人成本越来越高，特别是高科技、互联网、人力资本为主的企业人力成本更是企业的主要成本。但实际许多企业目前人力成本是虚高甚至是无效的，为什么这么说？我们经常在企业看到一种奇怪的现象，企业招聘一个人才进来工资给 1 万元，其实这个人本身可以创造 1.5 万元的价值，这个人也自认为工资给少了，最终这个人实际只创造了 8000 元的价值。那么实际企业多付了 2000 元，并且浪费了人才 5000 元的价值，形成了人力库存。**人力库存是指企业没有得到挖掘或者被浪费掉的人力资源价值，同时对于企业来讲也是企业利润的"黑洞"。**思考下目前有多少企业存在这样的利润"黑洞"呢？而组织规划则需要考虑的是从员工需求和资源配置出发，减少人力库存，提升员工的产能。华为把人才的效能激发到了极致水平， 2017 年华为的营收 6000 多亿元，员工 18 万人，人均产能达到 340 万元。

量体裁衣，游刃有余。企业在不同的发展阶段往往会催生出符合当下的组织形式，但是同时在新形势下也不免显现出新的问题，然后进一步完善和改变，所以任何一个企业的组织形式往往都处于一个动态变化的过程中。

组织规划需要从员工、业务和组织三个层面去展开规划。前海股权事务所、中力知识科技认为，**将企业从关注规模、数量向关注组织效率与价值转变，让团队更致力于内部人才的发展与提升、团队能力的培育与传递、组织效能的实现与拓展，以促进业务的开展与目标的实现**。员工成长与组织以及业务之间形成一个相互促进、共同发展的良性循环，如图6-0-1所示。

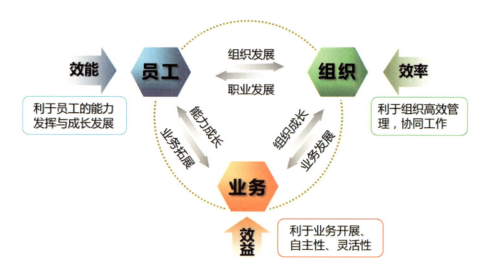

图6-0-1 员工、组织、业务协同发展

在这个循环中，组织带动员工发展，员工反哺组织成长。组织和员工互相协同，组织的成熟大大促进员工的职业发展。员工能力的成长推动业务拓展，让客户满意，业务的发展又带给员工成长激励。组织的壮大为业务发展提供更多组织人才保障，而业务的发展又极大地促进组织的成长。

组织规划如何发挥员工效能？从员工的能力发挥与成长发展的角度设

计组织规划。什么是效能呢？先了解效率与效能的区别，效能是指在单位时间内创造更多的价值，效率是指在单位时间内做更多的事情。一个是更好一个是更快。思考一下：目前我们公司的组织结构当中，员工效能是提升的还是什么降低的？如果你发现员工的效能没有发挥出来，员工经过一段时间后，效率和效能会越来越差。就好比一个人挑担子能挑 200 斤，你长期让他只挑 100 斤，那么以后让他再挑 200 斤就难了，但如果他只能挑 100 斤，你每次让他多挑 1 斤，经过一段时间后他可能会挑起 200 斤。所以组织设计要充分发挥员工效能，让员工养成挑战目标的习惯，激发自我潜能，促进能力成长，才能创造更多更高的价值。

组织规划如何提升组织效率？考虑组织高效管理和协调作用。部门之间能不能更好地做协同运作，工作效率是 1+1 大于 2 还是 1+1 小于 2？目前有很多企业的组织设计并不利于部门之间的工作配合甚至人为造成冲突，导致部门之间互相扯皮、推脱责任、不愿意担当的现象屡屡发生。出现这些问题原因一般以下几个：

第一，流程不清晰，业务流程不顺畅，出现职责真空。

第二，职责没有理清，责权利不到位。

第三，利益分配不均，产生利益冲突。

第四，资源配置不合理，工作节拍不均衡。

所以组织设计要考虑组织效率能否持续的提高，各部门的效率与产出是否可以不断提升，组织能否自我发现问题，自我成长。

组织规划如何增加业务效益？企业需要思考目前的组织结构是否有利于业务的开展，是否基于用户或客户需求设计业务流程，有利于员工自主开拓业务？有许多老板一直困惑：为什么公司发展十几年了还是没有突破性发展，为什么这几年业务到了一个瓶颈期业绩一直徘徊没有快速增长？

业务能力强的人才不是守住自己一亩三分地搞自己的小圈子，就是跑到竞争对手那里。没有能力的老功臣占着位子不肯下来，甚至挤对新来有能力的人，有潜力的员工提拔不上了。问题的原因如下：

第一，内部缺乏竞争机制，做好和不做好一个样。

第二，缺乏人才晋升的通道，没有提供个人突破发展的机会。

第三，激励方式单一，没有基于人才需要和业务发展设计多层次激励模式。

第四，拿来主义，依赖外部人才能力输入，没有搭建内部人才赋能体系，培养子弟兵。

第五，企业文化建设缺失，没有搭建让员工持续学习、勇于创新、乐于分享的学习型组织。

> 人员、业务和组织三者相互协同，通过发挥员工的效能，促进组织的成长，提升业务的效益，真正实现企业的提升。本章主要从组织设计、组织成长和人才发展三个层面去解析组织规划问题。

第一节 组织设计：从"金字塔"到"四合院"

自 2013 年开始，中国进入了"互联网 +"的时代，各种商业模式创新层出不穷，跨界颠覆不断上演，在互联网时代，需求侧的用户力量开始崛起，组织效率变成企业的核心竞争力的重要组成部分，如何更好、更快地响应和满足客户的需求，成为企业日益关注的焦点。然而此时，传统的金字塔式组织架构相对僵化的问题也就暴露出来。在传统的金字塔组织结构中，管理者往往居于金字塔的顶端，以指挥、控制的方式，调动员工服务于客户。金字塔组织结构从纵向上来说，成员的位置遵循等级制度的原则，低层级受到高层级的控制和监督；从横向上来说，则是按照亚当·斯密的分工理论进行划分，各司其职。这种组织结构的优点在于其精确性、稳定性和纪律性、可靠性。但是，一旦顶层的管理人员决策出现失误，或者不再关注客户的需求，就很容易出现致命的问题。同时，这种组织结构也极其容易滋生官僚化，部门协作也很容易出现问题。

因此，国内一大批优秀的企业都在组织模式上进行过许多大胆的创新和尝试，从华为的"炸开金字塔顶端"，到海尔的"内部创业"，再到2018年9月万科的总部大重组、小米的组织变革等，都是为了在这个快速变化的时代，找到最适合的组织模式来顺应外部变化，满足客户需求。外部环境的快速变化造成了企业内部结构的必要调整，从企业组织结构的直线型、职能型以及事业部到平台化、网络化的演变，无不说明了在企业的成长过程中，需要通过内部组织调整和优化来应对外部的挑战。因此组织结构的设计对于一个企业的不断发展所起到的作用是基础性的，同时也是决定性的。中国商业发展浪潮中，海尔、腾讯、小米等企业也致力于将组织的"蛋糕"做大，把组织变成一个生态型平台，鼓励员工实现创业梦想，并在适当时候以投资、收购的方式促进组织的裂变和进行产业的整合。

值得注意的是，在不同阶段的组织结构的设计是不同的，所以组织结构的设计是一个动态的、时刻调整的过程，企业根据某一阶段的核心矛盾和战略需要，进行组织的设计和变革，未来也将会成为一种常态。**企业的组织结构的设计就是将企业发展的目标、实现目标的流程以及在这个过程中所涉及的权利和责任进行有效组合和协调。**

在过往传统企业发展过程中都经历了不同的发展阶段，在企业发展的不同阶段的组织设计都遇到不同的瓶颈和问题，针对不同的阶段形成不一样的组织形态，如图 6-1-1 所示。

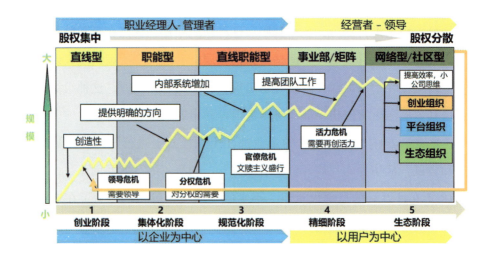

图 6-1-1 企业发展的不同阶段组织设计呈现出不同的特点

组织模式要结合企业发展阶段

创业阶段：创业初期一般所采用的是直线型的组织构架，因为这一时期，团队尚不成熟，企业家的能力与视野往往是决定创业成功的决定性因素，企业运营也是企业家"指哪打哪"、摸着石头过河。所以，企业在这个阶段采用直线型组织结构进行"集权式管理"，更加提高效率，不需要授权和分权，让企业在创业初期能迸发出更强的竞争力。在这个阶段领导者的个人能力、魅力、魄力很重要，将直接影响团队的状态和企业的发展。

集体化阶段：企业度过了创业期后，规模不断扩大，员工数量增多，领导者有限的精力和能力已经难以满足企业不断繁杂的管理的需要，随之而来的是领导危机，原有领导专业能力有限性催生了分权和职能化的迫切需求。领导者需要从具体的事务中解放出来，把更多的精力放在思考未来公司发展和战略布局、外部资源整合等方面。所以，这个阶段必须强调职业化和组织的专业分工，即职能型组织结构。

规范化阶段：当企业规模越来越大，部门已经比较健全，但习惯了"大权在握"的企业家此时却很难适应授权式的管理，所以"分工不分权"的现象比比皆是。当领导习惯于伸长了自己的手，事无巨细地对不同层级的管理进行干涉，中层管理人员难以获得真正的成长和历练，无法发挥出员工的潜力和能动性。分权对于企业发展的影响至关重要，在这一阶段很多民营企业只是形式上实现了分权，但是实际上连报销的土费都需要老板批准的情况比比皆是。这时候企业需要建立授权体系和监管体系，一方面梳理审批流程建立规范标准；另一方面把进行职能与业务的双线管理，防范风险、保障机制、落实到位。

精细化阶段： 企业规模不断扩张，组织越来越复杂，制度标准、工作流程不断完善也带来了很多弊端。企业内逐渐养成了一种事事请示、事事汇报的工作习惯，带来各种"本位主义"、"文牍主义"、"官僚主义"、"形式主义"，出现部门墙、不愿担当责任、工作不灵活、让原本简单的事情复杂化，影响企业运营效率。企业这时候需要对复杂臃肿的机构进行大刀阔斧的改革。基于用户为中心的组织形态产生，把业务进行重新划分，基于用户设计组织架构，业务独立财务核算形成利润中心，以项目为中心组织人力资源，打破传统上下级管理模式。管理者角色从业务管理者转变为经营者，发挥领导力作用给团队赋能，推动组织成长。

生态化阶段：随着企业规模越来越大，企业发展需要打破大公司病，划小经营单元，允许内部创业，让组织裂变发展。企业在这个阶段需要更加开放和包容，激发全员的创新能力与创业的精神，让每个人都有主人翁精神，培养更多的企业家，把企业打造成平台型的组织，而与创业者的企业有机的链接起来，形成共生、共创、共享、共赢的生态组织。

组织模式要以用户为中心

企业作为营利性组织，其盈利的来源一定是客户，而企业经营的唯一核心就是如何"多、快、好、省"地满足客户需求。"金字塔"式的企业结构不可避免带来官僚化和"部门墙"现象，因此在企业的精细化发展阶段事业部和矩阵式组织模式成为主流。这种组织模式最大的好处是能够较为有效的消除内部阶级和官僚，却依然很难做到以客户为中心，而面对日益强大的客户和行业竞争的压力，以客户为核心是今后组织设计的关键考量。

目前诸多优秀的企业都在构建一种网络化、平台化的组织模式，这种组织模式是一种用户需求驱动的组织，企业的动力来源来自于接触客户的前台项目，决策来源从以前听领导的变为听客户的。在这种组织模式中，前台是最接近客户的，他们负责组织企业内部资源，为用户提供产品、服务或解决方案。后台是提供资源和机制保障的，要确保后台具备足够的资源和提供有力的支持服务。

组织模式要依托业务流程

任何组织模式中，单个人或者单个部门都不可能独自为客户提供产品、服务或解决方案，也就无法实现商业结果，他们必须相互协同才能走完这个过程。因此在组织模式设计的时候，必须要先梳理出企业满足客户需求的整个流程，以业务流程为基础来设置部门，决定人员的分工，在此基础上建立和完善组织的各项机能。首先业务流程是指一组共同为顾客创造价值而又相互关联的活动。流程具有目标性、逻辑性和层次性特点，它连接了不同分工活动的结果，反映活动间的关系，界定活动的相关人员间的关系。对客户满意度影响最大，客户最关注的流程环节，执行该流程的部门就是关键部门，该岗位就是关键岗位，因此关键部门与岗位的识别也与核心业务流程相关。企业最终需要构建的，就是基于核心业务流程的组织体系，只有这样才能最为顺畅、高效地满足客户需求。

企业发展的最终阶段是生态化发展阶段，"金字塔"最终被"四合院"所代替，所采用的是当今最为流行的网络型（社区型）的组织结构形式。不同业务或项目单独核算和管理，公司成为一个资源和赋能的平台，而各业务或项目则由于"分家"让更多员工有机会成为"一家之主"，员工潜力和积极性被进一步调动起来。**组织机构的改革是解放生产力，顶层设计的组织模式创新与变革将助力企业华丽蜕变。**

新经济时代下各企业都提出自己的组织创新，例如：

※ 韩都衣舍提出了"平台 + 项目小组"的蚂蚁军团式组织；

※ 海尔提出了"平台 + 自主经营体 + 创客化"的指数型组织；

※ 华为提出了基于"平台 + 小集成经营体"的铁三角、陆战队与特种部队；

※ 小米实践了"开放式平台 + 生态化组织"；

※ 京东提出了新三维组织（客户导向型组织、价值契约的钻石型组织、竹林共生的生态型组织）；

※ 阿里巴巴提出了"平台 + 赋能型组织"；

※ 2015 年美的开始了核心思想为去中心化、去权威化、去科层化的内部组织改造，并借此构建了 7 大平台、8 大职能和 9 大事业部为主体脉络的"789"新组织架构；

※ 温氏构建了基于互联网连接的"平台化管理 +56000 个家庭农场"的分布式组织模式;

※ 永辉超市提出了"平台 + 小前端 + 富生态"的组织形态。

第二节 组织成长："三个和尚"的美好生活

如果说组织的架构设计是基于静态的角度,去支持企业战略的达成与目标的实现;那么,组织发展就是基于动态的支持,通过不断地变革和提升,以"动"治"静",促成企业发展中每一个关键节点的调整、每一个里程碑的建设、每一步战略路径的实现。

在现实情形中,很多企业的组织就像 "三个和尚"的故事,从"一个和尚挑水吃,两个和尚抬水吃",到"三个和尚没水吃":组织不断地扩大,人员不断地增多,但是组织的效率却在不断地下降,组织的效能与人均产出也愈加单薄。然而,组织的架构只能解决硬性的组织分工问题,决定谁去"挑水",或者应该挑几担水,却无法激活团队的能力和意愿度,让所有人都能将自己"挑水"的能力尽数发挥。

在传统的金字塔组织结构下,即便顶尖的领导者使出浑身解数,却怎奈精力有限,能有效影响的人毕竟是小部分。而这层层之下的员工往往是"看薪干活","拿多少钱出多少力"成为了一些人在职场生存的法则。很多企业随着规模的不断扩大,层级不断增加,组织效率不断下降,人力成本不断上升,以至于到后来组织的反应速度、创新能力和产出效益都不断降低,而当组织的成长不能支撑企业的未来发展后,最终将被残酷的商业环境所淘汰。传统的管理架构难以最大限度地发挥现代的企业最大能动性，组织结构和组织模式创新势在必行。组织扁平化、管理层级简约化已经在越来越多的新型公司彰显活力。

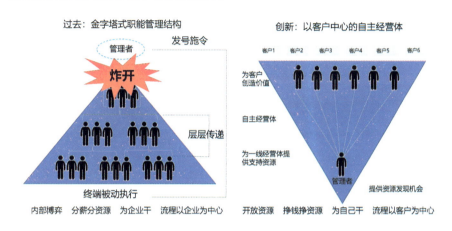

图 6-2-1 层制管理结构与赋能型管理结构

大浪淘沙下，只有敢于打破自身，迎浪而上才能收获更丰满的自己。随着企业的不断发展，组织上也需要不断地进行调整和变革，才能进行更好的匹配与支持。例如，韩都衣舍打破层层组织桎梏，成立产品小组，各组成员各显神通，不仅有更加自由实战的空间，也有相互比拼，拔得头筹的竞争快感。员工不再"领旨办事"，却"按功领酬"，如此一来每个人都是从"为他干"变成了"为自己干"。

同时，谷歌致力于打造一个"自下而上"开展决策、驱动战略的氛围，而不是"自上而下"的层层传达指令。让员工自己去设计项目并实施，对于员工"自组织"的项目，公司发现有潜力的会再投入资源进行重点扶持与孵化，进而培育和巩固了谷歌全球领先的创新能力；3M公司也深谙此道，公司允许员工可以用15%的工作时间，去做自己想做的事情，而3M公司每年20%的新产品都来源于这15%的自由时间，围绕着客户需求来思考，取得良好的效益。

　　目前国内的很多领军企业都不断地将组织趋向于扁平化，以更好地激活组织的活力。2018 年 9 月，国内的几大巨头小米、阿里、万科、腾讯都纷纷发布消息宣告组织的变革。9 月 7 日，万科总部重大重组，设立三大管理中心，打破城市公司"小王国"的限度，提升集团总部的话语权；9 月 10 日，马云宣布阿里的传承计划，阿里巴巴通过合伙人机制度和最新的组织变革，结合具有中国特色的"组织部"和"政委体系"，不断地挑战自我，拥抱不确定的未来； 9 月 13 日，小米也发动史上最大的组织变革，增强总部的管理和运营智能，改组业务部，将一大批"80"后的年轻高管推向台前，巩固了开疆拓土的组织发展梯队；腾讯每隔 7 年左右会进行一次组织调整，从前期的事业部制，到不断发展壮大后的事业群制。9 月 30 日，腾讯撤销三大事业群，将网络媒体事业群（OMG）拆分，新成立两个事业群，调整为六大事业群，以更为清醒和更有危机感的状态，作为支撑腾讯迈向下一个 20 年的起点……

　　当然，组织的发展和变革，并非大型企业或者互联网公司的专利，而是需随着企业的发展不断贯穿其中的一个整体。然而，新的组织模式一定就适宜所有的企业吗？并非如此。企业的发展和变革调整需基于战略的实现，要结合时代的因素和新商业环境的影响，同时还需要考虑自身的经营特点、企业文化所倡导的理念行为、组织管理的风格类型、内部的流程梳理以及人才团队所具备的素质能力与特点、匹配的管理体系与激励机制等。比如，一个传统生产企业，在没有新的生产模式或者"工业 4.0"的作用下，基于传统的作业方式，在组织的发展中，更为强调的是内部的流程、节点的链接、分工清晰下所提升的生产效率。所以说，组织的发展，是一个不断循序渐进、持续改进的系统工程。

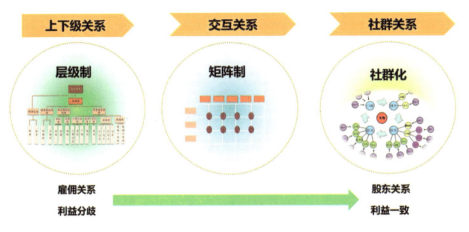

图 6-2-2 组织的演变

从"金字塔"到"四合院",组织内部等级森严的上下级关系经过了交互式的矩阵制,呈现出社区化的组织关系。在新时代下,组织架构的设计已经发生了质的飞跃:从过去的繁冗、复杂、低效到如今的简约、速度、极致,内部组织的活力被大大激发了出来。因而,在组织发展过程中,除了本身的组织结构调整或变革之外,还需要更为关注机制与人才的关联关系。在这个变化过程之中,员工的角色发生了重大转变,从之前的接受命令,到成为资源接口人,最终蜕变成为一名创业者。每个员工都是自己的CEO,员工听客户的,企业听员工的。企业不再是少数管理者的,而是让企业的每一个员工都成为管理者,从管理自己开始,让个人潜力得到最大发挥,以更好促进组织的发展,员工与企业的利益和立场都更加一致。企业的组织结构通过扁平化、网络化、无边界化、多元化、柔性化、虚拟化等新的发展演变,被赋能为可以引爆组织效能的"引擎"。而如何让平台成为员工创造并共享价值的平台,让组织公平开放,是引爆组织效能的导线。

大平台+小前端+富生态+共治理

企业平台化

- 打破封闭开放式的组织，提供创业环境
- 愿景领导，给予组织赋能
- 建立服务利润链，市场化交易，各组织独立核算

团队自营化

- 独立单元自主经营
- 以用户需求为导向，业务置前发展
- 责任与权力下放
- 共创共享共担

组织生态化

- 基于产业价值链发展
- 用户共享化、社群化
- 网络化的交易关系
- 股权架构多元化
- 大数据驱动、云管理

图 6-2-3 未来的组织模式

圣雄甘地说过一句话："把注意力转移到内在去。"每个企业都应该从关注外部竞争对手到关注内部组织，为组织本身赋能，激发员工潜力，引爆员工的效能。企业要主动把组织从 1.0 迭代为组织 2.0，让组织呈现这样的美好画面：每个成员都时刻充满激情，抢着工作、主动加班，甘愿为事件负责，自我约束和管理，组织呈现一片生机盎然。未来的组织模式将是大平台＋小前端的模式，建立用户共享机制和社群化，实现组织生态化（如图 6-2-3 所示）。

第三节 人才发展：员工是最大的风投

常言道，根深而叶茂，这是大自然带给我们的智慧。但在企业生态系统中，企业要想不断维持动力系统，离不开的是枝干上的叶子。员工作为企业进行"光合作用"提供直接成长动力的"叶子"，是现代企业引爆组织效能的利器。安利的地区中心和总部会每个月都召开一次员工大会，为高层经理和员工的沟通搭建桥梁，经理们充分利用这个机会把安利的使命传达给每一位员工，了解员工的思想动向，并充分听取员工意见和诉求；戴尔热衷于对销售人员实行"太太式培训"，销售经理像新进销售人员的太太一样不断地在其耳边唠叨、提醒、鼓励，督促新人养成长期的良好销售习惯，从而让销售培训发挥最终作用；山姆·沃尔顿作为世界零售巨头沃尔玛公司的创始人，在创业之初就为公司制定了三条座右铭："顾客是上帝""尊重每一个员工""每天追求卓越"。**与员工共享利益、共享荣誉的胸怀，与员工共同发展、互利共赢是企业持续性发展的长久动力。**

从某种意义上说，组织内部本身就是一个生态系统，相关管理要素与机制系统构建了整个组织生态的运营，而其中人与组织的有机组合，是企业发展最为核心的根本。如果将企业的成长比喻为一棵大树，那么，人与组织的关系将直接影响这棵企业之树的生长，是企业内部最为关键的自然之力。其中，组织架构作为企业最关键的支撑，是企业这棵大树的树干与树枝，承载着组织发展的目标与愿景；而保障大树呼吸作用与光合作用的叶子，就是组织的培训体系，让企业能够不断地获得生长能量，满足生长需求。然而，如何确保组织的价值与产出？大树开的花、结的果就类似于绩效管理体系，通过相关的工作评价、结果评价来衡量组织产出、目标达成的好坏与优劣。

当然，仅有树干、树叶和开花结果，并不能代表组织成长的所有，这些都是我们比较容易感知的、看得见的部分。而组织成长的原动力和根基，就类似于大树的根系和运输体系，是最为核心和关键的部分。如何才能不断地保障组织的活力与源源不断的动力？离不开对人才的激励，包括最有价值的股权激励和最为基础的薪酬体系。薪酬作为内部人才最为基础的需求，是对其生活发展的保障；而通过股权激励，将人才的未来与企业的发展密切关联，是组织发展与人才需求的必然趋势。但除了相关的物质激励之外，还需要给团队提供更好的发展空间与成长机会。通过构建科学有效的培训体系，将组织与人才的能力不断地提升；并通过员工发展，给予他们更多的提升空间与发展可能，更好地促进组织的不断生发与裂变，最终构成整个组织的生态圈层。

可以说，组织发展是企业成长中最重要的部分之一。在这个组织发展的生态体系中，如何充分承载，促进它的枝繁叶茂、硕果累累，甚至实现一木成林的美好态势，以避免在枝枯叶败下逐渐衰落的沧桑凄凉，是所有企业都必须关注而且需要不断为之奋斗的目标。

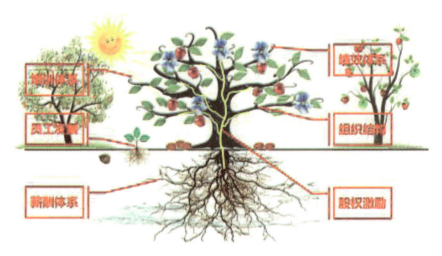

图 6-3-1 组织成长系统

我们不断地优化组织结构，不仅是为了提高组织的效率，更是为了提高组织的质量。我们可以通过改善组织的结构来提高效率，但是要想提高组织运转的质量必须首先提高员工的素质和能力。因为，"愿意做好"和

"能够做好"同样重要，却都不容易。员工的个人发展直接影响到企业的发展，因此，围绕组织规划做好人力资本规划、选拔培养好人才是企业一个重中之重的课题。可以说，企业的团队和人才的能力，决定了企业战略实现的能力和未来发展的张力。

人才发展从来不是凭空而来的，它立足于企业的商业模式、组织规划、结构设计，是一种未雨绸缪的智慧，也是与时俱进的动态产物。一般地，基于人才发展的人力资本规划要从四个维度进行规划：人才选拔、人才培养、人才留用、人才激励。如图 6-3-2 所示。

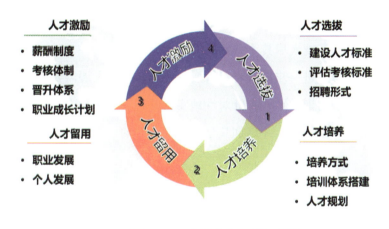

图 6-3-2 人力资本四维规划图

企业和员工产生链接的第一步首先是选拔人才。人才的招聘与筛选是最为重要的一步。企业对人才的选择要有清晰的定位，以有效地匹配人才的场景化。人才的错位，是企业里面最大的损失，也是最高的成本投入。对企业而言，是人力资源的浪费；对人才而言，也是英雄无用武之地，对人才和企业来说都是一种双输。有的企业聘请外部的高级管理人才，但只是片面地追求人才的学历背景或者专业能力，并没有从企业的组织规划、岗位需求与组织的适配性出发，结果这些人才待不了多长时间便离开，对企业不单造成经济损失，同时在内部团队、组织氛围上也容易产生负面的影响。因此，在甄选人才时，要侧重对人才价值观需求和动机的评估考量，寻求企业发展与其需求的契合点，拟定合理的选聘标准。与其选择能力很强、本事很高但和企业不适配的人，还不如通过明确的组织规划，根据行业特点以及企业客观情况，如战略目标和发展现状等，明确有什么岗位、需要什么人才，去选择更为适合企业目前发展需求、符合企业价值观的人才。当然，选择了合适的人才后也并非就万事大吉了，还需考虑到组织效能化与能力发挥的问题，通过有效的机制和管理模式将合适的人组织起来，发挥合力，真正地实现人尽其才，发挥最大效能。

其次，在对员工进一步接触和了解后，要结合企业发展需要制定人才规划，搭建有效的培训体系，有针对性地实行系列培养。但人才培养不可简单地等同于人才培训。人才培训只是人才培养里的一个最初级、最入门的部分。除了一系列的培训或者课程之外，最重要的，是能够给员工匹配一个学以致用的平台，同时再赋予系统的指导、培养、优化和提升，让企业的培养体系能够系统、全面地进行，以保证更多优秀的经验技能能得到有效的沉淀与传承。另外，还有的企业虽认识到员工之于企业的重要意义，知道促进员工成长的重要性，却舍不得付出时间和精力去培养员工。为什么？一是认为虽然员工接受培养得到了增值，但能否将这些技能运用到工作中，存在着很大不确定性；二是现在市场化竞争激烈，人才争夺战时刻上演，有的企业怀疑员工对企业的忠诚度，担心留不住人才而为别的企业做了嫁衣。这就涉及第三个问题：人才留用。如对员工的个人进步发展制作计划、对其进行领导力培训，加强其工作实践与应用能力的训练。

如何才能留住人才呢？这就要求我们设身处地地站在员工的角度来考

虑问题。员工考虑的无非是两个层面：一是职业发展；二是个人提升。很多员工比较关心自己继续在这个企业工作下去的话，晋升空间有多大，能获得提拔还是一直原地踏步。一般来说，一个员工在企业工作三五年后，便产生了疲倦感，工作成绩难以取得更大突破。此时如果再不提拔换岗，员工可能会觉得自己到了事业的瓶颈期，在上升无望时选择离开。所以，好的企业应该为员工的职业发展做出规划，让优秀的员工有盼头、尝到甜头。而个人提升，则是指员工在企业工作的过程中获得了什么成长，这样的成长，包含金钱、技能、价值、情感等。只有让员工感觉到在这个企业里有成长，更有创造力，领导力等各方面都得到锻炼和提升，他才会感受到留下来的价值和意义。

第四个维度是人才激励。人才激励首先要让员工有参与感。战略目标是企业今后较长时期内努力的方向，反映了企业的经营思想，表达了企业的期望。要把员工当投资方，不单是向员工展示企业的顶层设计和战略目标，让员工看到企业发展的远景，还可以在战略目标的制定和完善中就让员工参与进来，比如定期召开高级管理人员与员工沟通对话会，征询员工的发展建议等等，使他们有足够的动力在未来一起奋斗，达到"上下同欲"，共同奔赴梦想。此外，要建立健全的薪酬福利制度、考核体制、晋升体系并为员工制定职业成长计划。民以食为天，现今房地产、教育、医疗等的支出，无一不让人焦头烂额。如果员工的基本生存都无法解决，又谈何让人才队伍稳定？因此，提供符合核心人才需求、具有竞争力的薪酬制度是首要的前提；而完善的考核体制能够激励员工不断进步提升，实现优胜劣汰；科学合理的晋升体系能让员工有奔头，从而激发干劲；完整的职业成长计划能让员工清晰地看到努力后的每一个收获，从而引爆员工的工作热情。

员工是企业最大的风投。现在很多企业在吸引和留住投资方的时候，都会进行一系列的路演，充分展示商业模式、核心竞争力、企业优势和未来创造的价值等等，以此赢得投资方的青睐，并使对方建立信心，实现投资目标、达成长期合作。

但我们在和很多企业接触的过程中，问到很多企业负责人是否将这样的路演展现给内部的团队和员工时，常常得到否定的回答。甚至有的企业负责人认为，没有这个必要，因为商业计划和路演报告是给投资人看的，不是给内部员工看的。但他们却忽略了，员工才是企业最大的、最为关键的投资人。他们将自己的青春、热血和未来都投入企业中，通过付出希望能够带来未来更好的价值，这样的柔性投资并非简单的金钱就能衡量的。基于对未来企业发展规划的呈现和说明，让员工对企业有更为清晰的认识，并强化其奋斗的信心，让员工在日后的工作中，寻求自己的发展需求和企业发展需求的契合点，并将这种契合点转化为今后努力工作的不懈动力，是每一个企业都需要去探寻、去坚守的方向。

第七章

产融规划，裂变股权价值

在如今的竞争环境下，没有长远的发展规划和清晰的战略目标的企业将会举步维艰。一个企业要想成功，就必须高瞻远瞩做好产融规划，从开始依靠产业资源盈利到后来通过股权融资、并购重组等手段实现公司股权价值持续增长，通过各种资本运作手段有步骤地实现资源最优整合，推动企业市值持续稳步上升。

聪明的企业家会开创供应链共赢模式、设计业务蓝图、规划资本路径"三大抓手"，实现产业资源和金融资本的紧密结合。以产业链接资本，以资本推动产业发展，形成更大的商业版图。这是一个循环螺旋式上升的过程，最终带动企业股权价值的倍增式发展。

供应链共赢模式要求企业充分发挥产业资源作用，即上下游产业链的作用，通过整合产业链形成跨行业、跨产业、跨区域的产业生态链，拓展产业布局，规划产业格局。业务蓝图的设计，要始终抓住企业核心业务，从企业原有优势产业和业务板块中，提炼出公司的核心业务，然后通过核心业务进行深度的资源和业务拓展，形成新的市场，新的业态。规划资本路径，是实现资本融资的过程。通过兼并、收购、重组等方法，在企业可支配或影响的资源基础上，进行资源整合，使被兼并、收购、重组的企业资源与自身资源形成互补和协同效应，从而带来企业整体价值的增长，实现资本价值倍增。

供应链共赢模式应用、业务蓝图设计、资本路径规划都是产融规划的表现形式，是实现资源整合的手段。对不同来源、不同层次、不同结构、不同内容的资源进行识别与选择、汲取与配置、激活和有机融合，使其具有较强的柔性、条理性、系统性和价值性，并创造出新的资源，以实现企业价值最大化。

第一节 供应链条：全局大视野

如今，行业覆盖面宽、产业关联度高，是市场经济的新形态。经济交融发展让各企业深谙合作共赢的重要性。只有凝聚力量形成合力，才能促进企业更大的发展，实现双赢。而这种双赢首先体现在供应链条各企业的协作上。

据中粮集团官网报道，2018 年 3 月 23 日，中粮集团与京东达成了战略合作框架协议，根据协议内容，双方将在种植养殖、生产加工、物流、零售渠道以及消费端等多维度进行深度合作，业务涉及电商业务、物流、技术和金融等。中粮集团作为产业链的上游，将根据数据洞察及信息反馈，研发和设计符合消费者需求的产品。而京东在产业链下游，负责提供消费群、大数据和人工智能等技术以及电商营销平台。中粮集团与京东会建立联合工作组机制，并将中粮旗下专业化公司中粮粮谷作为试点。在电商业务上，京东商城将为中粮系品牌提供品牌旗舰店、全域整合营销、线下非KA 渠道等战略性资源支持，而中粮将利用生鲜商品资源和运营经验，与京东商城在进口食品和生鲜产品进行采购合作。

美国的史蒂文斯认为："通过增值过程和分销渠道控制从供应商到用户的流就是供应链，它开始于供应的原点，结束于消费的终点。"因此可见，供应链是指围绕核心企业，从配套零件开始到制成中间产品及最终产品、最后由销售网络把产品送到消费者手中的一个由供应商、制造商、分销商直到最终用户所连成的整体功能网链结构。由此我们可以看出，供应链就是通过计划、获得、存储、分销、服务等这样一系列活动而在顾客和供应商之间形成的一种衔接，从而使企业能最终满足内外部顾客的需求。

图 7-1-1 一条完整的外部供应链

如图 7-1-1 所示，一条完整的外部供应链包含上游供应链、内部供应链及下游供应链。内部供应链是外部供应链的缩小化，指的是企业内部产品生产和流通过程中所涉及的采购部门、生产部门、仓储部门、销售部门等组成的供需网络。如此，如果扩大来说，构成外部供应链的基本要素一般包括：供应商（给生产厂家提供原材料或零部件的企业）、厂家（负责产品开发、生产和售后服务等）、分销企业（为实现将产品送到经营地理范围每一角落而设的产品流通代理企业）、零售企业（将产品销售给消

103

费者的企业）、物流企业（即上述企业之外专门提供物流服务的企业）。**供应链一般包括物流、商流、信息流、资金流四个流程。**

在这个过程中，我们可以把供应链描绘成一棵枝叶茂盛的大树：生产企业构成树根；独家代理商则是主干；分销商是树枝和树梢；满树的绿叶红花是最终用户；在根与主干、枝与主干的一个个结点，蕴藏着一次次的流通，遍体相通的脉络便是信息管理系统。**"本固才能枝荣，根深才能叶茂"，供应链上的各个企业是休戚相关、一荣俱荣、一损俱损的。**如果供应链中的任何一个企业遭到破坏，那么这条供应链将会失去平衡，供应链上的所有企业都会受到影响。尤其是在当下跨界整合与竞争的商业生态环境中，我们需要更加注重协同综效的叠加收益，如果抱着事不关己、高高挂起的心态，不去维护产业链、维护上下游，就是不维护自己的利益与发展。**合作，方能共赢。成就他人，才能成就自己。**

深挖产业链和价值链，供应链条运作集大成者——美国卡地纳健康公司

美国卡地纳健康（Cardinal Health）公司成立于 1971 年，早期的主要业务是基于食品行业的，1979 年开始药品销售业务。到了 1988 年，卡地纳出售了食品销售业务，并在纽约证券交易所上市。

90 年代，是卡地纳发展最为迅猛的时期。10 年间，卡地纳每年的增长率都超过 40%，营业额平均增长率为 42%，股价从 1990 年的 3 美元攀升到 2000 年 64 美元，涨幅达到 20 倍（同期道琼斯指数上涨不足 4 倍）。卡地纳 2017 年营收 1215.46 亿美元，利润 14.27 亿美元，在美国 500 强企业中排名第 15 位。

目前卡地纳已成长为全球高端药品经营第一品牌，全球药品百强企业，

全球研发与销售的跨国集团，卡地纳健康公司在美国药品分销领域占据了主导地位，但是它并不把公司限定在低附加值的角色，而是关注消费者需求，帮助他们解决问题，适时地调整自己的发展计划，持续地需求创新。

卡地纳健康公司与健康保健市场的各方打交道——医院、药店、制药企业、保健机构和其他的参与者。纵观卡地纳健康的成长之路，我们发现卡地纳健康成功的秘诀在于成功的产业链运作，从巩固核心业务到整合上下游，实现了产业链整合的完美运作。

1. 巩固并提升核心业务

卡地纳最早的核心业务是它的药品分销，并建立了自有的分销 IT 系统。为了拓展分销 IT 系统的功能，完善药品分销信息系统，通过整合收购了经营自动供给和药品销售的"Pyxis 公司"、医院药品管理的"Owen 健康关怀公司"、药品专营权利的"国际 Shoppe 药品公司"、药品运输渠道发展和联合生产的"R.P Scherer 公司"，以及自动化流体包装、外科医疗产品生产及销售的"Allegiance 公司"。把从药品库存管理、药品分销、物流管理、医院药品信息管理、病人用药管理系统全链条打通，深度挖掘整个药品分销到使用的价值链。

2. 下游业务延伸，与客户形成战略伙伴

卡地纳的下游主要是医院，多年的药品分销经历，让卡地纳早练就了高效运输、管理、跟踪药品的本领。卡地纳为医院建立了综合的信息系统，将很多高级管理系统应用到医院繁重的工作上。卡地纳提供了完整的药品管理服务，包括管理系统、人员和经营要注意的事项。这一切，都是通过卡地纳收购的"Owen 健康关怀公司"完成的。卡地纳管理医院药房，通过这样的管理机制，卡地纳把自己跟客户的关系，更紧密地拉在一起。增长的客户资源、信息和忠诚度，才是更为重要的，相比之下，这部分的利

润反而显得不那么重要了。

3. 上游业务延伸，深度服务供应商

作为药品分销商，卡地纳的一个重要合作伙伴就是上游的制药公司。通过分销系统，卡地纳能够收集到各种药品的销售信息。比如，什么产品卖得好，主要在哪些市场热销，使用者都是哪些人。卡地纳把这些信息及时地反馈给制药公司，制药公司就可以根据市场需求，及时调整策略，更加快速、有效地占领市场。

此外，卡地纳还进行上游收购。卡地纳的收购，主要集中在那些为制药提供配方、检测、生产、包装等方面服务的公司，而核心的研发则很少介入。

以卡地纳为中心，向上、向下深度延伸，卡地纳及其合作伙伴，已经形成了一条从药品研制、配方、检测、生产、包装到分销、药房管理的产业链。卡地纳得以屹立于竞争激烈的保健品批发市场。

我们都知道，在供应链中存在各种合作伙伴关系，比如供应商—制造商关系、制造商—分销商关系等，这些关系是以供应链为基础，通过各种协议、契约结成的供应商与用户之间共享信息、共担风险、共同获利的一种合作关系，目的都是盈利。毫无疑问，打造能够实现共赢的合作伙伴关系，双方都能获取利润，这样的关系是稳定的、长期的。当然，这也意味着，一味索取而不付出是行不通的。每一个成员在获益的同时必须对业务联盟有所贡献，为供应链上下游合作伙伴赋能。否则，一个**企业的生死可能与你无关，而跟它的下游客户有关**。

目前，随着市场经济的进一步发展，企业间的竞争逐步演变为供应链之间的竞争。企业要生存发展，离不开所立足的供应链。所以，加强供应链管理愈加重要。有效的供应链管理，可以降低企业间的采购成本，能够

加强供应商对企业的管理；可以节约企业间的交易成本，大大缩短交易周期；可以使供应商随时掌握存货量，降低企业库存；可以使企业对商品的预测精度大幅度提高，大大提高了顾客满意度，形成良性循环。

因此，企业充分扮演好自身在供应链中的角色，为供应链的合力奉献力量尤其重要。**在定好商业模式、明确战略目标后，要清楚定位自己在整个供应链条中的位置，协调好上下游的关系，实现互利共赢。同时，要在谋划自身发展中发散思维，站在更高的视野去思考自己的优势在哪里，努力寻找成为行业独角兽的方法**。如果发展路径受到限制或者遇到了新机遇，就可以进一步拓宽思路，从延伸价值链、上下游去寻求突破，或结盟或通过并购、重组的方式，扩大产融规划版图，创造衍生业务，为企业谋得新发展，实现"行业+""产业+"。比如阿里巴巴原来是做电商的，后来，随着其新硬件、大数据迅速发展，业务延伸到了金融、物流领域，紧接着拓展到大数据、云计算等。用友原来是做 ERP 系统的，财务系统是其招牌。后来随着客户需求的扩大，用友便根据它的业务圈，衍生到做金融、友金所等等。如此通过资本的力量，撬动了整个行业发展。

这类例子不胜枚举。比如，随着发展需要，智能音箱又开拓了 App 平台、购物场景等；电视机行业开始附加广告业务；汽车加上人工智能技术，运用互联网、物联网之后创造了无人汽车；方所不仅供人看书，也为人们购买衣服、喝咖啡等提供了场地……企业在供应链中的位置不是一成不变的，是可以随着时间迁移、条件更新进行调整的。业务的发展不仅可以是同行纵向的开拓，还可以是跨界的！只要敢想敢规划，一切皆有可能。

如果说加强供应链管理，实现共赢，并为自身不断谋得新发展，是所有企业的期待，那么，设计业务蓝图，扩大业务规划，则是每一个企业构建商业版图的路上不可缺少的一环。

第二节 业务蓝图：太空看地球

"凡事预则立，不预则废。"没有长远思考、站在更高维度考虑企业未来发展，在如今复杂、多维度的竞争环境下是举步维艰的。企业目前的竞争不仅仅是企业与企业的竞争，更是行业与行业、产业与产业的竞争，而且大多数企业都将面临不对称的竞争，高纬度打击低纬度。例如：有些产业型企业直接对产品型企业降维打击，通过上游原材料的把控或者价格优势进行竞争。这些竞争的背后带来的更多是各种整合，企业从竞争走向竞合，竞合是面对更高层次的竞争。

图 7-2-1 未来的商业竞争格局

　　企业未来想要持续获得成功，就必须要设计好更长远的业务蓝图，有步骤地去发展。先要明确自己的核心业务板块，靶向经营，然后拓展行业资源，纵向延伸供应链，横向整合同行，扩大业务规划，寻求更大的发展机遇。

　　很多行业的发展都会经历五个阶段，分别是形成培育期、模仿发展期、竞争风暴期、洗牌重组期、寡头垄断期。一般地，某个行业刚开始的时候，由于风险的不可预估性等因素影响，只有敢吃螃蟹的人才敢进入这块领域，此时入行的人不多，竞争者少，这个时期便是该行业的形成培育期。此时最容易赚到第一桶金。渐渐地，这个行业有了起色，入行者取得了累累硕果，很多人便眼馋了，也想分一杯羹，于是纷纷加入，模仿着设计出一样的产品，一系列"山寨"产品便极可能在此时诞生，模仿发展期由此到来。之后，随着需求的进一步扩大，越来越多的人加入该行业寻求利润，原本无人问津的行业便成了"香饽饽"，竞争开始激烈起来，甚至出现了以压倒对手企业为目的的恶性竞争，这个阶段便是竞争风暴期。此时因为同行企业如雨后春笋般增长，极易发生产能过剩，而产能过剩导致投入回报不能成正比，很容易让企业陷入财务危机，使得资金链断裂。于是，总有一些企业一蹶不振面临破产，当然，也会有一些实力强、资本雄厚的企业所向披靡，实现重组或并购，这便是洗牌重组期，这个阶段拼的便是融资能力，经济实力越强越能挺到最后。"适者生存"的规则真实上演，经过激烈竞争，一系列的淘汰和被淘汰，这个行业的"百花齐放"变成了"一枝独秀"，弱者被逼退出市场，强者则更强，最终一家独大，这时便是寡头垄断期。寡头垄断期考验的是企业全面综合实力的竞争。这种竞争一般发生在跨国企业跟跨国企业、大集团跟大集团之间。最终获胜的企业成为了龙头老大，取得了行业话语权，市场定价权便是其福利之一。此时收获行业利润自然不在话下。

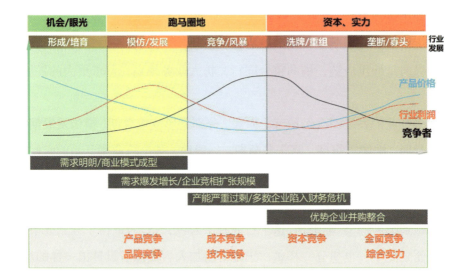

图 7-2-2 行业发展与商业竞争

所以，企业要学会对所属行业进行充分分析，分析所属行业当前所处的阶段及发展态势，分析自身在行业中的优势及所处位置，并为下一步的发展勾勒蓝图，做出规划。特别是要明确核心业务，只要客户群一样，便可以围绕着核心业务进行延伸拓展，形成生态圈。

中国互联网巨头腾讯，市值目前位列全球上市公司市值第 6。腾讯帝国为什么会如此强大？这与腾讯旗下的两大核心业务——微信和 QQ 密不可分。

微信和 QQ 在几乎所有的手机软件商店都能远远领跑其他应用。而且在未来较长时间内，这两大核心业务是无法被其他产品所取代的。因为国内巨头在社交方面并没有很突出的产品，其他公司的社交类应用也无法对微信和 QQ 造成冲击。

图 7-2-3 腾讯产品战略布局

　　腾讯相关业务布局如图 7-2-3 所示。腾讯通过国内用户最多的两大应用——微信和 QQ 不断发展其他业务，使得自己的所有产业都拥有庞大的用户基础。很多公司苦心经营多年的领域，腾讯一旦涉足，就会给它们带来巨大的冲击，导致用户大量减少，甚至很有可能就直接被取代了。如今腾讯的业务已经遍布国内互联网的所有角落，想要对抗腾讯，就是要对抗整个腾讯生态圈。

　　正是腾讯涉足了足够多的领域，各大公司才有更加激烈的竞争，我们用户才能体验到更加完善的服务。也正是有了这么严密的布局，才有了如今这么强大的腾讯帝国。

　　腾讯商业产业布局之路如图 7-2-4 所示。可以看到，腾讯已经拥有了一个非常完善的生态圈，基本上所有互联网的应用腾讯都有业务。从支付到出行再到娱乐，只要愿意，都可以用腾讯提供的服务。

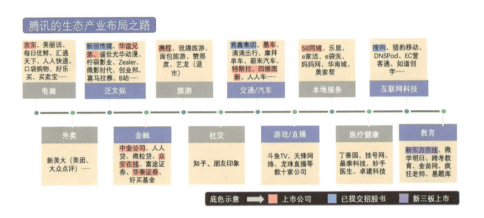

图 7-2-4 腾讯的生态产业布局之路

　　通过腾讯的生态链，我们可以看到腾讯构建的商业帝国从 QQ 和微信展开，设计业务蓝图，扩大业务规划，从核心产品层层延伸，有理有据。需要注意的是，**业务蓝图的开拓是好事，但是千万不能天马行空，要始终抓住核心主业，从企业原有优势产业和原有的业务板块当中，提炼出公司的核心业务，然后通过这个核心业务来做进一步资源和业务上的拓展**。这个拓展的渠道可以是整合同行，也可以是整合供应链的资源，形成公司的核心业务板块，这是一种以整合为途径的业务蓝图创新；还有一种是跨界的创新，跨界的行业跟公司原本行业的客户群体是同一个群体，根据客户的需求进行跨界整合，在此基础上做大量的创新，形成新市场、新业态。前海股权事务所、中力知识科技根据业务蓝图拓展的方式，研发出以下模型，如图 7-2-5 所示。

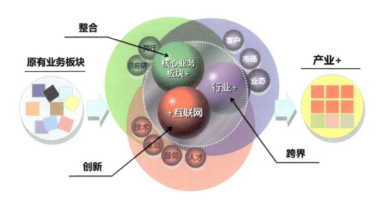

图 7-2-5 业务蓝图模型

很多伟大公司的业务蓝图都可以从这个模型中找到依据。以迪士尼为例，在很多人印象中，迪士尼是一个提供动画片和主题乐园的公司，但是根据迪士尼 2016 年年报，可以得知，影视娱乐部分和迪士尼乐园部分，对迪士尼收入的贡献分别是17%和30%，在收入中贡献出最大比例的是"媒体网络"部分，占据到了 40% 以上，如表 7-2-1 所示。

表 7-2-1 迪士尼 2016 年各细分业务财务数据（单位：亿美元）

收入	2016 财年	2015 财年	同比增长率
媒体网络 （Media Networks）	236.89	232.64	0.02
主题公园与度假区 （Parks and Resorts）	169.74	161.62	0.05
影视娱乐 （Studio Entertainment）	94.41	73.66	0.28
消费品与互动媒体 （Consumer Products & Interactive Media）	55.28	56.73	— 0.03
总计	556.32	524.65	0.06

数据来源：迪士尼 2016 年年报

这样的收入构成与我们想象中的迪士尼大相径庭。贡献收入最多的"媒体网络"中最主要的是来自做体育产品的 ESPN 电视网和生产美剧的 ABC 电视网。这是艾斯纳执掌迪士尼期间收购的公司，同时他也收购了生产优质内容的皮克斯、漫威和卢卡斯影业。这正是迪士尼从原有业务板块中提炼出公司核心板块——娱乐内容之后，对于同行和供应链的整合，真正做到文体不分家。因为迪士尼集团本质是一个生产内容的生意，所以当时的 CEO 就不断把全球最好的内容纳入迪士尼的业务蓝图和商业体系里。这种以整合为路径的业务蓝图创新在迪士尼动画片《冰雪奇缘》中也表现得淋漓尽致。

2013 年的《冰雪奇缘》可谓是动画电影史上最卖座的动画片之一，全球票房 12.7 亿美金，成为红遍全球的超级 IP。迪士尼因此提炼出《冰雪奇缘》为核心业务，在此基础上做出相应的业务规划。《冰雪奇缘》票房大卖之后，迪士尼趁热打铁推出影片内容相关的衍生品，比如发售影片的 DVD 以及电影主题曲的单曲和专辑，还有影片主人公的玩具、裙子、王冠以及蛋糕等等。此外还有游戏，迪士尼联合索尼公司推出了《冰雪奇缘》版 PS4 游戏主机，制作了《冰雪奇缘》卡拉 OK 的应用程序；牵手百老汇推出《冰雪奇缘》歌舞剧、图书。迪士尼乐园里更是推出《冰雪奇缘》主题游乐项目，并进一步拍摄影片的续集，带动新一轮的消费热潮。迪士尼还与美即面膜合作，打造"冰雪奇缘"面膜，同样引爆销量。

可以说，迪士尼用《冰雪奇缘》这一个核心业务，整合玩具、服装、游戏、戏剧、图书、美妆等相关的行业资源，也悄然进行了跨界创新和裂变。有人说迪士尼是"装了内容引擎的赚钱机器"，的确，迪士尼把优质的内容作为业务蓝图的原点，以传播渠道去深挖和放大内容，通过整合和跨界生发出大量衍生品从而让内容的价值最大化。通过环环相扣的业务规划，迪士尼不断描绘着一个波澜壮阔却严丝合缝的业务蓝图，成就了一个现象级的娱乐帝国。

除了小米、迪士尼，还有很多伟大的公司都在迅速构建着自己的业务蓝图，阿里"爸爸"早已经"妻妾"成群，"儿女"遍布；华为从通信技术拓展到交换机、通信路由器、控制器，实现"行业＋"；谷歌也在一路高歌前行，从广告业务到搜索引擎，再到人工智能、芯片、无人汽车；百度、京东、淘宝等互联网大佬们也在暗暗进行着商业版图大比拼，在这个跨界"打劫"、整合赢天下的时代弹奏着最强音。

但是千万不要以为整合和跨界是万能的，也不要以为盲目的并购和投资就是"王道"，对于更多的企业，尤其是中小企业来说，先踏踏实实做好自己核心的业务，打好地基才是根本。**很多企业没有计划性地随意"开疆拓土"，在核心业务不精的情况下就涉及太广，造成主业开展受到影响，没有足够资金支撑，最终资金链断裂，从而走向破产的悲惨结局。因此，产业规划应该先认清自己是谁，有什么核心的优势，等核心业务做精做强之后，再开展相关业务的整合与扩张，做到"三思而后行"。**

第三节 资本路径：星际不迷航

有一个 IT 人才，拥有博士头衔，同时在国外学习、生活多年，他的梦想便是创造许多财富，而他也很懂得利用自己身上的资源优势。首先，他向他的老师提出在中国建立一个搜索引擎网站的设想，在老师的帮助下，他有了 10 万美金作为原始资金。经过一番努力，他探索出一个可能赚钱的模式，为了获得新的投资，他找到国外的风险投资进行游说，使他的赚钱模式成功获得新的投资。几年后，他的企业成功地在纳斯达克上市，彼时正赶上股市疯狂炒作互联网概念，该股票价格和其他类似股票价格一样，一路飙升，于是这位 IT 人士，一举进入了中国富豪榜，圆了他的梦想。

这位 IT 人士的成功在于他有资本路径规划意识。他充分利用了自身资源（丰富的 IT 知识，国外学习、生活的经验），争取了老师的 10 万美金（原始资产），进行有效运营（到国外的风险投资进行游说获取新投资），推动企业成功上市（实现增值）。

资本路径规划，实际上就是融资规划，是对公司所拥有的一切有形与无形的存量资产，通过流动、裂变、组合、优化配置等各种方式进行有效运营，以最大限度地实现增值的顶层设计。说白了就是对什么时候需要融资、融资多少，通过什么方式融资，融资多少次，融资之后估值多少等等进行规划。资本路径规划基于资本运营。**企业的资本运营通过一种经营手段，谋求企业资源配置最优化，实现在风险与利益之间的特定平衡，获得企业资本的增值最大化。**

中国知名旅游网站——携程的发展史上也发生过两次至关重要的收购，第一次是收购现代运通公司；第二次是打败艺龙，合并了去哪儿网。

在 2000 年 10 月，携程以几百万元现金加上携程的股票，整体收购了现代运通。这次收购行为最直接的成果就是携程用户数在短期内增加了一倍，也为北方市场的开拓做出了巨大贡献。而这次收购更重要的意义在于，它直接促成了携程第三轮的融资。因为当时的主投资方，美国的凯雷集团提出的投资携程的先决条件就是，成功地收购现代运通。在收购的一个月之后的 2000 年 11 月，凯雷集团以及其他联合投资方的 1200 万美金融资及时到账。携程因此得以度过寒冬并得到天文数字的资金，避免了在互联网泡沫破裂后成为炮灰之一。

打败艺龙、合并去哪儿网无疑是奠定携程江湖地位的重要"战役"。2015 年 5 月 22 日，携程宣布联手铂涛集团和腾讯收购了艺龙大股东Expedia 所持有的艺龙股权，携程出资约 4 亿美元，持有艺龙 37.6% 的股权，成为艺龙最大股东；铂涛集团持股约 22.3%。自此，携龙之争结束，携程控制了酒店领域 89% 的市场份额。

2015 年 10 月 26 日，携程与百度进行股权置换，拥有去哪儿 45% 的股份，正式将去哪儿纳入携程系版图，成为中国 OTA 行业无可争议的王者。

截至 2016 年，携程参股或控股的企业已超过 20 家。在产业链延伸方面，投资快捷酒店管家、如家快捷酒店、汉庭快捷酒店等；在横向产业布局方面，投资同程旅行网、途牛网，控股华远国旅、战略控股艺龙网；在相关多元化布局方面，投资众安保险、一嗨租车、易到租车、天海邮轮等。

市场上的高歌猛进，源于携程规划好的通过整合、收购扩大规模的核心发展战略。解决企业价值创造方向和价值创造路径的问题，缔造资本路径的顶层设计。

所以，企业家的资本运营思想、企业的资本状况以及充分的市场调研是产生切实可行资本路径规划的前提。对于实现资源整合，每个企业都有自身的资本运营战略。资本运营先从产业规划、战略规划、股权规划、资本规划四个方面考虑未来发展路径，通过兼并、收购、重组等方法，在企业可支配或影响的资源基础上，利用金融资本和产业资本的力量进行资源整合，使被兼并、收购、重组的企业资源与自身资源形成互补和协同效应，从而带来企业整体价值的增长，进而走向场内或场外市场，实现财富裂变。财富裂变路径的模型，如图 7-3-1 所示。

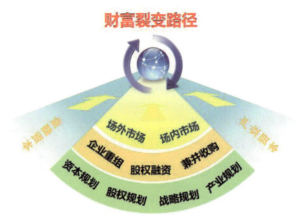

图 7-3-1 财富裂变路径

阿里巴巴公司同样通过规划资本路径实现了财富的裂变。

1999 年 3 月，马云凭 50 万元在杭州创建了阿里巴巴，但很快陷入了资金困境。同年 10 月，蔡崇信利用旧交情努力奔走，赢得 Investor AB、高盛、富达投资 (Fidelity Capital) 和新加坡政府科技发展基金向阿里巴巴投资了500 万美元，暂时解除资金危机。

2000 年 1 月，软银集团向阿里巴巴投资 2000 万美元；2002 年 2 月，阿里巴巴进行第三轮融资，日本亚洲投资公司注资 500 万美元；之后，阿里巴巴又获得软银、富达投资、Granite Global Ventures、TDF 风险投资有限公司以及雅虎的投资，甚至，雅虎换购了阿里巴巴集团 40% 股权。

......

美国时间 2014 年 9 月 19 日，阿里巴巴登陆纽交所，证券代码为"BABA"，价格确定为每股 68 美元，市值达到 2586.90 亿美元，收益率达百倍以上。相当于当年上市前 1 元原始股，变成了 161422 元。

可见，**规划资本路径是企业成功的必经之路，没有资本运营便实现不了资源整合、财富裂变**。资本运营能够把企业的经营目标由产品转向市场、转向企业的各种资源，转向资本，使得许多企业实现了由传统的成本管理中心转变为资本运营中心，它能有效地扩大企业的经营规模、降低经营风险、扩大市场占有率、实现经营利润最大化。

通过资本路径规划可以预测未来企业的股权价值，而股权价值背后就是企业财富的增长规律：先聚焦重点区域发展，如设立子公司、分公司，通过分子公司来拓展当地区域、人脉、销售业绩，而后慢慢布局全国市场，逐渐跨行业发展，在不同的行业设立不同的子公司。比如成立某某物流子公司、某某交通子公司等等，涉及若干个不同行业，此时便发展成了集团公司，而后集团化，IPO 上市，再延伸产业链中进入资本链——成立投资公司，或者成立一个控股集团，对资金进行统一调度、统一管理。而投资并不是盲目的，都是围绕着企业的整个主营业务或者产业链去进行的。集团所有的投资、涉足的所有行业，其实都是在打造一个商业平台，围绕着商业平台发展。所以，总的来说，企业发展几乎都是从区域性到全国、到跨行业、到产业、到资本、再到生态链。在经历这个发展过程中，实现财富裂变，从调动整个产业的资金到调动社会财富，企业经营者也从实业家向资本家转变。资本家的思维格局变得更高，从产品经营转向了资本经营，不再着眼于产品如何生产、如何经营，而是致力于如何布局整个产业、着重整个资本的升值。**资本家作为行业领袖，格局越大，平台越大，越能调动更多的社会财富，吸引更多的行业、社会精英，拥有更高端的人才资源。**

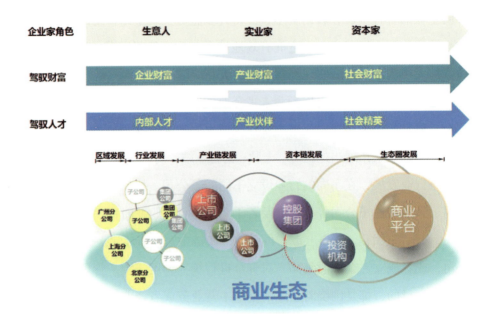

图 7-3-2 企业家角色与商业生态

股权是企业财富的连接通道，连接多少资源，财富就有多大。走资本路径也有自己的使命，那便是——让企业的股权价值得到增长。为着这个目的，企业家们要使出浑身解数进行资本运营。最常见的资本运营手段有股权融资、企业兼并、重组、收购、IPO 上市、增发、配股、设立产业并购基金等，这些都是现代企业资本运营常用的方式，也是产融结合的具体表现。

产融结合，单从字面理解，我们便可知道，这是指产业和金融业相互渗透融合。这种融合体现在哪些方面呢？当然离不开资金、资源以及资本等，即在这些方面上相互渗透，相互进入对方的活动领域，渗透方式可以是通过相互持股、参股、控股和业务参与等。渗透性、互补性、组合优化性、高效性、双向选择性是其特点。产融结合是市场经济发展到一定阶段的必然产物。当产业资本发展到一定阶段时，由于对资本需求不断扩大，这时便需要不断向金融资本渗透；而金融资本发展到一定阶段时，也必须要寻找产业资本作为基础支持。

资本链有其发展规律，通过天使融资、PE 融资等多轮次融资直至 IPO 上市，上市后再融资、并购重组等资本运作手段实现企业价值增值。通俗来说，企业第一次引入外来投资，称为第一轮天使轮融资，在后续发展中，再次融资称为 A 轮、B 轮 VC 融资。企业借助资本力量之前的发展还处于产品经营阶段，此时企业的发展相当于爬楼梯，一步一个脚印，通过产品经营带来盈利，再将盈利的钱投入经营，这个阶段是企业发展相对缓慢的阶段，也是大部分企业完成原始积累的阶段。企业借助资本的力量可以实现快速发展，相当于坐上了电梯。企业通过商业计划书不断吸引天使投资、VC 投资、PE 投资，通过资本的助力实现企业倍速发展，继而并购重组、整合资源，实现雪球般的滚动式发展，通过 IPO 上市实现企业价值倍增。

2001 年—2002 年，海尔先后控股青岛商业银行、鞍山信托、长江证券，成立了保险代理公司，与纽约人寿成立合资寿险公司，成立了财务公司等等，实现了产融结合。海尔集团董事局主席兼首席执行官张瑞敏认为此举对海尔的未来意义重大："从发展角度看，产融结合不一定能保证跨国集团的成功，但跨国公司一定要成功地进行产融结合，全球 500 强中有 80% 都在成功地进行产融结合的运作。"正是在这样的理念下，目前海尔在金融领域已经涵盖了银行、保险、证券、信托、财务公司等业务。由于金融业本身良好的资金流动性，产融结合将为海尔的资金链加入润滑油，加速其资金融通，为海尔冲击世界 500 强提供强劲的资金动力。

无独有偶，国际零售巨头沃尔玛一直努力推动零售与消费信贷的结合，但苦于一直受到银行的抵制，唯有另辟蹊径。2005 年初，沃尔玛转而与摩根士丹利旗下的发现金融服务公司进行合作，在北美联合推出名为沃尔玛 Discover 的信用卡，由通用电气旗下的通用消费金融公司负责发行，通过此卡的折扣性消费，沃尔玛将 1% 的成本节约回馈给消费者，由此巩固和扩大沃尔玛的客户群，并推动了消费信贷业务的同步扩张。

出乎意料的是，沃尔玛庞大的消费群和 1% 的成本优势在金融界引起了恐慌，这使沃尔玛在与银行的合作中通常能够占据利益的大头。通过利用自身客户资源优势，沃尔玛借助金融合作实现的产融结合，提高了在与其他银行在合作中的谈判地位，得以分食金融业务的收益，从而形成了良性互动，得到的收获远不只初衷"推动零售业务发展"。

无疑，产融规划特别重要。产业链可以连接资本，同样资本又推动产业发展，形成更大的商业模式。所以，上市融资不是最终目的，融资得来的钱最终还是会用于企业未来的产业规划。聪明的企业家会用好资源跟资本，实现产业资源和金融资本结合。因为产融结合运用得好，能够有利于提高企业集团资金的使用效率，有效降低企业集团外部金融市场的交易成本，增加企业集团的收益和资本积累速度，甚至还有其他意外的收获。这是一个循环反复螺旋式上升的过程，最终实现股权价值的倍增式发展。

凡事有利有弊，产融结合的另一面是对风险管理提出了较高要求。产融结合风险的失控，不仅会影响到企业自身的发展，严重时也会产生巨大的社会负面影响。因此，在推进产融结合过程中，还需要尤为注意战略协同性、法律政策分析和风险防范。

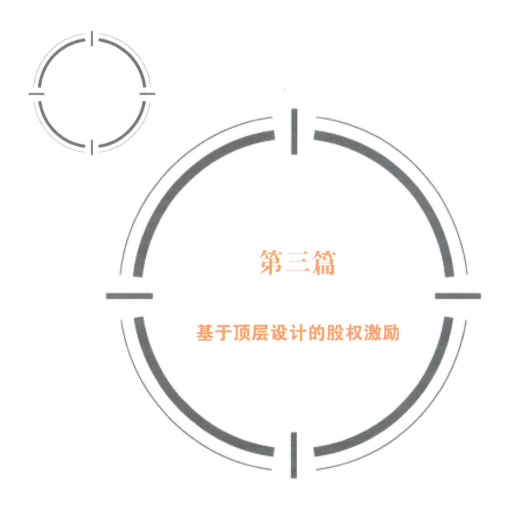

第三篇

基于顶层设计的股权激励

第八章

股权激励与顶层设计

第一节 股权激励是一项系统工程

如今，越来越多的企业慢慢意识到了股权激励的重要性，也开始实施了股权激励计划，但是，让有些企业感到困惑的是：为什么实施了股权激励，业绩反而下降了？为什么给高管团队释放了那么多股份，他们还会选择跳槽到了竞争对手那里？为什么股份给到了员工，员工却不买账？是不是股权激励方案做好了，被激励对象就能为企业创造更多价值呢？所谓"金手铐"能铐得住真正的人才吗？整个解决方案如何设计才有远见性，确保在公司未来上市的时候能无缝衔接？种种的为什么都困扰着许许多多的企业家们。很多企业家只看到了股权激励的表面，并没有看到股权激励的深层含义。因此，股权激励之所以失败归根到底还是公司没有从企业的顶层设计部署，企业的股权价值没有呈现，员工没有看到企业未来发展的希望，对企业的价值发展认知不统一，不认可公司的远景规划。

事实上，股权激励是一个系统工程，单一的方法和片面的技术方案并不能发挥股权激励的真正价值，在制定股权激励方案时既需要领先的经营管理理念，也需要专业的技术方案，还需要支持股权激励的配套管理工具，最后结合实操性强、经验丰富、科学落地的实施方法，才能通过股权激励模式帮助企业提升核心竞争力、做到基业长青！前海股权事务所、中力知识科技在众多实践案例中证明股权激励并不是简简单单的一个方案，而是涉及企业的商业设计、治理设计、组织规划和产融规划四大模块构成的顶层设计。在实施股权激励的过程中，企业家们应该认识到顶层设计与股权激励是系统关联的。在今天这个充斥着互联网思维与跨界思维的年代，商业模式正发生着深刻的变化，只有将顶层设计与股权激励相结合，激发股权核动力，打造从商业模式到人才发展的股权生态链，才能使企业与金融资本、产业资源、社会财富、人力资源等形成合力，才能解决企业发展过程中的难题。

第二节 怎样理解股权激励与顶层设计的结合

当企业家们已经意识到股权激励需要和顶层设计相结合的时候，一定要思考为什么要把股权激励与顶层设计相结合、怎样的结合才能体现出企业的价值发展方向，才能统一员工对企业价值发展的认知度。从价值观、观价值和价值系统三个方面去深入理解两者的结合，能够更好地帮助企业家们理解为什么股权激励一定要匹配合理的顶层设计，才能将激励效果做到极致。

价值观

企业实施股权激励，希望达到的效果是激励人力资本、最大化人力资本价值。但想要实现这样的目的，前提是被激励对象一定要与企业有相同的价值观。否则，即使被激励对象的人力资本价值再高，激励也是毫无意义的。

但众所周知，价值观是很难量化的，有些人是对人生的价值观的理解，有些人是对做事、做人的风格的理解，有些人是对事业追求的理解等等。所以我们需要通过顶层设计，在企业内部明确价值观，统一思想，认同企业的发展方向、战略目标、商业模式坚定不移，信任并愿意与我们一起把这份事业干到底的人。

只有员工与企业具备共同的价值观才能同频共振，才有可能坚持一起走下去，很多企业创始合伙人的分家都是因为价值观不一致导致的，有人想赚快钱，有人想做品牌，还有人只想享受生活。出发点不同，遇到问题提出的解决方法也相去甚远，对于企业的战略决策也慢慢出现了分歧，时间久了，必然面临分道扬镳的结局，比如西少爷、罗辑思维等。

观价值

当我们把股权激励给到与公司价值观一致的人之后，股权激励能不能发挥作用，被激励对象能不能认可又是一个疑问。要想股权激励真正发挥激励人力资本的作用，企业的股权必须要有价值。如果股权没有价值，只是一张空头支票，谁会愿意为企业奋斗？因此，我们在进行股权激励时，一定要让被激励对象相信，我们的股权在未来是有价值的，这种价值需要他们与企业一同创造。就像沃尔玛每个基层店的标记牌上都写着这样的话："今天我们公司的股票价值，就靠我们的工作。"被激励对象通过顶层设计的梳理，可以从商业模式的打造到资本路径的规划中看到企业未来成长的方向和价值。

通过顶层设计，可以凝聚企业价值，使股权的价值彰显出来，做好股权价值的统筹和规划。这是股权激励的关键要素。**没有价值的股权就像虚无缥缈的美景。股权有了明确的价值方向，员工才能认同企业的发展，看清企业的未来；股权有了明确的价值方向，才能指明核心人才奋斗的方向，激发人才的创造能力，为企业的腾飞赋能。**

价值系统

所谓价值系统，就是从价值创造工程到核心价值分配体制的逻辑、步骤与方法，是顶层设计和股权激励两个体系的全面融合，实现股权激励的成功落地。实施股权激励首先要企业以顶层设计为基础，明确战略，适时调整成最适合企业发展的战略。顶层设计既是蓝图的规划，也是发展的脉络所在，它不单是需要艺术的表达，更需要层层分解及条条落地。商业设计是股权激励的原点，治理设计为股权激励做好布局统筹，组织规划实现内部激励，产融规划实现外部激励，从激励原点、布局统筹、内部激励到外部激励，构成了一个完整的股权激励系统。从这个角度来看，顶层设计与股权激励两个体系之间有了内在的、全方位的、紧密的关联，实现了完全融合。通过前海股权事务所、中力知识科技构建的基于顶层设计的股权激励模型（图8-2-1），可以清晰地看出这一点。因此，实施股权激励离不开顶层设计。

只有将顶层设计与股权激励完全融合，才能有效地实施股权激励，离开了顶层设计的股权激励都是不切合实际的。立足于顶层设计的基础上，员工才能明确努力方向，才能明确自身任务与公司目标，才能全身心地投入到公司的运营与建设中，持续创造价值，帮助企业提升业绩，提升企业的股权价值，实现企业伟大愿景。

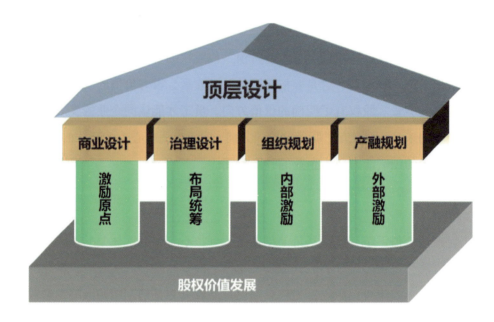

图 8-2-1 基于顶层设计的股权激励模型

了解了顶层设计与股权激励的系统关联后，我们就能理解什么是基于顶层设计的股权激励了。所谓基于**顶层设计的股权激励，就是通过商业设计、治理设计、组织规划、产融规划明确公司的股权价值，统一团队的思想，构建股权激励机制的核心基础，依托股权激励的各种方式方法，结合企业的实际情况导入实施的企业系统工程。**顶层设计是股权激励的核心基础，只有夯实这个基础，才能理清企业价值创造逻辑，完善企业价值分配机制，形成企业的股权生态系统。

经济基础决定上层建筑，分配是关键；顶层设计决定奋斗蓝图，方向是根本。企业想要长久发展，企业家必须具备顶层设计与股权激励的思维和智慧，运用系统的方法，从全局的角度，各方面、各层次、各要素统筹规划，从而顺应市场潮流，整合产业上下游，凝聚合伙人，留住核心骨干，招纳优秀人才，吸引资本青睐。

第九章

重新定义股权激励

第一节 股权激励的力量

股权激励的概念

如今，中国经济进入了一个全新的资本时代，股权已经成为企业管理与运营的有力工具，同时，作为一种承载身份和财产属性的特殊权利，股权也有机会通过股票交易市场、投资市场等股权市场，让财富的积累加速度运转。

不管企业是否属于上市公司、企业的形态是什么样的、企业的资本结构如何，都有必要建立和实施股权激励机制。当下，大部分企业家也已经达成了一个共识：股权激励是让企业进行自我酝酿和发展的最好机制，是构建企业人才竞争优势的法宝，也是确保一个企业在日益白热化的市场竞争中生存与发展的关键因素。如今，股权激励在中国商业大地上正如火如茶，根据《2018 股权激励白皮书》[1] 截至 2018 年 8 月，A 股上市公司已经有 1354 家公司进行了股权激励；新三板上市公司已经有 788 家进行了股权激励；境外上市公司已经有超过 90% 的企业进行了股权激励。

然而，如果股权设计出现问题，企业的发展必然会受到极大的限制——正所谓**"劣质的股权结构搞死优质的企业"**！事实也是如此，在对一些中小企业进行针对性的调查之后，前海股权事务所、中力知识科技发现，很多企业家对股权激励的了解非常浅显，对于如何设计系统、有效的股权激励方案，如何通过股权激励留住核心团队，解决融资问题，如何才能通过股权激励打通产业链，整合最大资源，这些问题他们并无具体的具有实操性的方案。不会做股权激励、股权激励做不好，成了企业发展的一大掣肘。

要想解决这些难题，我们首先要了解股权激励的概念。基于前海股权事务所、中力知识科技对多家企业的长期观察、研究和实践，总结成：**股权激励是通过股东利润分成、公司虚股或实股、期股或期权等激励模式，使企业和股东与被激励对象形成需求共同体的激励机制。**

前海股权事务所、中力知识科技阐述的**股权激励**的概念并不是简简单单字面上的意义，其中涵盖了三个基本要素。

第一个要素是方式方法——"通过股东利润分成、公司虚股或实股、期股或期权等激励模式"。股东利润分成、公司虚股或实股、期股或期权等都属于股权激励的方式方法，只有通过这些方式方法使我们制定的股权激励方案落地，股权激励才能真正发挥效能，才能成为企业在市场竞争中获胜的强大内驱力。在《股权激励你不会做》一书中，我们已经对股权激励的实操方法进行详细阐述。实际上股权激励方法很多，但不同的企业与

---

[1]　《2018 股权激励白皮书》，中力知识科技编著。

不同的行业在不同阶段使用的方法都不一样，起的作用也不一样，所以对每个企业而言不能照搬其他企业的股权激励方法，别人的方法未必适合你，如果仅仅是套模板，依葫芦画瓢很容易出问题，容易张冠李戴、激励错位。因为你根本不清楚当时企业为什么要用这种方法，不清楚企业的实际发展情况、企业问题与需求、员工的状态和想法。因此，股权激励的方式方法决定了企业未来的发展方向，企业要根据自己企业未来的发展方向选择适合自己的方式方法进行激励。

第二个要素是"企业和股东与被激励对象"。企业和股东不难理解，那么，谁是股权的被激励对象？从狭义上来说，股权激励面向的是"人"，也就是全体员工。但是从广义上来说，股权链接人才、资源和资本，因此，股权的激励对象可以是人才，也可以是产业资源，也可以是金融资本。企业的客户、供应商、代理商、产业上下游、外部资源提供方、投资商等都可以成为股权激励的对象，认识到这一点，我们才能理解顶层设计对股权激励的重要性。因此，前海股权事务所、中力知识科技认为，被激励对象是指能为公司发展创造价值、能共创未来的事业、共享未来财富的利益相关者。

第三个要素是"需求共同体"。"需求共同体"的概念是前海股权事务所、中力知识科技率先在国内提出来的。根据马斯洛需求层次理论，人的需求从低到高依次是生理需求、安全需求、社交需求、尊重需求以及自我实现需求。很多人认为，人都是先有低层次的需求，然后再有高层次的需求，比如先满足生理需求，然后再追求自我实现。但在前海股权事务所、中力知识科技看来，人的需求并不是非此即彼的，而是综合的，只是在不同的阶段，人们所表现出来的主体需求是不同的。即使是乞丐也有被尊重的需求，即使是亿万富豪也无法摆脱最低层次的生理需求，关键在于哪个阶段聚焦在哪个层面而已。这正是前海股权事务所、中力知识科技提出"需求共同体"这一说法的根源。

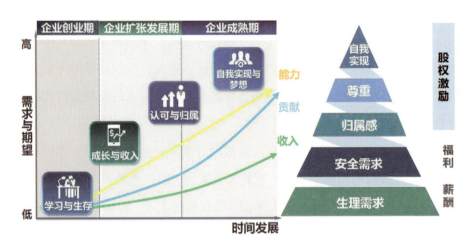

图 9-1-1 马斯洛激励模型

在前海股权事务所、中力知识科技专家们看来，股权激励要达到的效果，不仅要使员工成为企业的事业合伙人，还要在企业中打造一个利益共同体，更是要使员工与企业牢固地结合起来，成为一个坚不可摧的需求共同体。结合企业发展过程中面临的不同阶段员工所表现出的需求与期望，前海股权事务所、中力知识科技提出了马斯洛激励模型，如图9-1-1所示。当员工期望表现出有归属感、被尊重和自我实现的需求时，就需要以股权激励为手段去激励员工。

所谓"需求共同体"，就是以股权为纽带，所有与企业有关的人才、资源、资本紧密地链接在一起，拥有共同理想、价值观统一，为同一个事业目标而努力，共担责任，共享利益。这是股权激励的最高境界。既有共同的精神追求，又有充足的物质保障，这样的团队是最牢不可破的，如图9-1-2所示。

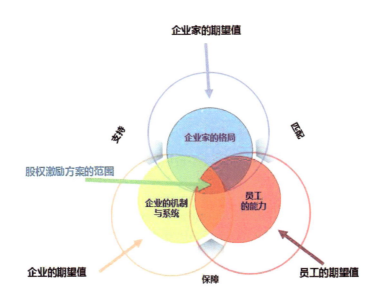

图 9-1-2 企业、企业家与员工需求三者关系

　　首先，在企业层面上，需求共同体强调企业、企业家和员工三者之间的需求必须达成一致。企业的需求层代表了企业未来的价值创造方向，决定了股权激励达到的效果。有的企业追寻的是溢价空间，未来就会着力打造平台型企业，对这样的企业来说，激励模式必然不会局限于简单的利润分成模式。因此，不同的企业需求决定了企业所需要的激励模式。企业家的需求主要体现在企业家是注重事业和梦想还是赚取利润。执着于做事业的企业家会规划企业的事业发展路径，寻求在资本市场的融资与上市。那么，这样的企业家对特殊人才和核心团队的需求也是非常突出的。员工的需求主要考虑的是以物质需求还是精神需求为主。如果只是短期物质上的需求，利润分成等就是最好的激励方式。如果员工是希望创造一番事业的，股权可能是比较合适的激励方式。

企业、企业家和员工三者的需求结合在一起达成一致形成的需求共同体，能够有效地促进股权激励的有效实施。反之，三者不能结合在一起，企业给员工再多的激励，却不能符合员工的需求，员工也不会买账，就会导致激励效果不好。比如，对贸易型的企业来说，企业的需求就是希望未来赚取更多的现金利润，对老板来说企业能赚到钱，实现盈利就足够了；同样的，对员工来说，如果需求仅仅是希望能够拿到更多的工资，那么三者就是在同一个需求层面上，员工就能在这个企业长期待下去。反之，我们观察一下平台型的企业，企业的需求是未来走 IPO 路径，企业寻求资本的溢价、股权的溢价，企业家的发展路径则是把事业做大，实现梦想。因此他需要的是一批志同道合的事业合作伙伴。对员工来说，在企业没有现金流、没有利润情况下，愿意和企业一起奋斗，说明员工的需求跟企业、企业家的需求一致，将事业做大，寻求企业的资本溢价。如果员工只是希望得到更多的现金利益，那么需求就不一致，激励给到员工也不会发挥作用。

其次，需求共同体在产业链激励也是同样的体现，未来的资源整合是和产业结合的，明确产业的发展方向才能选择正确的激励模式激励产业链上下游的合作伙伴。激励模式选择的时候需要考虑上下游的价值，和公司发展方向、公司价值创造方向是否一致。比如，我们掌握的一套成熟的系统解决方案是被某家大型国有企业指定采购的，那么，我们可以以这个项目成立持股平台，吸引上游供应商，让他们参与进来，供应商建立稳定的出货通道，而我们则得到了价廉质优的供应链，彼此成为需求共同体。再比如，我们研发出一款性能绝佳的防水材料，而且价格比进口品牌低廉，那么我们就可以以这个项目成立持股平台，吸引下游的经销商，让他们参与进来，经销商得到稳定的供货、技术指导和区域保护，我们则得到忠诚的分销渠道，彼此成为需求共同体。

从整合资源、资本的角度出发，需求共同体的理论也同样适合。金融资本在乎的是企业的估值，产业资本在乎的是资源，当资本链接到正确的人才，三者形成共同的需求共同体。因此，我们可以认为并购从某种意义上也是一种激励。

总之，无论是企业内部还是企业外部的需求共同体，只有将需求共同体围绕着企业未来的发展方向、股东的利益和员工的需求等进行打造，才能使得股权激励切实落地。

如果再深一步理解股权激励，可以认为股权激励是通过建立一套生生不息的激励机制，搭建一个与利益相关者合作共赢发展、创造未来财富的平台。

股权激励是一套动态的激励机制，是根据企业的发展进行不断优化和迭代的，比如，华为过去的10多年的股权激励机制就经历过五次重大调整，每一次的调整都是顺应当时企业发展形势的，结合企业当时的人才环境进行创新和调整。

股权激励是面向未来的，而且不是分"蛋糕"，是利益相关者一起共创，把"蛋糕"做大，分未来的财富。如果是分"蛋糕"只会越分越少，只有做"蛋糕"财富才能越分越多。股权激励机制实际是把利益相关者聚拢到一起，搭建了一个事业平台，为大家的未来共同奋斗。

晋商的"身股"与华为的全员持股

人们普遍认为，股权激励制度是西方的舶来品，事实上，股权激励的做法在中国早已有之。几个世纪以前，中国最杰出的商人群体——晋商首创的"身股",就堪称现代股权激励的雏形。

关于晋商曾经有这样一种说法:"凡是有麻雀飞过的地方,就会有山西商人。"在中国的古代商业史上,晋商有过辉煌的历史。晋商发迹于宋代,到明清时期已经发展成为当时国内最兴盛的商帮,甚至在国际贸易中也扮演着非常重要的角色。从富庶的江南到荒僻的边疆,到处都有他们的足迹,还开辟了足以与丝绸之路媲美的"万里茶路"。晋商在商界留下了深远的影响,而他们留给后人的最重要的精神财富,莫过于"身股"。

晋商的"身股",又被称为"顶身股",是晋商票号中一种独特的组织管理及利润分红制度。根据史料记载,晋商票号中的利润分配通常有三种"股份"参与,即银股、财神股和身股。银股指财东(出资人)在立合约时的股资。财神股可以看作现代的公积金。身股则是票号中的掌柜(经理)以及资历深又有功劳的伙友(职员)的报酬,也以"股"的形式分配。

"身股"是晋商的利益分配机制中的最大亮点。"身股"不需要真正出资即可拥有,并且与银股享受着同样的权利。"身股"的分配根据伙友的资历深浅而有所区别。通常来说,总号掌柜分得的"身股"为 1 股,在与财东确定雇佣关系时,合约里会写明这一点。随着票号的经营发展,其他伙友(职员)也有获得"身股"的机会。"顶身股"者得到的利益是多重的,既有分红,还有"应支"和津贴等。"身股"的有效期在伙友离开票号或去世时即停止。不过,一些曾为票号做出巨大贡献的"顶身股"者去世以后,还能领取一段时间的"故身股",这是"身股"的一大亮点,也体现了这一机制的人性关怀。"顶身股"也不是一旦顶上股份就能高枕无忧的,如果伙友在工作中出现了重大纰漏,股份也会被酌情扣除,严重者甚至会被开除出号。

对于企业来说,利益分配是一个非常关键的问题,而晋商就很好地解决了这一问题。通过"身股"把所有员工的个人利益与企业的整体利益联系在一起，合理利益分配，确保了那些有能力的伙友的稳定、忠诚，从而把一批又一批的伙友变成了外姓的自家人，使他们树立一种"企业兴我兴，企业衰我衰"的观念，从而为企业的兴旺而奋斗。

我们来看大德通票号大掌柜高钰的例子，他从少年时就进入乔家当学徒、做伙计，一直兢兢业业，凭借自己的能力当上了大掌柜，身股制让他的经商才能得到充分发挥的同时，也得到了丰厚的物质回报。1908 年，高钰作为大掌柜持有 1 股"顶身股"，分得了 1.7 万两白银。而在当时那个年代，一两半白银就可以买一亩地，一个七品县令的年薪也不过 45 两白银。高钰于 1919 年去世，直到 1925 年大德通仍向他的家人分红利八千两。有这个先例，接任高钰职位的总经理必然也会把大德通的生意当成自家生意一样经营，激励着一任又一任的继任者为大德通卖力工作。

"身股"类似现在股权激励中的分红模式，晋商的股权智慧在于，用一块诱人的大"蛋糕"激励"顶身股"的员工和想成为"顶身股"者的员工，使其不断为做更大的蛋糕而倾尽其力。这是晋商创造票号辉煌业绩的动力所在，也是晋商家族企业崛起并在数百年内长盛不衰的奥秘。直到今天，"身股"制度对于我们仍然有着巨大的借鉴意义。

华为的全员持股正是借鉴了古人的智慧而创造的。创业初期，任正非受父亲的启发，决定借鉴民国时期大老板投资、掌柜经营并享受分红的方法，在公司中推行员工持股制度，即每个华为人都能够拥有公司一定比例的股份。

早期华为员工并没有明确的股份协议，只是每个月发工资只发一半的，剩下一半"打白条"；员工离职的时候，往往拿到比白条多得多的报酬。这就是华为全员持股机制的雏形。

1998年出炉的《华为基本法》第一次对股份进行了明确的规定："我们实行员工持股制度。一方面，普遍认同华为的模范员工，结成公司与员工的利益与命运共同体。另一方面，将不断地使最有责任心与才能的人进入公司的中坚层"，"华为可分配的价值，主要为组织权力和经济利益；其分配形式是：机会、职权、工资、奖金、安全退休金、医疗保障、股权、红利，以及其他人事待遇。"

全员持股的政策不但调动了员工的积极性，更是从深层次推动了企业的发展。正是这种股权激励制度的建立，才使得早期的华为迅速崛起，成为竞争残酷的市场中不容忽视的一支狼族，直到成为现在的行业领袖。

2000年互联网泡沫时期，IT业遭到了沉重的打击，融资异常困难，华为的发展进入了寒冬，此时华为开始实行"虚拟受限股"的股权改革，员工买卖公司股票的价格开始按每股净资产计算。与之前的内部股相比，"虚拟受限股"更接近西方公司上市前的期权激励制度。这一改革巩固了华为公司管理层对企业的控制力，将有可能会出现的股权纠纷消弭于无形。

2003年，仍处在低谷中的华为又遭受"非典"的重创，出口市场受到影响，同时与思科的知识产权官司也使华为在全球市场上举步维艰。为了度过这一危机，华为内部动员公司中层以上员工自愿申请降低薪酬，同时为了稳住军心，进一步实施管理层回购股份。这次配股，华为的持股制度得到了进一步完善：规定了为期3年的锁定期，3年内，任何人都不能对股权进行兑现，如果员工在这期间辞职，那么所配股票自动失效。股权的力量很快就显现出来，这之后，华为的销售业绩和净利润节节攀升，终于走出了低谷。

但好景不长，2008年，金融危机席卷全球，经济形势变得非常糟糕，此时，华为又推出新一轮的股权激励措施。这一年12月，华为发布"配股"

公告，这次配股面向所有在华为连续工作一年以上的员工，股票价格为每股 4.04 元，年利率超 6%。

2015 年，经过多年虚拟受限股的激励模式，在过往的激励对象中，出现了"既得利益者"，这些"既得利益者"由于之前获得了相当数量价值不菲的股份，到年底可以分得丰厚的现金，哪怕即使当年没有新人为公司创造的价值多，这种情况严重打击新进员工的积极性。由此华为改变原有的激励模式，使用"TUP"（Time Unit Plan），即奖励期权计划。TUP本质上是一种特殊的奖金，是基于员工历史贡献和未来发展前途来确定的一种长期但非永久的奖金分配权力。不需要员工花钱购买。这种激励模式一方面与员工价值创造更好地捆绑在一起；另一方面也解决原来"一劳永逸"的激励模式，消除既得利益者。

2016 元旦后，华为轮值 CEO 郭平在新年致辞中提道："我们继续推动获取分享的奖金机制，在全球员工中推行 TUP，加大对关键人才的长期激励力度。2016 年我们会持续优化激励制度，实现薪酬所得与资本所得 3∶1 的目标，加大对艰苦区域工作员工的倾斜力度，继续推行明日之星、蓝血十杰等非物质激励的评选。"

商界波诡云谲，企业发展总是会遭遇重重难关，但每次深陷困境时，华为都能够灵活地运用股权激励，动员全体员工的力量，公司上下齐心协力共同度过危机，使公司得以继续前行，并在短时间里成长为世界 500 强企业。

晋商的"身股"和华为的全员持股制度让我们看到了股权的力量。如今，中国已经进入股权时代，我们应该抓住时代赋予我们的历史机遇，充分认识到股权的价值，利用股权激励融人、融资、融智，利用一切资源，实现多方共赢。惟其如此，企业的永续经营才有了无限可能。

从硅谷发展史看股权激励

硅谷位于美国西海岸的旧金山湾区南面，地处于山谷之中，高科技企业云集，是美国重要的电子工业基地，也是世界最为知名的高新技术开发区。这里聚集着英特尔、苹果、谷歌、Facebook 等成千上万家高科技公司，是众所周知的高新科技企业成长的摇篮。虽然美国和世界其他高新技术区都在不断发展壮大，不过，作为高科技技术创新和发展的开创者，硅谷依然拥有非常重要的地位。

硅谷的起源与斯坦福大学有着密不可分的关系，斯坦福大学崇尚个人奋斗、平等、务实的精神，注重实用与开放，重视与科技相关的理工学科的建设。斯坦福大学鼓励学术界与工业界进行紧密的联系，因为大学要站在科技的前沿，必须知道学术界以外的工业界正在发生什么。所以，斯坦福就注重人员的双向流动，聘用了新兴产业界的科技领袖领导学校相关学科的发展，并向科技界输送大量的毕业生。如"联邦电报公司 (FTC)"就是由斯坦福大学的毕业生所创立，而该公司之后又促使了湾区近 20 家新公司的创立，使得斯坦福大学的毕业生在无线电、声学、通信等新兴技术领域执掌牛耳。斯坦福大学还利用其土地资源优势为科技公司提供租金便宜的用地，吸引了大量科技公司进驻，形成了一片产业园区。一个世纪之前，这里还是一片果园，然而，自从这些高科技公司相继落户之后，这里就出现了众多繁华的市镇。

1955 年，诺贝尔物理学奖获得者威廉·肖克利在这里建立了肖克利半导体实验室，这标志着硅谷进入一个新的发展时期。后来，就职于这家公司的 8 名年轻的学者因为无法忍受威廉·肖克利专断霸道的学阀式管理风格，愤然决定集体离职。这就是后来为世人称许的"叛逆八人帮"。这些年轻人后来先后成立了仙童公司、英特尔公司、AMD 公司等，随着这些公司的蓬勃发展，硅谷也开始声名鹊起。

20 世纪 60 年代，伴随着硅谷的崛起与兴盛，美国经济形态发生了巨大转变，从工业经济逐渐转向了知识经济，人力资本在各类企业中的作用越发凸显出来，尤其是核心技术人员以及出色的经营者对企业发展的关键性作用得到了人们的广泛认可，如此一来，以工资和奖金为主的传统薪酬体系已经不再适应企业发展的需要，于是，硅谷的高科技公司为了留住核心人才、激励人才发挥更大作用，开始更大规模地采用股票期权的激励方式，期权成了硅谷员工薪酬体系中的一个重要组成部分。

事实上，现代意义上的股权激励，被公认为发源于 20 世纪 50 年代的美国。1952 年，美国菲泽尔公司为了避免公司高层管理者缴纳高昂的个人所得税，首次在企业内部设计了一个股票期权计划，这一历史性的创举被认为是股权激励的开端。

菲泽尔公司的股票期权计划很快就被其他企业借鉴，在美国企业中出现了一股推行股权激励的潮流。1956 年，美国政治经济学家路易斯·凯尔索等人又设计了"员工持股计划"，这之后，职工持股计划、股票期权计划等多种多样的股权激励模式层出不穷，日本、英国、法国、意大利等发达国家的企业也开始效仿，一时间，股权激励在全世界范围推行，从此在欧美地区及日本等国家得到了长足的发展。而硅谷大批高科技企业对股权激励的应用，使得这一制度得到了丰富和完善。

如今，股权激励制度已经融入硅谷企业的精神和灵魂之中，英特尔、苹果、谷歌、Facebook 等都实行了这一制度。以苹果公司为例，2011 年，蒂姆·库克任职苹果公司 CEO 的时候得到了限定性股票 100 万股，2016 年 8 月 24 日，发放 50%；到 2021 年 8 月 24 日将发放另外 50%，只要到期时蒂姆·库克仍与苹果公司签约即可得到股票。这些股票价值约为 3.83

亿美元。2010 年，苹果公司向蒂姆·库克支付了 80 万美元薪酬，还支付了 500 万美元奖金，及价值 5200 万美元的股票奖励。正是因为这种极具诱惑力的股票期权激励，硅谷的企业才得以吸引到一批又一批优秀的科技人才。

股权激励计划在硅谷企业中的广泛应用，说明它是解决当时困扰企业难题的有效手段之一，事实也的确如此。有一组数据可以作为佐证：1983 年，美国道琼斯工业股指数大约为 1000 点，到 1999 年初，这一指数最高上涨至 11000 点，而到了 2018 年 10 月初，道琼斯工业股指数已经达到 26627 点。纳斯达克指数更是从 1990 年 10 月约 300 点大涨至 2000 年的 5049 点，2018 年 10 月初达到 7879 点。道琼斯工业股指数和纳斯达克指数的上涨不一定都得益于股权激励的作用，然而，毋庸置疑的是，股权激励的确起到了助推的作用。而且，通过道琼斯工业股指数和纳斯达克指数的涨幅，我们也可以看出股权激励对象的收益之丰。

现在，股权激励已在世界上的绝大多数大型公司中得到了应用。比如，在我国，2012 年，实施股权激励计划的上市公司数量为 141 家；2013 年，实施股权激励计划的上市公司数量为 161 家；2014 年，实施股权激励计划的上市公司数量为 192 家；2015 年，实施股权激励计划的上市公司数量突破 200 大关，为 225 家；2016 年，数量进一步上升到 249 家。2017 年有 414 家，截至 2018 年 8 月 31 日，共有 1327 家上市公司公告了股权激励计划，占 3531 家上市公司的 37.5%。

不过，世界上没有十全十美的制度，股权激励也是一把双刃剑。美国的股权激励制度就曾因为设计缺陷、监管不力等问题，引发了一系列质疑与非议。其中一个典型案例就是众所周知的"安然丑闻"。

安然公司成立于 1985 年，在短短 15 年的时间中，它从一家名不见经传的普通天然气经销商，逐步发展成为世界上最大的天然气交易商和电力交易商，创造了一个又一个的商业神话，与通用、埃克森美孚、壳牌等百年老店平起平坐，成为一代商业巨擘。

1986 年之前，美国的能源市场在联邦能源监管委员会的严格管控之下，安然在自己控制的地域能够非常容易地进行价格垄断，所以具有稳定的盈利空间。然而，1986 年之后，联邦能源监管委员会开始放松监管，安然的垄断地位也被打破了。在此形势下，股东开始对安然公司管理层实施以市价为基础的股权期权激励，力图使高管人员的业绩与股东财富的创造紧密结合起来。

然而，令所有人惊讶的是，到了 1997 年以后，发现美国会计准则漏洞的安然高管开始铤而走险。他们利用关联企业的关联交易和衍生工具等眼花缭乱的财务手段来"创造"利润，以期达到快速获赠股权、攫取最大利益的目的。

在 2001 年 12 月申请破产保护前的一年时间里，安然公司向其 144 位高层管理人士总共发放了约 7.44 亿美元的现金和股票。与之相对应的是，安然公司要为巨额股权支付承担极高的费用成本，这种巨大的不对称性，最终让安然走向了万劫不复的深渊。

"安然丑闻"引发了国际资本市场对股权激励样板即美国式公司治理结构的反思，它所反映出来的财务造假、虚增利润、内幕交易、过度激励等等问题，皆是由于对高管的不合理的股权激励制度所导致的。这一事件爆发之后，美国证券交易委员会出台了 32 项规定来完善上市公司治理结构。

"安然丑闻"殷鉴不远，这启示我们，要使股权激励发挥正面作用，必须不断地完善顶层设计，有相互配套且有动态适用性效率的制度安排，做到激励与约束并行，如此才能真正使股权激励成为促进企业发展的长效机制。

第二节　股权的核心价值

很多企业认为，当前首要的任务是留住人才，而股权激励最大的价值也就是"留人"，企业必须先让核心团队保持相对的稳定，才能维持正常运作、吸引更多人才，并以此扩大经营。然而仅仅这样理解还是略显片面，前海股权事务所、中力知识科技根据众多实践的案例分析总结，股权是股东通过出资或受让等合法方式拥有公司股份或者出资份额，并因此享有利润分红、参与公司管理决策的可转让权利。因此，股权激励主要的核心价值在于"利"和"权"两者的分配与布局。

股权中的"利"：利润分红、资产增值与资本溢价

"股权"是基于顶层设计的股权激励的核心关键词，但是，股权究竟意味着什么呢？

股权首先强调的是利，即股利。"利"是股权的重中之重。根据我国《公司法》规定的同股同筹的原则，拥有多少股权，就拥有多少分配权。公司的股东在扣除税费和预留再投入的生产费用之后，剩下的股东可分配利润，就可以按照股份比例来分配股利。通常来说，通过股权，股东可以获得三重利益，前海股权事务所、中力知识科技将其总结为利润分红、资产增值与资本溢价。

第一重利益叫利润分红。《公司法》对股权的分红权进行了阐述。

第三十四条规定："股东按照实缴的出资比例分取红利；公司新增资本时，股东有权优先按照实缴的出资比例认缴出资。但是，全体股东约定不按照出资比例分取红利或者不按照出资比例优先认缴出资的除外。"第一百六十六条规定："公司弥补亏损和提取公积金后所余税后利润，有限责任公司依照本法第三十四条的规定分配；股份有限公司按照股东持有的股份比例分配，但股份有限公司章程规定不按持股比例分配的除外。"

简而言之，从股权的角度，利润分红就是所有股东按照股权的比例进行公司可分配利润的分配。对于中国的大多数企业而言，企业的利益分配主要体现在分红上。很多企业都会发布年度分红公告，将企业的分红情况公之于众。

第二重利益叫资产增值。如果说利润分红是股东的第一个显性收益，那么，作为一个股东，收获的可能远远不只分红带来的这些利益，因为在企业经营的过程中，当企业本身的价值在增加，企业的资产和品牌的价值也在增加，那么，实际上股份的含金量也在增加，对应的股权价值就会增值。比如，某企业在投入再生产的过程中，购买了固定资产和进行了资源的整合，在几年的时间内，房地产的固定资产价值增值好几倍，则带来了企业股权的增值。同样，企业所具备的知识产权也能够带来企业股权的资产增值。

第三重利益叫资本溢价。除了利润分红与资产增值，股东还可以享受到股权带来的**资本溢价**。什么是资本溢价？伴随着企业的发展，企业与资本的不断融合，由此产生了企业的价值，而企业的价值体现在股权的价值上则是被放大的。之所以会放大，是因为在企业成长过程中会进行融资，而投资商关注的是企业未来的成长性和溢价空间。在这个空间中，股权的资本溢价就产生了。

资本溢价对股东来说是一种惊喜，股权价值可随着融资、上市股份的溢价同步增长。如果企业能够搭上资本的顺风车，通过资本市场这一只手，在短时间内股东所拥有的股权价值就会得到放大。再通过二级市场市值管理，股东的财富就会得到成倍增长。对互联网公司来说，资本的溢价尤其明显，在拥有用户和流量的情况下，资产的溢价空间非常有想象空间。当今，很多互联网公司的关注点就立足于企业未来的成长性和可溢价的空间。在对外融资，向 IPO 努力的经营过程中，企业的股权价值不断地被放大。比如，成立仅仅 3 年多的拼多多 2017 年成交总额（GMV）已经超过 1000 亿元，相比较于淘宝的 5 年、京东的 10 年，拼多多可以说成长的速度非常快。这脱离不了商业模式和资本的运作，2018 年 7 月拼多多在纽交所上市，融资 22.44 亿美元，估值达到 288 亿美元。这就是股权溢价带来的巨大资本价值。

图 9-2-1 股权的三重利益

股权的三重利益与员工对企业价值的认知是相对应的，分红对应的是基于对利益被分配的认识，强调的是利益共同体；增值对应的是员工对资产增值的认知，强调的是事业共同体；而溢价则对应的是对股权资本溢价的认知，寻找一群志同道合的终生伙伴，形成价值共同体。随着员工认知度不断地提升，带来的变化不只是量变，而是质变，这种质变就是员工的主人翁意识在不断提高，主观能动性在持续增强。而这，正是股权激励的意义所在。

股权的三重利益也是和企业的经营方向息息相关的。企业的经营方向可以从两个维度去考虑——高盈利和高价值模式。企业经营的过程中如果追求的是高盈利，则会强调企业的经营能力，将企业的业绩做上去，成本控制住，实现高利润，从而在分配利益的时候选择分红模式，这个通常被称作"挣钱模式"。这类企业主要是资源类、矿场、基础设施企业、贸易公司和珠宝等。如果企业的定位是向高价值去发展，那么企业就会做平台型企业，进行资源的整合、资本的融合，用品牌和市场效应去实现企业价值的不断增长，这就进入了第二个层次：值钱模式。这类企业大多数是平台型企业和一些互联网企业。股权的三重利益与企业经营方向的关系，如图 9-2-2 所示。

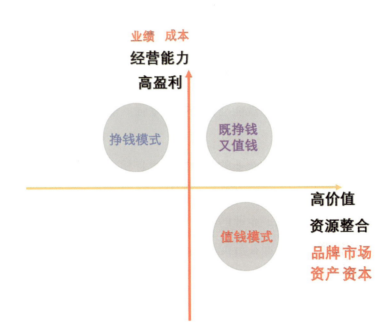

图 9-2-2 股权的三重利益与企业经营方向的关系

从企业的经营方式出发，我们也可以将企业的经营总结成产品经营、资产经营和资本经营，如图 9-2-3 所示。在最初的挣钱模式下，运用买卖经营的模式进行产品的经营，不断地发展，通过产品的销售获得利润作为未来发展的资本来源。而在值钱模式下，则强调价值经营方式。通过资产或者资本市场的力量让企业的股权不断的溢价，让企业的股权价值实现从量变到质变的根本变化。比如，海航集团在 2008 年的时候资产价值 2000亿元，而到了 2018 年海航集团资产达到了 1 万亿元的规模。短短 10 年时间，海航集团通过资本运作将股权价值做大了很多倍。

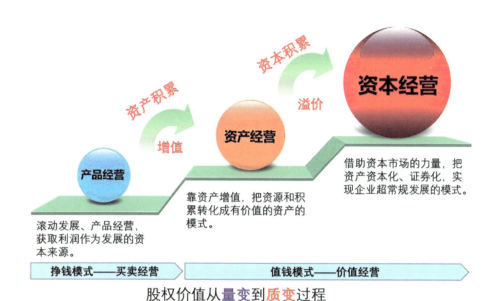

股权价值从**量变**到**质变**过程

图 9-2-3 三种经营方向下股权价值从量变到质变的过程

股权中的"权"：把握控制权

除了"利"之外，股权的各种游戏规则还围绕着一个"权"字来制定。《公司法》第一百二十六条规定："股份的发行，实行公平、公正的原则，同种类的每一股份应当具有同等权利。"即同股同权，也就是说，我们拥有多少股权，就拥有多少表决权。

表决权就是话语权，掌握了表决权，就等于掌握了企业的控制权。以某股份有限公司为例，这家公司总共发行 7903 万股股票，其中公众股为 2055 万股，占 26%；股东 A 持有 150 万股，占 1.9%；股东 B 持有 1825 万股，占 23.1%；高管 A 持有 1275 万股，占 16.13%；高管 B 持有 100 万股，占 1.27%；风险投资商 1 持有 556 万股，占 7.03%；风险投资商 2 持有 292 万股，占 3.7%。除此之外，股东 B 及高管团队还通过持股公司持有部分股票，那么，股东 B 的表决权为 23.1%+20.88%，也就是 43.98%。我们可以理解为，他拥有公司 43.98% 的控制权。

图 9-2-4 某股份公司股东 B 表决权示例

控制权是关乎公司发展与生死存亡的关键因素。控制权的安全与科学，直接影响着公司未来的发展。2010 年陈晓与黄光裕之间的国美控制权争夺战、2012 年雷士照明的创始人吴长江与最大投资人软银赛富阎焱之间的股权纷争、从 2015 年一直纠缠到 2017 年方落下帷幕的万科股权之争都是控制权未设置妥当的前车之鉴。

对于大股东而言，并不是拥有绝对多的股份才能控制住企业的所有权。"权"所诠释的更多的是在企业发展的过程中如何看待权力重心的转移、权力的使用和企业安全性的问题。如图 9-2-5 所示，除了考虑股份的比例，也要考虑企业制度建设的完善和团队的成长。在企业不断发展和团队不断成长的过程中，企业的控制权的重心在不停地更替。在创业初期，通常是大股东控股模式，当企业发展到成熟期，往往会变成股东会做决策；在上市之后，公司的决策权则移交到董事会。比如现在高速发展和成熟的阿里巴巴的控制权，就牢牢掌控在阿里巴巴的董事局手上。当初，在阿里巴巴创业初期，由马云一手掌控企业的发展，随后由马云牵头组成的十八罗汉创始团队掌控住企业的发展方向，开始进入了业务快速发展期。即使是软银和雅虎加入之后，成为大股东的资本方也没有能够瓦解掉马云团队对阿里的控制，阿里巴巴合伙人制的董事会牢牢掌控住了公司的发展路径。阿里合伙人制度规定阿里合伙人有权任命董事会的大多数成员，拥有超过持股比例的"超级控制权"。2018 年 9 月 10 日，马云发布公开信宣称，一年后将辞任董事局主席，由集团 CEO 张勇接任。正是在新型合伙人机制的基础上，阿里巴巴形成了以使命价值观驱动的独特文化和良将如潮的接班人体系，因此即使马云在计划将 VIE 结构调成为阿里合伙人（管理层）通过公司（或合伙）的形式间接控制阿里巴巴，也不会对阿里巴巴的稳定发展产生影响。马云的卸任一方面体现了一个企业家的格局，敢于把权力和利益放出去，让更有能力的员工担任企业更重要的职责，让高层不断地迭代起来，形成良性循环；另一方面也体现了阿里巴巴合伙人制度的成熟，在这种机制的培养下，让阿里巴巴不再是一个基于马云个人魅力的公司，而是由一群有担当有责任的合伙人群里来治理的生态企业。

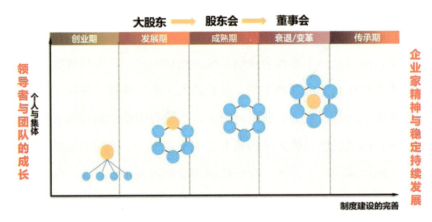

图 9-2-5 企业各阶段控制权的变化与影响因素

另一方面，在股权设计方面，很多企业从一开始就是错误的，比如，有些公司在创业初期，为了显示所有股东的公平性，通常会采用对股权进行五五分、三等分等平均分配方式。这种平分的方式虽然足以服众，避免彼此之间的争执，不过，也可能引发更严重的问题——企业内部没有核心决策人，比如三人平分股权，那就意味着任意两个人都能联手进行决策，公司的战略和发展方向很有可能会遇到未经慎重考虑被更改的问题，日常运营也会纠纷不断，为以后的治理设计埋下了无穷的隐患。

如何解决股东在企业发展过程中所做的贡献与股权合理分配的问题，将是许多企业要考虑的大事。在企业发展过程中有一些创始股东慢慢隐退，甚至不再参与公司经营决策，也有一些股东的价值贡献也越来越大，各方面能力也强于其他创始股东，这时候必定会出现价值创造与回报不成正比的情况发生，各方利益出现不合理的分配现象，如果这时不对股权进行二次分配，股东之间就会产生利益冲突导致矛盾产生，轻则内部发生股权斗争，企业发展必然就会停滞不前；重则股东分家"刀血相见"。所以股东之间需要提前约定股权进行动态分配的机制。如何进行股权二次分配呢，我们建议可以采用以下两种方式：

1. 在职股东具有优先增持权。《公司法》第三十四条约定股东按照实缴的出资比例分取红利；公司新增资本时，股东有权优先按照实缴的出资比例认缴出资。但是，全体股东约定不按照出资比例分取红利或者不按照出资比例优先认缴出资的除外。全体股东可以通过决议修改章程或签订协议约定，未来企业在增资扩股中在职股东有优先认缴权。这样就可以提升在职股东的持股比例，平衡在职股东与非在职股东的利益。

2. 所有股东也可以约定，在职股东还具备成为被激励对象的资格，通过股权激励的方式，对在职股东的贡献和价值创造进行激励，以平衡股东之间根据贡献值大小所获得的利益。

股权分配并非易事，需要经过科学的设计。毕竟，人性是复杂的，股东会因利益一致而携手奋斗，患难与共；也会因利益分歧而互相倾轧，彼此陷害。**股东之间的战争因股权而起，最终也会以股权而终结。**因此，我们一定要牢牢把握公司的控制权，这是股权布局的重中之重。

第三节 股权链接人才、资源与资本

股权是企业的一张王牌，企业的各种资源都与其有着千丝万缕的联系。作为一种纽带，将企业的人才、资源与资本链接在一起，实现共赢，也是在企业内部推行股权激励的重要意义。对企业而言，股权背后链接的是公司的资源配置、利益分配与公司治理，代表着企业共创共担共享的企业文化；对于员工而言，股权代表着打拼与希望，代表着自身与企业、企业家形成利益共同体的趋向。设计好股权，可以助力企业吸引人才、资本与资源，共同做大"蛋糕"，成就的是"创业故事"与中国"合伙人"；而设计不好股权，做不大"蛋糕"，酿成的是"创业事故"与中国"散伙人"。

股权与人才的链接

与股权联系最紧密的莫过于人才了。人才对公司发展的重大意义是不言而喻的，吸引人才、激励人才、留住人才，是很多企业家做股权激励的出发点。

股权激励与人才的关系可以用一张图来直观地展示出来：

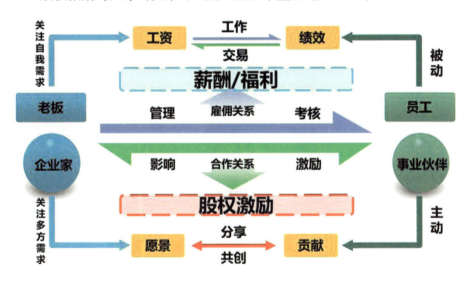

图 9-3-1 股权激励与人才的关系

如图 9-3-1 所示，在传统企业中，老板以自我需求为中心，老板为员工提供的是薪酬，为了获取报酬员工必须达到一定的绩效，这种雇佣关系导致老板与员工之间的利益是冲突的、不信任的，员工是被动地工作，缺乏积极性和主动性。所以老板必须对员工进行管理与考核，这种关系本质上是一种雇佣、交易的关系。在传统企业中，对那些低附加值的员工而言，他们的需求也仅仅是停留在对物质的需求上，更多追求的是现金分红。

　　然而，在如今强调人力资本或者合伙人时代的今天，员工与企业之间有了一种全新的关系。在知识经济时代，企业人力资源管理的核心对象是知识型员工、人力资本型员工、创造力型员工，他们的需求并不仅仅是物质上的需求，更加强调自身价值的实现，只有从他们的需求出发，通过恰当的激励方式，才能激发出他们的创造力和创新能力。他们也不只是被雇佣者，更是企业家的事业伙伴，彼此之间是合作关系。而企业家相对于老板的升级之处在于，他不再以自我为中心，而是以多方需求为中心，以企业的愿景为中心，他追求的是与合作伙伴的共享和共创，他对员工施加的不只是管理与考核，而是影响与激励。这种转变也促使员工产生了心态的变化，员工不再被动地等待分配工作，他们会主动工作，会积极地为企业奉献自己的才智，努力为企业做贡献。

　　通过这张图，股权激励相对传统的薪酬福利手段之间的改进简单而又直接地呈现了出来。通过股权激励，真正实现企业与人才的链接，不但能够激发内部员工的能力与激情，调动员工积极性，提升员工主人翁精神，提高团队稳定性与作战能力，促使内部优秀的人才创造更多的可能性，让他们成为企业转型的中流砥柱，还能吸引外部高端人才，使企业在激烈的人才市场竞争中胜出，实现企业的持续快速发展。

股权与资源的链接

　　以前我们所处的时代，是一个产品为王、渠道为王的时代。谁掌握了渠道，谁就获得了竞争优势。谁能通过渠道把自己的产品推广到消费者面前，谁就占领了市场。然而，随着移动互联网时代的到来，消费者的消费习惯发生了天翻地覆的改变，这使得竞争不只在企业与企业之间展开，还在产业链与产业链之间展开。因此，通过股权激励链接资源，帮助企业整合上下游、打通产业链，变得至关重要。

我们所说的资源，指的是产业资源，包括产业链的上游资源、产业链的下游资源，还包括行业内部乃至跨界的一些合作。用股权来整合这些产业资源，打造股权联盟实现行业内扩张发展，打造跨界联盟实现跨界整合发展，才能实现资源的优化配置，在激烈的经济竞争中取胜。

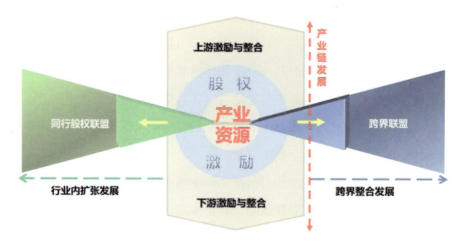

图 9-3-2 股权激励与资源的关系

泸州老窖就是利用股权实现链接企业与产业资源的一个经典案例。通过产业链激励，泸州老窖以自身强大的资本为载体，对上游品牌资源、下游渠道商资源、供应链资源以及营销团队进行整合，成立合伙人平台公司——智同商贸股份有限公司，采用多股东合作模式。在这一模式下，泸州老窖得以将股东的分散碎片化采购需求及资源化零为整，形成规模，从而促成资源的商业化，从而铸就了一个生态型的平台企业。这样的产业链整合，彻底改变了原来上游只想榨取利润，下游索要更多政策支持的博弈局面，也从根本上解决了上下游争夺利益、市场反应慢、库存周期长、随意抛货乱价等酒业存在多年的沉疴旧疾，泸州老窖也因此转型为一家集生物科技、米业、房地产、宾馆等为一体，跨行业、跨地区、跨所有制的大型现代化企业集团。

众所周知，无论企业有多么强大，自身的资源总是有限的。因此，一定要学会通过股权激励链接资源，对社会资源进行整合利用，调动各方的力量为我们所用。掌握股权运作，利用股权来撬动整个产业，我们的企业不但能突破发展瓶颈，还能实现转型升级、联盟共赢，获得长足发展。比如，新三板挂牌企业"华尔美特" 2015 年 10 月 12 日发布"股权激励计划"，将为公司业绩指标做出重大贡献的经销商确定为激励对象；上市公司中也不乏很多对经销商进行股权激励的案例，比如西凤酒、珠江钢琴、日科化学和百圆裤业等。

股权与资本的链接

股权与资本之间的关系是密不可分的。企业的发展离不开资本，而资本投入企业中所产生的价值，都是通过股权来体现的。因此，股权价值倍增的规则，就是资本的核心游戏规则。资本包括金融资本和产业资本两个方面，金融资本可以给予股权两个重要价值，一个是溢价，另一个是定价；资本除了能够带来金融之外，更重要的是产业资本能够带来资源，促进企业业务的发展。总之，企业借助资本解决了发展中的资金问题，也同时能够解决企业发展中资源或业务问题。

股权与资本的关系可以通过下面这张图来体现：

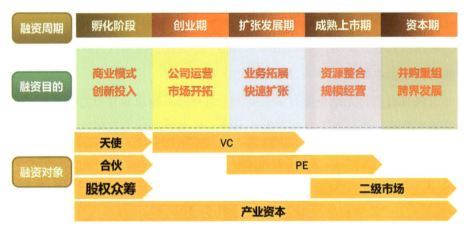

图 9-3-3 股权与资本的关系

　　如图 9-3-3 所示，股权与资本的关系，实际上就是一种股权融资的行为。

　　当企业处于早期的孵化阶段时，股权融资的目的是构建商业模式和募集创新创业资金的需求，这时候面向的融资对象是天使投资人、合伙人、股权众筹、产业资本等。合作伙伴为了成就共同的事业会投入自己的资金；天使基金和产业资本看好企业能够成为生态型的企业，投资的是企业的未来。在孵化阶段，商业模式需要验证，项目还处于试错阶段，这个时候对投资者来说风险越大，回报也越大。比如，徐小平是著名的天使投资人，最初陈欧有一个做游戏平台通过广告赚钱的商业计划，徐小平在天使轮投入了 18 万美元，但是这个项目并没有成功。虽然徐小平的钱是投给陈欧的游戏广告公司的，但是陈欧在创立聚美优品后，把徐小平的权益平移了过来。徐小平在天使轮投入的资金依然得到了回报。

　　当企业处于创业期时，融资通常是为了满足企业日常运营所需和进行市场开拓，风险投资（VC）和产业资本在这个阶段会进入。此时，企业的商业模式经过验证，企业的运营到了快速发展的阶段，资金的用途也发生了变化。在这一阶段，风险相对天使轮会小一些，VC 资金的投入相对风险会小一些。2005 年，成立 3 年的博客网从著名风险投资公司 Granite Global Ventures、Mobius VentureCapital、软银赛富和 Bessemer Venture Partner 等融资 1000 万美元。在 VC 的大量资本进入企业之后，博客网开始了快速扩张。短短半年的时间内，博客网的员工就从 40 多人扩张至 400 多人，因此，公司 60%—70% 的资金都投入了员工工资的发放上，同时还在视频、游戏、购物、社交等众多项目上大把烧钱，千万美元很快就被挥霍殆尽，最终导致博客网难以维持正常经营，最终走向破产。

当企业处于扩张发展期时，股权融资的目的是业务拓展和快速扩张，融资对象是风险投资、私募股权投资、产业资本等。这个阶段企业的商业模式变得更加成熟，经过 VC 资金的投入，企业开始了快速发展阶段，为了支撑其发展，需要资本的不断投入。此时，私募股权投资（PE）开始进入。PE 的资金则相对更为保守，对于项目的认可更加谨慎，必定在进行了大量尽职调查之后才会投入资本，所承受风险则相对较小。百度、腾讯、阿里巴巴也都曾借助私募股权投资的资金支持，成功拓展市场，打败竞争对手，实现上市。

当企业发展到成熟上市期时，股权融资的目的是资源整合和形成规模性经营。融资对象是私募股权投资、二级市场、产业资本等。此时，企业的业务再上一个台阶，不断地有 PE 资金进入，企业的股权价值不断溢价。这个时候的 PE 投入的资金则相对较大，能够很好地助力企业的快速发展。

当企业处于资本期时，股权融资是为了并购重组和跨界发展。融资对象则是二级市场、产业资本等。在企业发展到后期，多数企业为了做大产业链和生态链，都会去寻求资本市场的助力，通过并购重组实现上市或者通过 IPO 走入资本市场。

在企业的每一个阶段，融资目的都是不同的，融资对象也不同。众筹形式是一种新的融资方式，通过对社会公开的募资，帮助项目从创业期走向成熟期。比如，3W 咖啡在创立初期是通过股权众筹形式进行融资的。2012 年，由许单单、鲍春华、马德龙三名创始人创建的 3W 咖啡通过微博招募原始股东，其众筹模式为：向社会公开募资，每个人占有 10 股，每股价值 6000 元，相当于每个股东出资 6 万元。当然，3W 咖啡对股东还进行了一定的考核，只出资 6 万元是不够的，要想入股必须满足一些条件。比如，3W 咖啡将股东的范围限定在了互联网创业者以及投资人领域。3W 咖啡很快就吸引到了一批领军企业家、知名投资者、媒体意见领袖加盟，比如创业街杂志社社长牛文文、红杉资本创始人之一沈南鹏、贝瓦网创始人杨威、新东方 (EDU) 的联合创始人徐小平、雪球财经创始人方三文、腾讯联合创始人曾李青等。这些股东不是想要通过这 6 万元来获得投资收益，他们更看重的是 3W 咖啡汇集的人脉关系所带来的回报。如果这些股东能够通过 3W 咖啡获得一个具有较高潜力的投资项目，其所带来的收益是不可估计的。从这个角度来说，这正是 3W 咖啡对资本的股权激励。资本被引进到企业中，从本质上来说就是一种对资本的股权激励。

产业资本是贯穿于整个产业链的，产业资本从创业初期就开始关注企业，更多的是为了完善整个产业链，通过上下产业链的打通，借助产业资本，可以实现企业股权价值的递增。

因此，对企业来说，一定要重视股权与资本的关系，要善于利用股权来筹集资金，盘活市场，促进企业发展。否则，如果你的企业没有资本的助力，成长速度必然不会很快，商业模式得不到迅速的迭代，那么早晚都会被淘汰。而那些借助资本力量的企业，在企业发展过程中借助金融和资源的推动，企业的发展速度会更快和更顺畅。比如，打着新零售标签的咖啡新物种瑞幸（Luckin Coffee）变身独角兽只用了半年时间，瑞幸咖啡通过股权融资、股东贷款、银行授信、融资租赁等多种方式融资。2018 年 7 月 11 日，瑞幸咖啡宣布完成 A 轮 2 亿美元融资，投后估值 10 亿美元。大钲资本、愉悦资本、新加坡政府投资公司（GIC）和君联资本参与了本次融资。由此可见，插上资本的翅膀之后，一个新兴企业的腾飞也许仅在一夜之间。

第十章

股权激励与顶层设计系统关联

上一章中已经清楚地解释了股权激励与顶层设计融合的重要性，这一章将从四大模块逐个解析股权激励与顶层设计的系统关联性。

第一，首先，商业设计是股权激励的原点。股权激励的目的是实现商业价值和战略目标。今天信息技术的发展带给了社会深刻的变化，很多商业的生态也发生了巨变，在这种情况下，企业应该不断优化商业模式，进行前瞻性的战略规划，通过决策推演验证商业逻辑，理清企业如何创造价值的商业逻辑。商业设计与股权价值息息相关，没有价值的商业模式，股权也没有价值，激励效果无从谈起。

第二，治理设计为股权激励做好布局统筹。许多企业股权激励没有考虑表决权、治理权时，往往因为合伙人意见不统一、利益分配不均衡，导致权力斗争、影响公司决策甚至法律纠纷，这其实是企业治理结构的问题。因此，实施股权激励还要解决企业顶层的治理设计，从而保证企业的长久平稳的发展。

第三，通过组织规划可以实现内部激励。股权激励的周期通常都是长达几年的，需要经历一个很长的过程。要做好内部股权激励，需要考虑：战略规划，公司的组织结构如何设计和演变？部门、岗位、人才需求预测将会发生什么样的改变？在股权激励的对象、额度、进入条件、行权条件上需不需要预先做一些设计以免总是临时调整手忙脚乱？这就需要做好组织规划。组织规划不是简单的人才的概念，而是从组织的高度，解决组织需要什么样的人才、怎么定岗定编、如何做到人力资源规划、未来人才如何储备等核心问题，从而实现企业的内部激励。

第四，通过产融规划可以实现外部激励。不仅内部员工是我们的股权激励对象，上下游供应链和其他合作伙伴都可以是我们的激励对象。资源和资本是企业发展过程中必不可少的因素，运用股权最大限度地整合资源、资本，才能加速企业的腾飞。那么，企业的业务蓝图是什么？哪些资源或合作伙伴需要股权激励？企业的资本规划是什么？在这个资本规划下，企业的股权价值是如何发展的？如何实现在产业链中纵向横向的整合？如何做业务的布局、如何完成跨界的发展？要解决这些问题，产融规划就显得尤为必要。做好产融规划，企业的外部激励才能得以实现。

第一节 价值性：商业设计与激励原点

图 10-1-1 商业设计与激励原点模型

股权激励为什么能激励人？因为大家能看到股权现在或未来的巨大价值，如果企业股权的价值不大，或者有价值但大家都没看出来，那么，股权激励的效果就会大打折扣，甚至根本实施不下去。

2012 年，国内高端女装企业朗姿股份在上市后，即推出股权激励计划，激励对象包括高层、中层管理人员及核心骨干共 60 人，计划授予激励对象近 260 万股的股票期权，激励金额达到 7000 多万元。然而，在股权激励计划公布后，公司副总经理、财务总监、董秘等公司高管却放弃即将到手的上市公司股权激励不要，纷纷离职，以至于朗姿股份在 2012 年 6 月公布的股权激励计划，在 2012 年 12 月份不得不宣布终止，上演了一出让常人不可理喻的股权激励故事大片。

上市公司的股票一般都会受到企业内部员工的热衷，为什么朗姿股份会出现把股票给激励对象，激励对象反而像拿到烫手的山芋一样纷纷扔掉呢？并不是这些离职的高管不懂朗姿的股权价值，正是因为他们太清楚朗姿股份当时的企业情况与股权价值了，才果断放弃。从 2011 年起，整个纺织服装行业就面临着行业整体行势下行，服装行业的十几家上市公司的股价都在一路下滑，而朗姿股份 2012 年 6 月推出的股权激励方案中行权价格为 35.40 元，到 2012 年 7 月时，股价就已跌破行权价，且仍在持续下跌中；另外，面对行业下行趋势，朗姿股份在商业模式创新、战略发展方面也没有让激励对象产生信心的积极有效的措施，所以才会出现"不给股份员工还在公司干，一给股份员工反而跑路"的令人尴尬的局面。

前海股权事务所、中力知识科技的一家会员企业，主要从事大型场所的 WiFi 综合解决方案业务，2015 年利润在 1000 多万元，且仍在高速发展中，是一家非常优秀的企业，企业计划在 3—5 年内能够在创业板上市。2016 年企业实施股权激励方案时，公司给核心员工分配了一定数量的股份，员工却不以为然，特别是技术部的张总监，对公司给予他 0.5% 股份表示出不满意的情绪，认为公司太小气，给的股份太少了，一气之下准备辞职。考虑到张总监是企业的一个关键技术人才，若离职对企业的影响较大，公司董事长李总非常想挽留，但是同时也觉得很委屈，他认为股份已经给得比较高了，张总监为什么还不满足呢？无奈之下，李总邀请专家们去企业现场辅导，解决问题。

专家们在企业进行了一系列的调研与访谈后发现，张总监之所以觉得股权激励给的股份太少，主要是因为他参照了他身边的一些朋友的股票数量。张总监提及："我的很多朋友在别的公司做跟我类似的职位，他们也做股权激励，这些人都是至少拥有 3%、5% 的股权的，甚至还有 10% 的，而我们公司才给我 0.5%，我简直都没脸说出去；还有，公司去年才 1000 多万元的利润，按照我这 0.5% 的股份，到年底最多也才能分到几万块，还不如平时发个年终奖呢，现在这个股权激励还要我掏钱去认购，对我来说没什么意义？"

专家们了解到这一情况后立即明白了问题的症结所在：企业在自行推行股权激励时，由于缺乏专业指导，很多关键环节未做到位，员工对股权激励认知产生偏差，才导致这些情况出现。认知的偏差主要表现在以下三个方面。

第一，股权知识认知不一致，导致思想不统一，对方案不认可。企业在实施股权激励前，未对激励对象进行相关股权知识的培训宣导，员工对股权激励的看法基本是道听途说或是在网上搜索了解到一些零碎知识，对股权的价值基本停留在分红层面，对股权的增值、溢价没有考虑过；

第二，对企业未来发展不清楚，缺乏信心。企业没有向员工清晰地说明企业的战略发展规划特别是未来的资本规划，员工并不了解公司未来的股权价值；

第三，对股权未来收益不了解，激励动机不足。企业未对激励对象进行股权价值测算，对员工未来的股权收益没有准确的预估，员工对未来的股权价值没有想象空间。

基于了解到的情况，专家们指导企业采取了一系列的补救措施，并给全体员工进行了一堂股权激励知识的普及培训，树立正确的股权认知。当张总监了解到公司未来的资本规划，未来公司若顺利 IPO，按行业平均市盈率计算，自己那 0.5% 的股份，价值都将超过 1000 万元时，他终于不再提起离职的事情了，并与企业同频共振，付诸行动，帮助企业不断优化技术。

上面两家企业的情况并不是特例，在股权激励中，不是企业家有胸怀有格局，只要舍得分股份，就万事大吉的，在实施中，其实经常会遇到这些的问题：

1. 企业家们认为自己企业的股权很有价值，但激励对象并不认可或不知道，在实施股权激励时，员工总认为企业给出的股权行权价格太高，甚至会认为企业家在薅员工的"羊毛"，所以员工对股权激励方案并不感兴趣，甚至敬而远之。

2. 企业进行了股权激励，但是业绩却没有提升。企业家原本认为股份分出去，员工必定受到激励，公司业绩就会不断地增长，但没想到实际业绩可能还是老样子，令企业家怀疑股权激励的效果。

3. 员工想要参加企业的股权激励，但不知道未来回报是多少，而企业家也说不清楚，最后只能是再三强调要相信企业，导致员工犹豫不决，不敢参与股权激励计划。

4. 在设计股权激励方案时，企业家对未来预期过高，没有考虑到未来可能存在的财务风险，导致实际运行时难以实现，令员工对股权激励、对企业、对企业家产生信任危机。

……

这些问题，其实就是要回答：企业的股权到底值不值钱？为什么值钱？如何让员工了解并相信企业的股权价值？如何让员工了解未来的股权收益，从而让员工认同并参与股权激励计划，与企业家共同拼搏奋斗？一个没有价值或员工认为没有股权价值的企业，即使做股权激励，效果也差强人意甚至根本没有意义。

这些问题，从根源上看，与企业商业模式密切相关，与企业的战略发展规划密切相关，与企业的股权价值预测推演密切相关；在前海股权事务所、中力知识科技的顶层设计理论体系中，即是与企业的商业设计密切有关。

企业的商业设计是企业股权价值的集中体现，是企业进行股权激励的原点。商业设计对股权激励产生三大作用。

首先，通过商业设计统一团队思想。

企业在经营过程中，不怕管理团队意见不一致，就怕意见模糊一致。什么是模糊一致？就是表面上大家对企业经营方向与战略决策都是赞同的，但一旦深究到具体的执行细节，就会发现原来很多人的意见是不一致的，主要是因为执行时因细节理解的不一致而出现偏差。

意见明显不一致时，可以通过多次多角度的沟通最终达成意见一致，但模糊一致却是不容易发现的。这种模糊一致由于具有隐蔽性，给企业带来的不良影响有时比意见不一致更严重。

2017 年 8 月，前海股权事务所、中力知识科技在山东一家环保企业做企业诊断时，发现该企业战略规划做得还不错，有比较清晰的公司 3 年经营目标和各部门具体绩效指标、各职能战略工作计划。对此，在与该企业董事长张先生沟通时，他也非常自豪，公司每年都会组织各部门负责人、高管团队和老板一起的战略研讨会，确定经营的重要方向；但在问到战略目标的执行结果如何时，张董就比较生气，抱怨管理团队执行力太弱。

但我们诊断小组在与部门负责人一对一交流沟通后，却又是另一番理解。他们反映公司的战略研讨会基本都是张董直接给出框架、布置任务、提出要求，仅个别地方征求一下大家的意见；大家只是对一个已经基本明确的结果进行表态，加上张董一贯的强势管理风格，大家也都习惯了，久而久之，大家也就懒得多思考了，就算是个别人心里对一些决策有不同想法，也不会轻易表现出来。因此，就导致了会上大家都是意见一致的，但会后在实施过程中遇到一些细节问题，每个部门负责人会不自觉地把个人的理解加进去，才会出现各种各样与张董心目中所想的不一致的偏差。

这种模糊一致的现象，表面上看是管理团队的理解力、执行力问题，根源上是因为在决策时，管理团队未进行充分沟通讨论，各人的观点未表达出来，未能及时在决策前就充分交流，提前达成一致造成的。一个人，只有在自己充分理解并认同的情况下，工作的执行才是最有效的。

在实施股权激励时，由于激励对象都是公司的核心骨干人员，他们对公司未来的经营发展方向思路是否与企业家达成一致会对股权激励的效果产生重大的影响，也对公司未来的经营发展产生重大影响。试想：核心团队都不能统一思想，同心协力，企业经营如何快速发展？

因此，前海股权事务所、中力知识科技强调，**实施股权激励要基于顶层设计，通过梳理或优化公司的商业设计，企业家与激励对象就公司的商业模式、战略发展规划进行充分交流讨论**。这个讨论的过程，其实就是一个大家充分表达意见、集思广益、统一思想、最终达成充分一致的过程，这样集中了大家智慧的商业设计结果，能够获得激励对象发自内心的认同和对未来发展的信心，为股权激励的成功实施首先扫除了激励对象的思想障碍。

其次，通过商业设计明确股权价值。

为什么有的企业推行股权激励，员工的兴趣不大？很重要的一个原因是企业的股权价值太低或员工看不到企业的股权价值发展。

商业模式是企业股权价值衡量的重要影响因素。如果企业本身属于新一代信息技术、高端装备、新材料、生物技术、新能源汽车、新能源、节能环保、数字创意等战略性新兴产业中的一份子，处于国家重点鼓励扶持的风口，企业产品与内部管理也有竞争优势，则企业的股权价值相对比较容易得到内部员工、外部投资机构的认可。

但很多传统制造业，商业模式老化，净利润低于10%，甚至不到5%，如果未来股权没有增值空间，员工参与股权激励，把钱投在这样的企业，还要搭上青春和热血，能得到什么回报呢？把钱存在银行的利息收益不是比参与股权激励的收益又高又安全吗？所以，作为企业家，不要抱怨员工对你的股权激励不领情、不懂得感恩，而是要反思自己企业的商业模式具有多少股权价值，以及如何提升企业的股权价值。

可能有的企业家会郁闷：我的企业现在就是属于传统制造业，现在行业竞争这么激烈，企业净利润能保住不下降都不错了，很难指望提高，这是不是意味着我们传统制造业或低利润的行业不能做股权激励了？当然不是的。对于传统制造业或目前利润率较低的行业，一方面，前期可以通过在职分红、超额分红等激励模式，挖掘内部潜力，提升企业的精细化管理能力；与此同时，探索企业商业模式的优化、创新之路，运用新技术、新模式，寻找转型升级的突破口，通过商业模式的升级从根本上提高企业的股权价值，在后期再实施期权、期股等激励模式。在这方面，青岛的红领集团，通过运用互联网技术、大数据应用等，实现了标准化、规模化服装定制，走出了一条传统制衣企业的商业模式升级之路，成为行业标杆。

同时，企业也可以通过**从企业、行业、产业和跨产业**的拓展，从低维度到高维度商业模式的升维，实现更大商业平台的打造。不同的商业视野和商业模式，又对应着不同的股权价值以及相应的激励模式。在企业视野上，企业根据被激励者的贡献，享有与股东一起分享公司利润的权利，拥有公司的分红权。在行业视野上，企业被激励对象的股份，可随着公司资产的增长，股份的价值随之增长，这时候被激励对象拥有更大的股权溢价空间。而站在产业和跨产业视野的公司，被激励对象的股份，可随着融资、上市股份的溢价，价值同步增长，被激励对象在此阶段拥有企业的溢价权。由于商业模式直指股权价值，所以这些企业即使暂时没有利润，但是未来有巨大的股权价值，比如 Amazon、京东，因为它们的商业模式值钱，所以得到了大量投资机构的青眼相待。因此商业模式不同，企业的股权价值也就不同，对应的企业激励方式也不同。就如京东等公司，在股权激励方式上，就不适用于超额利润分红，而更多地反映在未来的溢价，比如可以选用限制性股票的激励方式。只有员工看到了企业的股权价值，才能够认可企业的股权激励方案，真正的被激励，激发出创造才能，帮助企业发展。

前海股权事务所、中力知识科技会员——湖南宝信云建筑综合服务平台股份有限公司，将计算机网络技术与建筑设计、设计管理等结合，自主打造了"宝信云建 V4.0"大规模行业协同平台，整合建设方、设计方、施工方、材料供应商等多边资源，搭建一个健康、良性发展的建筑行业生态圈，走出了一条传统建筑设计公司的商业模式升级之路。2015 年 1 月在新三板成功挂牌，成为中国新三板首批挂牌建筑设计院、中国设计平台第一股、新三板成分指数股。2017 年，该公司运用互联网思维，进一步孵化出"宝家乡墅科技"新项目，进行了"别墅标准化，在网上卖别墅"等大量的创新，企业实现了突飞猛进、跨越式发展。企业优秀的商业设计与良好的发展态势会让员工看到企业股权价值的发展方向。

有了好的商业模式，企业的股权价值就一定能发展好吗？同行的企业商业模式基本相同，为什么有的企业活下来了，活得很好，而有的企业活得很艰难甚至消亡了呢？这就涉及企业经营管理能力，其中战略规划是重要的一环，它不仅是商业模式的落地实施计划，也是企业股权价值的实现路径和步骤方法。我们最终想要达到什么目标（愿景）？我们未来的三年经营目标是什么？为了实现这个目标，每一年的经营重点是什么？我们的市场如何扩大？我们的产品要如何研发？我们的组织要如何适应？我们的人才要如何发展？为了实现这些目标，各个部门应如何发展？今年的重点工作计划是什么？……

通过战略行动目标计划的制订实施，商业模式的价值性，一步步地具体落地实现；

有了清晰可行的战略规划，商业蓝图就不是一张可望不可即的"画饼"，只要大家齐心协力将每一件工作落实，商业蓝图指日可待，这意味着我们实施股权激励，员工参与股权激励的前提得到保障，激励对象自然也就信心满满。

孙子曰："夫未战而庙算胜者，得算多也；未战而庙算不胜者，得算少也；多算胜，少算不胜，而况于无算乎！"

当我们的商业模式设计或优化好，战略规划制订好后，在实施股权激励时，我们可能会面临着这样的疑惑：

企业股权价值与实际价值创造的逻辑是否正确？

方案想的是很好，但没有进行财务测算，会不会出现激励对象的行权预设目标都达成，但实际激励效果却不理想？

我们没有对未来企业股权价值进行分析与呈现，激励对象对未来回报还是半信半疑怎么办？

股权激励没有结合公司未来的价值经营，股权的价值打折扣或没有发挥出来怎么办？

决策推演，就是通过分析商业模式实现的可能性，预测财务收益和风险，预估股权价值，让激励对象可以认识到股权价值的发展。

在股权激励的实施过程中，经常发生激励对象对授予的股份额度嫌少的情况，"才给我 1% 呀，这么一点点，老板太小气"。之所以出现这种误解，就在于缺乏明确的股权价值预测，员工对授予他的股份价值没有直观的感觉。

企业的股权收益包括：股权分红、股权增值、股权溢价。如果我们通过财务预测，按照我们的战略规划目标，一步步实现的话，员工这 1% 的股份，未来的股权价值预计达到 2400 万元以上，这还不计每年的 1% 的股权分红收益，员工还会嫌 1% 的股权少吗?

图 10-1-2 激励对象高管 1 股权价值预测

可见，商业设计综合体现了企业股权价值的呈现、运营、预测，是企业进行股权激励的原点。

再次，通过商业设计吸引优秀的志同道合者。

什么样的平台，就吸引什么样的人。越大的平台，就能吸引越高层次的人才。我们常听到这样一个段子 **"如果你搭建的是一棵梧桐树，你吸引的就是金凤凰；如果你仅仅搭建一个鸡窝，那只能吸引几只野鸡"**。虽说这有点开玩笑但也给我们提示平台价值和平台远景的重要性。

企业的商业设计，展示的就是企业是一个什么的平台，未来有多大发展潜力空间，这对吸引优秀人才，让优秀人才乐意通过股权激励与企业捆绑为一体的十分重要的前提。

平台够大，外部优秀人才也会为你所用；平台太少，内部优秀人才也会弃你而去。

同时，在企业的商业设计中，也明确了企业的使命、愿景、价值观等，认不认同企业的使命和愿景并愿意为之奋斗？认不认同企业的价值观并愿意为之践行？这也是一个筛选合伙人的标准。通过商业设计，实际上也是一个吸引、筛选志同道合者的过程。

前海股权事务所、中力知识科技认为：企业应将员工当风投看。外部风投机构投入的只是资金，而且这还从他人处募集来的资金，但员工参与股权激励，特别是期权、期股、实股这些需要员工投钱的激励模式，实质上意味着员工成为企业的内部投资者，他们不仅真金白银地投钱到企业，而且还要投入他们的青春年华、才华智慧和事业梦想。所以，企业有责任让激励对象这一内部 VIP 投资者，清晰地看到企业的商业设计，了解企业的股权价值及股权价值实现的路径，对股权投资可能的风险有思想准备，对未来的收益回报有具体量化的预测，双方坦诚相待并齐心协力，股权激励才能达到最佳效果。

最后，价值／财务推演将有助于股权激励效果落实，规避失败风险。

股权激励需考虑财务推演，我们特别强调价值和财务推演的重要性，很多企业往往会忽略这个问题，就会导致激励对象对股权价值认知度不够，在对激励方案的满意度上会大打折扣，甚至出现不愿意行权的情况。比如，有一个企业，老板跟员工说今年按照利润 20% 拿出来做股权激励，结果到年底的时候，财务人员算一下账，公司盈利是 1000 万元。老板就找财务人员说："今年我们应该要分红了，如今我们盈利 1000 万元，按照我们原来计划应该是拿 200 万元出来给大家分红。"结果财务人员回答："老板，账上只剩下 500 万元，如果拿了 200 万元只剩 300 万元，只够两个月的开支。"老板一听傻眼了，为什么盈利 1000 万元，账上只有 500 万元，因为那是账面盈利，另外 500 万元是应收账款，还有库存。那就只能递延支付。这就是财务推演中会遇到的账面是盈利的，但实际没有现金流的情况。提前推演才能有的放矢，制定股权激励方案时也不至于因为考虑不周而言而无信。

前海股权事务所、中力知识科技为企业进行咨询的过程中遇到一个公司资产有 300 多亿元，但是一年只有 800 多万元利润，这个公司让员工认购股份，员工肯定是不大情愿的，同样的道理，这样的公司也难以融到资金，更不要提上市了，因为它的股权没有价值。

从投资角度来说，老板让员工购买股份，员工也一定会想想，我花钱购买公司股份，投资进去的钱未来能增值多少，也就是考虑投资回报率的问题。有一次一个企业的高管就问老板："老板，你让我购买公司股份可以，公司股份我要花 100 万元购买，100 万元现金目前我掏不出来，如果要购买公司股份，必须把房子抵押去购买股份，房子抵押肯定要利息。老板你现在让我投 100 万元，我银行贷款要 7 个点，你能告诉我，我每年投 100 万元，企业能给我多少回报？目前公司每年大概 6% 的盈利，意味着我每年投 100 万元下去，每年只能分红 6%，也就是 6 万元，但是我成本是 7 万元。老板算了，我还是拿钱再去买一套房子，可能增值还快一点。"老板无话可说。因此不管是找风投投资，还是让员工购买股份，企业都要考虑未来企业挣不挣钱，值不值钱，如果从财务角度不解决这个问题，员工也不会愿意买企业的股份，这是最现实的。

现在很多企业负债很高，一旦银行断供，企业的资金链就会断裂，因此老板必须对公司财务进行预判，提前具备抗击风险的能力。举例来说，天津的一家公司，曾经显赫一时，为石油行业提供石油管道配件，于2015年挂的新三板。早在2012年该企业就实施了股权激励，当时老板信心满满，对员工说："兄弟们，你们尽管购买公司股份，企业拿出10%股权做股权激励。如果觉得未来有风险，我来兜底，什么时候把股份还给我，我都按照当时的价格买回来。"有信心是好事，但是过于自信就不是好事了。在这种强调共享而忽略共担的语境下，员工自然把股权激励当成一种投资行为。看一下这个公司的财报即可得知，2013年利润是6000多万元，2014年利润是一亿多，员工也从中得到了丰厚的回报，但是到2015年的时候，整个石油行业经济状况往下滑，企业亏损4000多万元。到2016年业绩下滑到只有3000多万元，企业亏损一个多亿，由于企业是新三板挂牌企业，这种业绩情况下股票没有过多的交易，价格维持在7元多，这时候员工就想公司利润亏损，肯定没有分红，趁着股票价格还可以，赶快把股票套现。可是由于新三板流动性不强，这样的公司利润也没有外部投资者会接盘股票，这时候员工突然想起老板曾经所说的话，很多员工纷纷找老板说："老板过来兜底吧！"此时的老板哭笑不得，心里非常郁闷："公司挣钱了大家共享一起开心，现在公司暂时出现问题为什么要我一个人承担？这股权激励到底是怎么了？大家都是股东不是要一起共担吗？"因此财务做股权激励之前一定做好财务预测，把收益和风险都说在前面，同时有效做好风险把控。并且，股权激励一定要做到共享、共创，还有共担，不然到最后老板成为"接盘侠"。

第二节 安全性：治理设计与股权布局

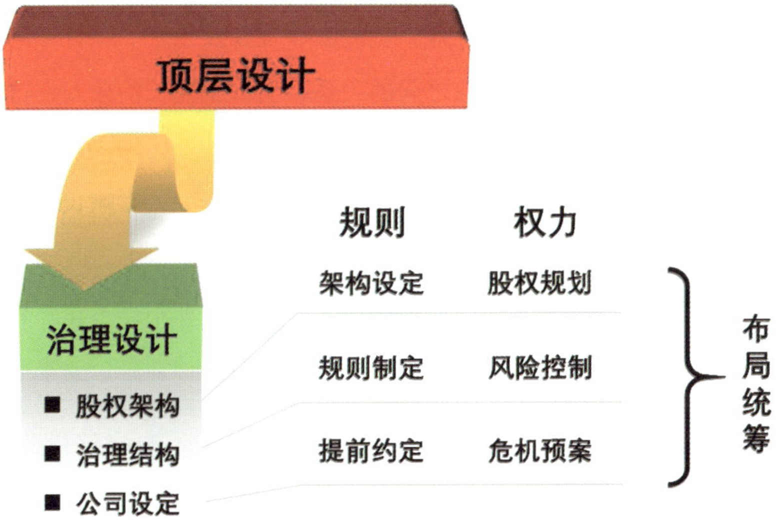

图 10-2-1 治理设计与布局统筹模型

以期权、期股、实股等模式进行股权激励，相当于增加了一批新的股东，如何保障股东大量增加而企业治理不乱，依然稳定，这是实施股权激励必须要考虑的问题。如果没有进行严谨的治理设计，很容易出现问题：

1. 实施股权激励后，激励对象以股东自居，经常对企业的经营管理进行干预，影响企业决策；

2.激励对象成为股东后，任性妄为，如需要全体股东签字的文件迟迟不签，影响公司经营决策；

3.股权激励释放的额度既没有达到激励性又影响到了企业家的控制权；

4.没有设定股权激励的行权和退出机制，股权风险无法避免。

……

因此，实施实股激励时要做好公司的治理设计，在股权结构、治理结构、公司章程等方面提前布局统筹，从过去、现在及未来，综合考虑创始股东外部投资机构、与激励对象之间的关系，实现企业长治久安，这是每个企业家必须慎重周密去考虑的问题。

由于股权一旦授出，具有法律保障性和不易更改性，影响长远，要调整起来难度非常大，即使调整过来，付出的代价可能也很大。我们在长期的咨询辅导中，见到了太多因前期股权授予草率，后期不得不花几百万元甚至上千万元的代价来弥补纠正的案例，而且耗时伤神，令企业家痛心疾首。

深圳某企业的刘总，在认识前海股权事务所、中力知识科技前，引进了一个高级 IT 人才张某，除了高职高薪，还给予 5% 的实股激励，可谓诚意满满。可是没到一年，刘总发现张某居然还在利用公司资源干私活，单独找他沟通劝止，张某表面答应，背后仍然我行我素，在多次沟通无效的情况下，刘总只能解聘张某。但张某的股份早已工商注册成为事实，并且由于之前给予股权激励时，没有签订相关协议，没有明确约束条件，刘总想收回这 5% 的股份时，张某便漫天要价，双方僵持不下，久拖不决，其间公司经营涉及需要全体股东签字的事项，张某百般拖延不配合，搞得刘总痛苦不堪，最后，不得不花几百万元高价回购张某的股份了结此事。

因此，实施股权激励，特别是涉及最后会转为实股的激励，一定要全面统筹考虑，做好长远布局。

首先，以终为始，确定股权激励的释放总额度。可根据公司的战略规划和资本规划，结合未来的控制权设计，倒推需要进行几次融资，每次预计需要多少钱？需要释放多少股份比例？等等，确定本次最多可以释放的激励额度，避免股权释放的随意性导致的控制权风险。

其次，从控制权设计的角度，考虑股权激励对象的持股方式。股权激励中，激励对象的持股方式一般有自然人直接持股和通过持股平台持股两种方式。自然人直接持股简单好操作，激励对象满意度高，但对于公司治理带来不便，一旦激励对象人多，则困难大增。例如有 30 个自然人股东，若要全体股东签一份文件，可能需要很长时间才能签字完毕，影响公司的决策效率，若是其中有几个股东出差、出国或闹情绪等，签字就成了一场灾难。若采取持股平台的方式进行间接持股，则由 GP 代替其他众多 LP 行使股东权利，从公司治理的角度出发，则操作简单方便，但对激励对象而言，由于是间接持股，公司股东名册上不能直接显名，对激励对象的心理上不是很舒服。而且，未来股份退出变现时，都需要通过持股平台，手续略显麻烦，这需要进行前期沟通，达成共识。

再次，设定股权激励的退出机制，进一步完善公司的治理规则。对于股权激励对象而言，其股权的进入与退出，涉及股权的变更，需要在公司章程的基础上，设计出完善的退出机制，通过股权激励协议完整地体现出来。

最后，设计股权动态激励机制。股权激励不是一锤子买卖，而是一个持续不断的过程，进行多阶段、多层次、多对象的激励，通过股权激励方案的动态科学设计，让核心员工、中高管，以及创始股东都受到激励得到股份，贡献越多者增持股份越多，使得包括创始股东在内的激励对象间的股权比例结构变得更加合理，即使在前期股权结构有不合理的地方，也可以通过这个方式逐步弥补。

股权纷争特别是创始股东们之间的股权纷争，大部分都是觉得当前在企业发展过程中的贡献值与前期定下的股权比例不匹配而产生不满导致的。在创业开始时，一般都会是根据大家的投资多少定下股权比例结构，但随着企业经营发展，各人的能力不一样，在公司发挥的作用也不一样，产生的贡献不一样，如果仍然锁定创业之初的股份比例，对于前期股资少但后期为公司贡献大的人，内心自然产生不满，创始股东之间的矛盾也就悄然埋下。因此，动态的股权激励机制设计，是从根源上减少股权纷争的有利措施。

良好的公司治理设计，也意味着股东之间的责、权、利是清晰的，有利于公司的稳定持续经营，给激励对象带来安全感，从而利于股权激励的实施。

第三节 系统性：组织规划与内部激励

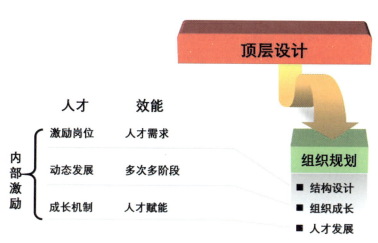

图 10-3-1 组织规划与内部激励模型

2017 年 8 月，前海股权事务所、中力知识科技的专家们在为江苏南通一家企业进行诊断时，老板秦总诉说了他的烦恼：企业早在 2015 年就给公司的 16 名中高层管理人员做了股权激励，一共释放了 20% 的股份，释放的额度较大，而且采取的是自然人直接持股方式，希望大家齐心协力，共创共享。刚获得股份时，秦总发现大家的工作精神状态确实不一样，干劲十足，但是，半年过去后，秦总开始郁闷了，因为他发现公司的销售业绩、生产效率等关键指标并没有明显的改善，于是他经常在干部会议上强调提醒大家要有股东意识、要全力以赴，然而，情况依然，于是秦总经常在心里嘀咕：股权激励好像并没有起到激励效果。

后来，公司陆续提拔了三个中层干部，秦总心里实在纠结要不要给他们也做股权激励，不给吧，前面的管理层有股份，这三个人没有，似乎内部不公平，也影响这三人的积极性；给吧，很怕又出现股份白白给出去没有什么效果的情况。

前海股权事务所、中力知识科技的专家在与该企业的中高层管理人员进行一对一深度沟通时发现：该企业有十多年的发展历史，里面的中高层管理人员基本都是跟随秦总七八年甚至十多年的老员工，对企业的忠诚度非常高，工作也是比较敬业的，但是企业人力资源管理水平很薄弱，各种专业学习培训特别是管理培训的机会很少，管理者的管理意识和思维欠缺，管理知识技能严重不足，中高层管理人员基本是靠自己的经验在管理，平时主动自我迭代学习的人几乎没有。也就是秦总经常会外出参加各种培训学习，回来有时在会议上跟大家分享一下，但都是碎片化的知识吸收，大家听完也就算了，中高层管理人员长期处于一个封闭、停滞成长的状态。实施股权激励后，大家主观上都是希望更努力做得更好的，但客观上，由于能力没有改变提升，出现了典型的心有余而力不足的现象。

而且，为了开发新产品，秦总还准备从某研究所挖两个高级研发人员过来。为了招揽这两个研发人员，除了高薪外，秦总也准备给他们股份，以激励并稳定人才，股份比例还不能太小。

但是，秦总突然尴尬地发现：他现在是53%的股份比例，如果再做一轮股权激励，对新提拔的3个中层干部和2名研发人员给予股份，他的股份比例很快将低于50%，失去对企业的绝对控股权。这种情况如何处理？让秦总很是纠结。

秦总遇到的问题是具有典型性的，主要是由于他在实施股权激励过程中，更多的是考虑眼前，点状问题，缺乏系统的思维和动态的思维，在员工持股方式、股份预留、控制权设计、组织发展、人才发展等方面都有做得不到位的地方，才导致现在的局面；实施股权激励时，我们要思考以下问题：

1. 为了实施我们的战略目标，我们的组织发展规划是什么？我们的组织架构能适应现在和未来 2—3 年的发展需要吗？需要调整吗？大概什么时候调整？计划怎么调整？

2. 我们现在应该激励哪些岗位哪些人？未来还会激励哪些岗位？要不要预留股份给未来的岗位？如何留？留多少？

3. 只要做了股权激励，企业业绩就会自然往上升吗？当激励对象获得股权激励后，主观上他想提升业绩，客观上能力不足达不到，怎么办？如何进行人才发展以与股权激励互相支持配合达成经营改善提升的目标？

……

这些问题，归根结底与企业的组织规划有关，通过企业顶层设计中的组织规划，能有效地解决股权激励中如何确定激励对象，如何通过组织平台设计和人才发展提升激励对象的效能使股权激励效果最大化的问题。

股权激励既要考虑需要激励的关键岗位，也要考虑该岗位的负责人是否达到激励的标准，这就要求我们认真审视我们的组织结构。在现有的组织架构上，梳理出影响组织效能的关键岗位，根据战略规划的需要，确定是否需要调整组织架构，从而促进战略目标的实现。每次的股权激励都具有一定的周期性，要考虑做股权池预留部分股份，进行周期内的动态调整，以满足各个激励对象的需求或者为后期进入企业的关键岗位的人才进行预留。

同时，在组织发展的过程中，组织所处的阶段不同，不同岗位在企业的重要性也不一样，需要的人才类型也不一样，因此，股权激励也要根据组织所处的发展阶段，有所侧重地对岗位和人才进行激励。

股权激励能够激发员工的内在驱动力，但无法从根本上解决员工的能力成长问题。在股权激励中，通常都伴随着具有挑战性的行权条件，这不仅需要员工有更高的工作主动积极性，也需要员工能力不断提升。能力的提升，一方面，需要激励对象主动学习，自我成长；另一方面，企业需要建立人才发展的机制，推动他们成长；再一方面，激励对象的上级要给予他们持续的指导赋能，帮助他们成长。总之，企业家千万不要认为只要给了股权激励，只要设定好行权的绩效目标，就可以坐等收获成果了。

很多时候，就算有了股权激励、就算人才发展体系建得很完善，企业仍然达不到既定目标。而像海尔的"倒三角"组织形式、韩都衣舍的"产品小组"的组织形式，这些组织结构的创新，并配合相关的激励机制，带来的组织效能提升是翻天覆地的。

因此，通过组织规划，不断优化、创新组织形式，打造更高效更具活力的员工工作平台，为工作绩效的提升奠定组织基础；通过人才发展体系的设计实施和完善，为员工和组织赋能，帮助员工达到行权目标。如此，股权激励才能达到最佳效果。

而在组织变革中，尤其是企业由传统的金字塔式科层组织转型为倒金字塔式的大平台小前端、扁平化组织等各种赋能型组织时，需要充分发挥员工的主观能动性，激发自主创业的热情和自主经营的意识，需要员工以主人翁的心态、股东心态去面对工作，而股权激励恰好能从根本上解决这个问题，促进企业组织转型升级。

因此，组织规划和股权激励是互为基础，互相促进的关系。

第四节 前瞻性：产融规划与外部激励

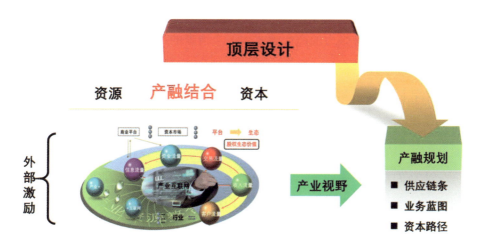

图 10-4-1 产融规划与外部激励模型图

企业在发展前期，我们关注更多的也许是市场营销、流程优化、产品开发、人才激励等内部运营问题以及如何吸引更多的优秀人才为我所用。但随着企业发展壮大，企业家关注的目光可能会越来越多的向外看：怎么样跟供应商和客户结成更紧密的战略合作关系以做大做强？怎样联合更多的外部资源为我所用？如何对同行进行并购重组以实现跨越式发展？如何借助资本市场的力量快速发展，实现四两拨千斤？如何进行上下游产业链整合以成为产业大鳄掌控行业发展？

此时，以股权为链，长袖善舞者，优势尽显。

股权不仅可以激励内部人才，还可以激励外部资源和资本，如供应商、客户、合作伙伴、投资机构等，通过股权链接更多的外部资源和资本，帮助企业实现跨越式发展。但和内部激励、激励人才一样，也会面临着一系列的问题：外部资源和资本凭什么被你激励、为你所用呢？除了商业模式，还有什么东西吸引他们？别人凭什么要跟你合作？同行凭什么被你整合？

此时，一个有张力的商业模式，一个清晰的产融规划对于企业进行外部股权激励就非常有帮助了。

当我们规划了企业的业务发展蓝图时；当我们跳出企业本身，用产业链甚至生态圈的思维来看待你产业链上下左右的合作伙伴时，股权激励就是我们手中的一柄利剑。

当我们希望扩大业务，提升业绩时，通过外部股权激励，与我们的渠道商、客户从之前的交易关系升级为战略合作、股权合作关系，形成利益共同体，就像五粮液与他们的渠道商一样；当我们希望业务在产业链的上下游延伸，从而扩大在产业中的话语权和掌控力时，可以通过产业链激励，与上下游供应商和客户结成产业联盟，就像湖南金岭茶业一样；金岭茶叶用增发股份的方式向经销商发放股票，激发经销商的积极性，进而提高公司的销售量，这就达到股权激励与增加业绩的双重效果，对于销售依赖性企业来说，这是一个非常好的激励方式。同时，股权激励很有可能是会引发商业模式的创新！

当我们希望打造生态圈，形成系统合力时，通过并购重组、参股控股等各种股权运作方式，联合更多的资源，形成企业生态系统，就像阿里巴巴、腾讯、温氏、中粮集团一样；当我们希望与竞争对手放弃厮杀，互相伤害，可以通过股权合作，由竞争转为竞合，共生共赢，就像滴滴和 Uber 一样，Uber 刚进入中国市场的时候，双方的竞争非常激励，为了争夺客户资源，都在拼命地烧钱打价格补贴政策，最终，双方还是握手言和，通过股权合作的方式，Uber 退出了中国市场，滴滴从此一家独大。

企业在不同的发展阶段，要善用外部资本的力量进行股权融资，助力企业发展。通过股权融资，企业释放部分股权给投资机构或投资人，投资机构或个人通过企业未来的上市、并购重组等方式退出获得收益，从广义上来看，实际上就是企业在用股权激励外部资本。当我们用股权激励几个机构时，那可能就是天使投资或 VC\PE 投资；当我们用股权激励一群机构时，那可能就是新三板挂牌；当我们用股权激励社会广大民众时，恭喜你，IPO 成功；产融规划是我们实施外部股权激励、链接外部资源资本的前提；外部股权激励助力我们的产融规划落地实现。

第十一章

基于顶层设计的股权激励典型案例

第一节 小米集团——"小米"如何变"大炮"

2018 年 7 月 9 日上午，这一天注定会载入中国的企业史，更会载入小米的企业史。香港交易所里，上市的锣声浑厚而悠远，小米新的历史开始了！那个 3 米宽、200 公斤重的超大型铜锣站在雷军身边，一起见证了这一刻。

从 2010 年到 2018 年，短短的八年时间，造就了小米集团营收超千亿元人民币的"神话"，而它的市值预计将超过千亿美元。**在辉煌的背后，支撑小米高歌猛进的是小米高屋建瓴的顶层设计蓝图，以及激发团队"战斗力"的股权激励机制。**

时光回到 8 年前，进入不惑之年的雷军是一个充满梦想的人。此刻已经将金山做上市的他，内心关于创业的想法也顺理成章地提上日程，而林斌、黎万强、王川等人也被他网罗为第一批创业团队。2010 年 4 月 6 日早上五点，春寒料峭，中关村的银谷大厦里，雷军和十几个人豪情万丈，每人喝了一碗黎万强父亲亲手熬的小米粥，在这个小办公室里，"小米 + 步枪"的创业时代正式揭开帷幕。8 年风雨走来，小米谱写了一部波澜壮阔的创业史诗。

小米版中国合伙人

2008 年的冬天异常寒冷，南方遭受难得一见的冻灾。

12 月 10 日，那天的北京大雪漫天，雷军已从金山辞职将近一年。闲来无事的雷军约金山的老同事们在燕山饭店对面的酒吧聚会。酒过三巡，雷军对众人描绘起自己对未来事业的规划，情绪激动。这时，一个小个子男人对雷军喊道："四十岁才刚开始，你怕什么！"那一天，恰是雷军迈入不惑之年的开端。

喊话的人正是雷军在金山的老部下黎万强，后来成为小米联合创始人。这句话像冬天里的一把火，燃烧了雷军的梦想，那个他从来也没有忘记的梦想。2010 年的雷军，走上创业这条未知的旅途。

黎万强毫不犹豫追随雷军一同创办了小米公司，此后雷军又拉来了林斌——后来成了小米的二当家。"雷军不睡觉，林斌不吃饭。"高度的合伙人精神让林斌与雷军并称小米内部的劳模。黄江吉是小米的第三位创始人，也是林斌此前在微软的同事。黄江吉之后，林斌又给雷军介绍了他在谷歌的一位同事——洪锋。陆陆续续地，原摩托罗拉北京研发中心高级总监周光平、原北京科技大学工业设计系主任刘德相继入伙，小米版的中国合伙人大戏至此正式拉开帷幕。

TIPS：

实施合伙人制，一方面体现为对于人才贡献和价值的一种认可，并给予人才创造的实际价值合理回报的机制；另一方面对于企业来说，通过合伙人制更大地激发人才创造力，并将企业经营权下放给合伙人团队，从而实现吸引和保留优秀人才的目的。

通过合伙人激励来拓展企业的新业务，培养种子业务，鼓励技术创新，商业模式创新，激发合伙人的潜力和创业激情，保证企业持续的发展和基业长青。通过合伙人激励机制以及合伙人文化机制，打造一支跟老板能够站在一起的团队，这是企业的"光荣与梦想"。

合伙人机制实施过程中，一定要导入合伙人精神和文化。合伙人精神是合伙人必须遵守的原则。创业合伙人必须"五加二"以及"白加黑"，不计个人得失，发自内心跟企业捆绑在一块。合伙人是一种荣誉，要起先锋模范带头作用，与公司共创、共享、共担。

最初时的小米只有 14 个人，早期员工包括李伟星、孙鹏等，他们完成了 MIUI 系统（是小米公司旗下基于 Android 系统深度优化、定制、开发的第三方手机操作系统，也是小米的第一个产品。）的早期工程开发工作。这其中唯一的女性员工叫管颖智，工号是 14。除了负责诸如薪酬福利之类的工作外，她还负责公司的招聘。小米早期的团队大都是创始人推荐的，管颖智拿着创始人们列出的名单，一个一个打电话约面试。

小米员工持股 + 股票期权

雷军当时除了参与 MIUI 的研发和融资之外，他还有一部分工作内容就是面试他的员工，小米前 100 号员工的每一个人他都亲自见过一遍。为了激励这些早期员工，雷军决定让员工持股。这个持股方案遵循自愿认购的原则，持股金额上限大约 30 万元，人人均可参与，最后有约 60 人投资持股，金额不等，管颖智也是其中一员。

本着对雷军、黎万强等创始团队的信任，她把父母给她存的 10 多万元嫁妆钱要了过来，再凑了一点钱，参与了小米的员工持股方案。当时的她不会想到，如今小米上市，他们这些持股的早期员工，有些身家已经过千万元甚至过亿元。后来的岁月里，小米有超过 7000 名员工持有股份或者期权，成功上市之后，他们也都将获得资本市场给予的财务回报。

TIPS：

股票期权是公司给予企业高级管理人员和技术骨干在一定期限内、达到一定条件后，方可以按事先约定的价格购买公司普通股的权利。

期权是基于未来股权的价值回报，即股权溢价。基本不考虑到分红，而主要考虑资产增值和溢价问题。推行期权激励机制的目的是进一步完善公司治理结构，建立、健全公司激励机制和约束机制，增强公司管理团队和业务骨干对实现公司持续健康发展的使命感和责任感；实现股东、公司和被激励对象利益的一致，维护股东权益，调动被激励对象的积极性，平衡公司的短期目标和长期目标，促进公司持续健康发展。

期权是非常有效的激励工具，尤其对于创业企业以及科技企业，一开始可能资金不足，或者需要不断"烧钱"，短时期看不到利润，前景也不明朗，很难给员工高的薪酬，这时候期权则可以解决这些"痛点"，吸引、留住并激励有能力的员工，让员工自愿与公司同呼吸、共命运。

期权是一种长期激励，是当达到一定时间或者预期条件后，激励对象可以以原先确定价格购买股票／股份的一种选择的权利，对激励对象来说风险较小。创业初期的企业，员工没有钱，这时候适合用期权激励机制。期权、期股对被激励对象最大的价值是股权的溢价权，因此，这种激励是长期的，通常最低需要三五年，期权跟期股的价值才能呈现出来。

期股、期权激励能够把企业经营业绩与企业管理者的薪酬联系，用更深层次的合作绑定让双方利益连在一起。如果企业价值上升，那么高管作为股权激励受益的一方，身价骤增是题中之义。因此此项激励有利于建立有效的约束机制和内部激励机制，充分调动管理层的积极性，为提高企业利润和创造成就而孜孜不倦。

小米的团队滚雪球一样逐步壮大，管颖智才听到了雷军跟员工一次次谈小米的使命、战略规划、商业模式等等，让团队对于小米未来的发展充满信心，真可谓把员工当成了最大的风投。雷军当时告诉他的团队，小米将来要成为一家世界 500 强的公司，还说要打破手机行业暴利，让普通消费者都能买到便宜又好用的产品。

那时候在雷军及管颖智和其他创业员工心中，还没有"顶层设计"这个概念，但是事实已经印证了，**小米股权激励效果显著，员工对公司未来充满信心，最根本的原因就是雷军让他们看清了企业的顶层设计，通过对公司顶层设计的信心实现对公司股权价值的信心。**

这就要求企业家做好企业的顶层设计，包括商业设计、治理设计、组织规划和产融规划，并把顶层设计呈现给员工，让员工看到企业的股权价值规划，从而有意愿购买。因此，在**期权、期股中，要把员工当风投去看，把企业价值呈现给员工。**

接下来，我们用顶层设计方法论（顶层设计方法论是由深圳前海股权事务所、深圳中力知识科技独创的一套理论）来解读小米。在对小米以及其身后的生态链企业群进行抽丝剥茧地解构之后，我们发现，小米独特的商业模式、治理设计、组织规划以及产融规划是将其上市估值推向巅峰的秘诀。

商业设计：硬件为基石，玩转物联网

时间倒回 2010 年，这一年中国互联网行业发生重大变革，后来被称为"互联网分水岭"。首先是谷歌宣布退出中国市场，将 35.6% 的市场份额、年广告收入达 22.5 亿元的搜索市场让给了百度，从此以后搜索引擎市场，百度再无对手。其次，马云成功解决雅虎股权问题，阿里巴巴不再受雅虎钳制，步入高速发展的轨道。最后，腾讯在与 360 的"大战"之中以 QQ 开放为契机，使得腾讯从"全民公敌"再度转变为互联网巨头。正是在这样的大环境下，小米在 2010 年强势"登陆"市场。

当第一部安卓手机在中国出现的时候，雷军就已经敏锐地察觉到巨大的市场，他甚至已经感觉到安卓系统的手机必将重现当年 PC 击败苹果机的那一幕。而那个时候，诺基亚的霸主地位还是不可动摇，可是短短的两年时间内，由于错过安卓系统，诺基亚这个曾经的"巨无霸"轰然倒下。凭着这个"市场嗅觉"，雷军毅然决定进军手机市场，将中国的"下一个十年"紧紧握在手中。**在雷军后来的公开信中曾指出，"小米是一家以手机、智能硬件和 IoT 平台为核心的互联网公司"，这就是小米的商业模式——"铁人三项"。这个商业模式在传递一个信息，小米不是单纯的硬件公司，而是同时具有高度创新和迭代速度的互联网公司。**虽然硬件是小米吸引用户的主要入口，但小米却是通过互联网来获得主要利润。小米用硬件上的价格优势吸引用户，随之在用户黏度下提供互联网的增值服务，迎来真正的用户付费的风口。这一商业模式在小米后来"爆发式"的发展过程中被验证是极其有效的。小米独特的商业模式使得市面上出现一种"物美价廉"的硬件产品，而且持续获得用户高度信任，这为小米的进一步发展攒足了人气。

在2017年7月的阿里巴巴网商大会上，雷军分享了小米的成功之道，并对小米的商业模式"铁人三项"进行了升级，由"硬件＋软件＋互联网"升级为"硬件＋互联网＋新零售"。其中，硬件板块有手机、电视、路由、AI音箱和外部的生态链智能硬件；互联网板块的业务包括了MIUI、互娱、云服务、金融、影业；新零售板块是小米从单纯的网商模式向线下结合发展的产物，包含小米商城、全网电商、小米之家、米家有品等。

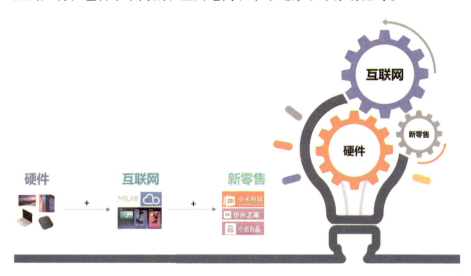

图 11-1-1 小米模式："铁人三项"

从小米的上市招股书可以看出，这个独特的商业模式，优点在于用互联网思维打造创新、高质量并且专注于用户体验的软件和硬件，以品牌和口碑累积起海量的用户，然后通过丰富的互联网服务变现。

极致效率是这一商业模式高速运转的有力保障。对小米来说，无论是产业链，还是自身运营，都追求最大化地提高效率，从而尽可能降低企业的运行成本，支撑其薄利多销的策略。

在小米的商业模式中，硬件是基石。正是因为为用户提供了不断出新、高性价比的硬件，用户才会对小米产品产生巨大的需求和高度信任感，从而实现规模化量产，进而降低产品成本，低价售卖吸引更多用户，实现正向循环。不仅如此，硬件还是构建小米核心竞争力的重中之重。在传统的BAT三家公司中，腾讯解决的是人与人之间的连接，阿里巴巴解决的是人与商品之间的连接，百度解决的则是人与信息之间的连接，而小米如果能以小米硬件为入口，解决人与物之间的连接，从而占据物联网这个万亿级的蓝海市场，那么，小米冲破BAT"三座大山"，跻身中国互联网大咖行列也就指日可待了。

除此之外，小米还进行了详细的战略规划，借着全球物联网市场迅速发展的东风，系统布局智能家居，从千亿手机市场扩展到万亿物联网市场，为企业的持续增长奠定了坚实的基础。目前，小米已经形成了物联网时代从高黏性的用户群—全面的智能终端布局—消费者数据—云平台和人工智能的物联网闭环布局，小米物联网平台价值将随着小米手机、生态链产品不断积累的大数据而不断放大，把握物联网入口级产品将使小米具备越来越多样化的变现手段和方式。

治理设计：80%的时间在寻找人才

在组织规划上，"挑选人才"在小米的创立之初就已散发出耀眼的光芒。跟绝大多数科技创业公司一样，小米在创立初期同样面临着规模小，甚至连产品都没有一件的问题。雷军从未涉过猎硬件领域，如何让那些高级硬件工程师人才相信雷军是"高瞻远瞩"而不是"空手套白狼"成了他首要解决的难题。因此，**在最开始的半年时间里，雷军 80% 的时间都花在寻找志同道合的人才上面。人才是第一驱动力，雷军深谙此道。**为了找到一个非常资深和出色的硬件工程师人才，雷军曾经打过 90 多个电话与对方沟通。甚至为了说服这位工程师加入小米，几位联合创始人轮流与他交流，最后终于说服这名工程师加入小米，这个过程足足花了 12 个小时。

在小米集团上市的那天，站在雷军旁边的有小米的六位联合创始人：联合创始人总裁林斌，联合创始人及副总裁黎万强、周光平、黄江吉、刘德、洪锋。其中黎万强曾是金山骨干，并且是雷军的老部下，特别擅长营销和交互；周光平来自摩托罗拉，在硬件开发领域有着多年的经验；林斌曾担任微软亚洲研究院研发经理，黄江吉曾负责微软商务服务器高性能数据分析系统，两位"大牛"技术实力相当深厚；洪锋曾经是谷歌中国区的第一产品经理；刘德是美国艺术设计中心学院 (Art Center College of Design) 工业设计硕士，主导设计。为了找到这几位联合创始人，雷军同样花费了大量的时间和精力去挖掘这些"大咖"。后来，小米的这七位联合创始人与腾讯的"五虎将"、阿里巴巴的"十八罗汉"闻名于世。因为有了以这七个联合创始人为核心的创业团队，小米在成立一年多的时间里就打造出爆款产品——Mi1，而小米也正是因为赢得这漂亮的第一仗，整个市场估值犹如"指数爆炸"一般增长。

2018 年 6 月，小米公司发布了招股说明书，小米的股权架构第一次公之于众。根据这份招股说明书，小米集团在开曼群岛注册，通过 VIE 架构控制境内小米系公司，其上市主体是 Xiaomi Corp，注册是 5 万美元，初始股本为 5 万股，初始面值为 1 美元，融资也通过该主体进行的。2010年 9 月 28 日到 2012 年 6 月 22 日，不到两年间，其进行了七轮融资，

2013 年 8 月 6 日到 2017 年 8 月 24 日，又进行了两轮融资，截至提交 IPO 申请前，共计完成了 9 轮融资，融资总额 15.81 亿美元。经过融资和后来经过历次拆股，每股面值降为 0.000025 美元，截至上市发售前，公司总股本为 2094169083 股。

小米集团采用的是 AB 股架构（即双重股权结构），2018 年 7 月上市后，小米也成为港交所"同股不同权"第一股。小米的股权架构由以下几部分组成：

创始人雷军通过 Smart Mobile Holding limited 持有 A 类普通股 429518772 股；另外，雷军通过 Smart Player Limited 持有的 B 类普通股数量为 5922163 股，占 0.2828%，合计持有 651907247 股，占总股本 31.1296%。

联合创始人团队——雷军与林斌在内的联合创始人团队，总共持有 30.05% 的股份，其中，林斌持有 2.4 亿股的 A 类普通股。

在核心员工的持股方面，根据雇员购股权计划，授予员工的股权激励主要分为两类：一类是购股权（期权），一类是受限股份单位。小米招股书显示，截至 2017 年 12 月 31 日，尚未行使的购股权为 189755311 份，平均行使价为 1.05 美元，如均行使后，将占到上市前总股本的 13.85%；可行使的购股权为 146410089 股，平均行使价位 0.37 美元，2017 年的公允价值为 16.33 美元；授予的受限制股份单位尚未行使的为 24492747 份，已归属的为 22209185 份，占上市前总股本的 2.23%。

在投资人方面，晨兴集团持有比例最高，达到 17.1931%，其余 21.3430% 则为其他九轮投资者持有的股份，投资人股权比例合计为 38.3561%。

从小米的顶层架构安排方面看，创始股东在持股方式上进行了特殊安排，包括雷军、林斌在内的创始及合伙人在境外的股权，全部以信托方式持有；在控制权方面，雷军与林斌合计持有 A 类普通股 669518772 股，占总股本 31.97%，根据 AB 投票权安排，投票权合计达到 82.45%；在员工期权方面，经过九轮融资后仍超过了 16%。

通过这种开放式股权机构，小米的创始人、联合创始人以及核心员工都得到了相应的人力资本回报，具备长期而且充足的成长驱动力。而且，**双重股权架构也能使小米的管理团队牢牢掌握企业的控制权，在做出重大决策时不会被掣肘。**

组织规划：开放式的组织模式

小米的组织规划是完全扁平化的，这种管理模式来源于雷军的"有人排队的小餐馆"。雷军认为，小餐馆是否成功的标志是有没有人排队："第一，这种餐馆一般大厨就是老板，而且大厨每天在店里盯着，和很多熟客都是朋友。第二，他有很强的定力，把产品做好比赚更多的钱重要。我们正常的商业（思路）一定会说，有一家排队搞两家，两家再搞四家，再搞连锁。结果一步一步就被商业所扭曲了，所以好的东西就越来越少。**我们希望小米的所有人都在产品的一线，而不是当老板，当管理者。**"

在小米成立之初，雷军就坚持办一家小公司，即便小米已有数千名员工、达到数百亿元的销售规模，但依然是小公司的管理模式。这一点从小米的组织架构就可以看得一清二楚，基本上只有三级：联合创始人—主管—员工。而且，小米公司不会让部门或团队无限扩展、壮大，稍微有点儿规模就会被拆分成小团队。

独具小米特色的三级管理有个前提，就是联合创始人团队大部分都管理过几百人以上的团队，经验丰富，即便如此，他们每天都会花大量时间和工程师、设计师、产品经理在一起，奋战在一线。同时，**小米公司以价值观驱动，对员工的自我管理能力充分信任。各团队虽然独立运营，彼此之间存在差异，但价值观、愿景和企业文化都是统一的。**

而使这种扁平化的组织架构发挥最大效能的，是小米对人才的重视。雷军一直认为，团队才是小米的最大价值。他曾经感慨："小米团队是小米成功的核心原因。为了挖到聪明人，和一群聪明人一起共事而不惜一切代价。如果一个同事不够优秀，不但不能有效帮助整个团队，反而有可能影响到整个团队的工作效率。来到小米的人，都是真正干活的人。他想做成一件事情，所以满腔热情。他们聪明、技术一流、有战斗力、有热情地做着一件事情，这样的员工做出来的产品注定是一流的。"

为了最大限度地激发人才的潜能，小米成立之初，雷军就在企业内部推行全员持股、全员投资计划，公司最初的 1100 万美元启动资金全部由 56 名员工自掏腰包，计算下来平均每人投资约 20 万美元。这是小米公司"透明化分享机制"的最早体现，尽可能地多和员工一起分享利益，共同成长。

产融规划：做价值链最顶端

在硬件市场取得成功后的小米，通过产融规划，迅速进军金融领域，直接囊括最具发展前景的五大业务：互联网小额贷款、理财产品分销、供应链融资、支付业务以及互联网保险五条主线。对于百度、阿里巴巴、腾讯和京东而言，这五条主线同样是他们已经开始布局的领域。为了和四巨头分庭抗衡变成第五巨头，小米从 2015 年开始正式拉开金融"战线"。

小米以控股子公司为"梯队"，接连拿下了 BAT 标配的支付牌照、小贷牌照以及保险经纪牌照。与此同时，小米通过参股方式顺利拿下银行牌照，成功实现"四照齐全"。虽然暂时没有获得第三方基金销售牌照，但是小米已经成立信用管理系统，这比其他两巨头百度和京东更早涉足个人征信领域。

凭借着小米用户黏度高的优势，小额信贷业务和支付业务成为小米最早开启的金融业务。2015 年 6 月，小米上线小额贷款业务，为小米用户提供线上小额信贷服务，分为现金贷款和分期贷款两种形式。同年 9 月，小米集团联合中国银联开通手机支付业务，重磅推出"Mi Pay"。此举让小米成为全球第一家既支持银行卡又支持公交卡功能的手机制造商。产融规划的成功让小米的一系列数字格外引人注目：在 2016 年年底，小米的小额贷款余额为 16.13 亿元。仅仅用了一年时间，在 2017 年底就成功突破 84.18 亿元，同比涨幅高达 422%。

从小米手机开始，雷军用八年时间里成功布局其商业蓝图，并打造了一个"独角兽"企业。很多人提到小米，都会说这是一家卖智能手机的公司，但是盘点小米旗下商业版图，你会发现，除了手机之外，小米的商业触角渗透到了生活的各方各面，空调、净水器、扫地机器人、电饭煲、平衡车、平板、电视、路由器、耳机、手环、甚至充电宝、插座、床头灯、毛巾、牙刷、签字笔……如今的小米已经不再是一家智能手机生产厂商，它的商业版图不断扩大，已经逐渐发展成为一家兼具智能硬件、软件、互联网服务、新零售的庞大生态型公司。打通上下游，打造一个完整的生态链系统，布局产融规划，已经成为小米不断扩张的法宝。

按照有关投资人士判断，目前小米最有价值的商业模式之一就是它全方位生态链的布局，涵盖范围之广甚至可以与腾讯、阿里巴巴相媲美。

2016 年 3 月 29 日之于小米是一个值得记录的日子。雷军对小米生态链进行战略升级，推出全新品牌——米家，专门经营小米自有产品以及生态链上的产品。截至 2018 年 4 月，小米生态链已超过 90 家硬件创业企业，其中约 30 家发布了产品，如表 11-1-1 所示。

表 11-1-1 小米的生态链企业

公司名称	主要产品	成立时间
机器岛科技	儿童陪伴机器人	2016 年 1 月
板牙科技	汽车电子	2016 年 3 月
峰米科技	智能投影仪	2016 年 3 月
摩象科技	VR|AR	2016 年 5 月
睿米信息	智能车载设备	2015 年 1 月
小寻科技	儿童电子产品	2015 年 7 月
创米科技	遥控器、智能摄像机等智能家居	2014 年 2 月
青米科技	智能家居、插线板	2014 年 2 月
云米科技	净水器等小型智能家电	2014 年 4 月
智米科技	空气净化器、加湿器、空调	2014 年 5 月
小蚁科技	可穿戴视频类产品	2014 年 9 月
爱其科技	教育机器人	2013 年 9 月
云造科技	折叠代步车	2013 年 7 月
纯米科技	米家压力 IH 智能电饭煲	2013 年 7 月
纳恩博	9 号平衡车	2013 年 9 月
商米科技	智能商用设备	2013 年 12 月
紫米电子	移动电源、彩虹电池	2012 年 2 月
万魔声学科技	小米活塞耳机	2013 年 1 月
蓝米科技	小米蓝牙耳机	2014 年 4 月
硕米科技	手机壳	2015 年 3 月
猎声电子	耳机、组合耳机、组合音箱	2015 年 5 月
飞米电子	小米无人机	2014 年 5 月
绿米联创科技	智能家庭	2014 年 10 月

表 11-1-1 续

公司名称	主要产品	成立时间
云柚科技	智能门锁	2011 年 1 月
田米科技	小米笔记本 Air	2015 年 7 月
北京石头世纪	米家扫地机器人	2015 年 9 月
慕声电子	米家对讲机	2016 年 3 月
润米科技	90 分智能金属旅行箱、双肩包等	2015 年 2 月

除了深耕自营产品和生态链上的产品，新零售的风口小米自然也不会错过，小米的新零售包括了小米之家、有品生活。截至 2018 年 1 月，全国小米之家达到 300 家，涉及手机周边、智能家电、智能穿戴、智能出行、极客酷玩及日用品等小米旗下产品，坪效达到 28 万—29 万元，仅次于苹果。

当然，小米投资生态链企业并不是盲目的，而是始终遵循三个原则。一是输出资金、资源、方法论和小米价值观给生态链企业，但却不干涉其产品开发，生态链企业还可以研发销售自有品牌的产品。二是投资但不对其控股，从而保持创业团队的战斗力和创新性。三是生态链企业必须通过有设计感、有创意的生态链新品的持续发售，让小米或米家的品牌保持前锋性与持续的高曝光度。

小米与其生态链公司之间形成了一种"竹林效应"：小米生态链公司如同一片竹林，初期公司从小米与生态链组织"根系"吸收养分快速长大，自力更生后又能为根系和其他企业供给养分，这样生态链企业形成了一种共生互助的关系，业务之间有较强的协同。如紫米科技通过打造移动电源，成为电池领域的领导者，而这些经验帮助小米生态链其他企业完善电源技术，或提供电池产品。

小米不仅自己成长为"独角兽"企业，其生态链模式也已经成功培育出四家估值超过 10 亿美元的"独角兽"——紫米、华米、智米、纳恩博。

其中，紫米科技于 2013 年年底推出了第一款小米移动电源，2 个月后问鼎全球第一，2015 年移动电源销售 2000 万只；华米科技已是全球第一大可穿戴厂商；智米科技的空气净化器在 2016 年销量超过 200 万台，2017 年超 300 万台，位于行业前三；纳恩博生产的平衡车已成为市场领导品牌，并收购了全球自平衡车开创者 Segway。2017 年小米生态链的收入达到了 234.47 亿元，在整个集团的收入占比提升到了 20.5%，成为了一股不可忽视的力量。其旗下的生态链企业中也已经有四个"独角兽"企业，分别是智米科技、纳恩博和紫米科技，以及 2018 年 2 月 8 日在美国上市的华米科技。此外，2018 年 9 月 25 日，云米全屋互联网家电在美国纳斯达克成功上市，宣告了"家庭物联网第一股"的诞生。青米科技的母公司动力未来也早于 2016 年 8 月在新三板挂牌上市。

小米的布局表面上看起来有点杂乱无章，其实正是沿着"手机周边——智能硬件——生活方式"三大圈层进行的产品生态拓展。把"小米 = 高性价比"的理念深深植入消费者的理念里，从而使得小米投资孵化的生态链产品公司借助小米平台迅速壮大。

通过小米的生态链，我们可以看到小米改变了硬件的价值模式，使自己成为价值链最高端，把供应链最有价值的部分牢牢抓在手中，从而从手机周边，展开设计业务蓝图，扩大业务规划，从核心产品层层延伸，连接更多的用户资源，进而建立起一个庞大的小米帝国。8 年过去，一路奔跑的小米商业版图不断扩大，已成为一家兼具智能硬件、软件、互联网服务、新零售的包罗万象的生态型企业。

"王牌对王牌"：选择高薪还是股票？

截止到 2018 年 3 月 31 日，小米集团共拥有 14513 名全职员工，其中在中国大陆的有 13935 名，超过 5500 名员工拥有小米的股份，占比高达 37.89%。小米能够在短短八年时间内成就如此辉煌的事业，跟有效激发持股员工而产生企业强大的内在动力是必不可分的。早在小米成立之初，雷军就打造了一套"利益共同体式"的薪酬体系。因为雷军深知，对于员工来说，有竞争力的报酬并不等于高薪，于是他设定了一套薪酬组合方案。当雷军邀请任何人加入小米团队时，雷军给出三种选择：一是选择和跨国公司一样的高报酬；二是选择 2/3 的薪酬，同时拿一部分小米的股票；三是选择 1/3 的薪酬，同时拿更多的小米股票。最后的结果是，仅仅不到 10% 的人选择了第一种方案，而高达 80% 的人选择了第二种方案。**因为持有小米股票，团队中的每个人都非常乐意与小米一起奋斗，强大的主人翁意识让每个人拥有强大的战斗力。**

正是在这样的股权激励体系之下，小米集团共有 5500 名员工获得以股份为基础的股权激励，平均每一位都至少获得 32831 股的激励。按照小米集团千亿美元市值计算，这些股权激励的价值约相当于 1000 万元人民币。换句话说，小米挂牌上市后，这 5500 名获得股权激励的员工将会实现人均千万元的收益，一夜之间实现财务自由。

上市的锣声响起，对很多人来说这意味着巨大的成功和财富回报，对雷军来说，这仅仅是小米新的开始。如今，小米又踏上新的征程，与"世界级伟大公司"越来越近，要知道，这曾是雷军 18 岁的梦想。

第二节 美的集团——顶层设计的"道"和股权激励的"术"

2013 年 6 月，中国"神舟十号"载人飞船与"天宫一号"成功实现了自动和手动对接，为我国开启探索太空的新征程。同年 9 月，美的集团也迎来新的征程——在深圳证券交易所成功上市。上市后的美的在股权激励上取得巨大成功，是推动它起飞的巨大引擎。作为目前全球最具价值的世界 500 强品牌之一，美的步步为营的成长离不开基于顶层设计的股权激励，特别在内部激励方面，更是值得诸多公司借鉴。顶层设计为股权激励奠定了坚实的基础，截至目前，美的集团顺利实施了"股票期权激励计划（四期）""限制性股票激励计划（一期）"以及"事业合伙人持股计划（三期）"。

虽然在美的集团诞生的那个年代还没有"顶层设计"之说，但是从美的集团的整个发展路径来看，无一不是围绕着"顶层设计"来进行的。

1968 年创立之初，当时年仅 26 岁的何享健意气风发，带着二十几位街坊邻居，借了 5000 元外债就开始了他们的 "创业之路"。美的最初的"商业设计"非常简单，就是为了将生产的药用玻璃瓶和塑料盖销售出去实现盈利。当时谁也没有想到，50 年后的今天，美的集团的营业额已突破 1500 亿元人民币。随着时间的推移和企业的发展，美的在商业设计方面也随着公司的发展而不断迭代。1980 年，美的正式进入家电这个新领域，开始生产电风扇。随着业务体量的增大，美的高层发现无论是在管理能力还是技术生产能力，已经不能满足市场需求。于是，就在1985年，何享健带领着美的考察团到日本学习日本制造业的技术和管理流程以及股权架构，从此翻开美的治理设计改革的新篇章。

随着公司一步步壮大，美的开始慢慢将目光投向产融结合，在资本路径上需求多方合作，在供应商"圈子"当中发力，并在市场中开始描绘自己的业务蓝图，朝着上市的目标大步前进。重要的转折点是在1992年，这一年美的进行股份制改造大获成功。1997年，美的实行事业部改造，为美的集团的"二次创业"奠定基础。

美的集团上市之后，产融结合的优势就越发明显。首先是在供应链条方面，作为中国最大的家电制造商，美的集团在供应链条的上下游融资过程中不断出奇制胜。随着国内家电市场的发展，家电产品的利润越来越低，少数寡头占据大部分市场已成定局。与此同时，供应链的整体竞争力却显得不足，最明显的莫过于大型制造业上下游的企业的资金短缺问题。这个问题在整个供应链生态当中特别突出，甚至严重影响整个供应链条的效率。从美的集团的供应链条来看，美的采取的措施是将供应链条当中的上游重要供应商以及下游核心合作伙伴推荐到银行，并最终通过美的集团进行授信贷款解决资金问题。另外，为了让供应链当中的优秀供应商为己所用，美的集团对优秀企业进行收购。例如，2017年，美的集团收购全球带色家电核心机电部件制造商之一的灵威控股。

业务蓝图方面，美的集团的布局可以说是卓有成效。从2013年开始，中国成为全球最大的机器人市场，直到现在还一直保持着高速发展的态势。美的集团的战略视野令它瞄准到这块技术壁垒坚固的未来市场，不惜重金进行跨界整合。所以在2017年初，美的集团以37亿欧元收购德国著名的机器人公司——库卡机器人。从传统的家电制造业跨入世界先进的科技前沿，成功的跨界让美的集团的发展有了"第二纬度"，并成功抢占未来发展的制高点。收购库卡是美的实现转型的结果，也是美的"智慧家居＋智能制造"战略的体现。

在资本路径上，美的在上市之前就有了清晰的规划。通过与PE（私募股权投资）的强强联手，美的集团实现整体上市，形成"双赢"的局面：因为对于美的集团来说，缺乏的是资金，也缺乏资本运作的丰富经验。这些恰恰是PE机构的专长，它们首先给美的集团注入充足的资金，并将美的整体上市的构想以高效、稳妥的方式完成。而对于这些PE机构来说，它们看重的则是美的集团在家电领域的先进技术、国内和国际的市场占有率以及各方面的实力。上市之后，美的集团迎来了更大的发展平台。

美的的组织规划变革也是可圈可点的创新之处。创建之初，美的集团一直是高度集权的直线职能制组织架构，何享健牢牢把控制权掌握在自己手上。到了20世纪末期，这种组织结构造成的内部管理层级过多、效率低下的缺点逐步凸显，内部改革势在必行。于是，美的尝试将原有的电饭煲公司和小家电公司合并，成立了小家电事业部并进行了一定的授权。这一变革效果立竿见影，提高了美的经营的效率，改变了美的从经营到销售，几乎所有事务都需要找何享健拍板才能执行的局面，通过此次对事业部进行授权，减少管理层级，提高运营效率。1997年美的全面推行事业部制，开始了长达数十年的探索。

在1997年，美的集团按照产品划分，组建空调、电饭煲、小家电、风扇和电机五大事业部。对事业部充分授权，独立核算，成为相对独立的经营实体。而集团则主要负责战略投资和管理服务，把控发展方向。

即便美的搭建起事业部制，但由于体量太大，业务过多，仍然存在尾大不掉的现象，内部的响应速度仍不够快，这促使美的的组织架构不断调整，对事业部进一步拆分。在集团层，集团向二级平台放权，二级平台则对三级平台收权，加强管控。在事业部内部，开始实施二级子公司管理模式，形成监控—管理—执行三层级模式。

在 2013 年，美的实行了扁平化的组织架构，围绕着产品线，设立了 4 大板块：9 个事业部、4 大业务平台、总部 8 个职能单元和 3 个战略发展主体。以产品线划分事业部，让专业的人做专业的事，极大降低了沟通成本。事业部的经理在事实上相当于独立经营一家企业，迅速赋能人才。

在美的，集团和事业部的权责划分非常明确：集团是宏观的管理平台，事业部才是经营实体掌握经营实权，有独立的经营权。美的在流程上也趋向扁平化，部门设置精简，层级关系较少，如此扁平化的流程和组织让运营更加高效。

美的的事业部在承担责任的同时，也享有丰厚的利益回报。美的内部实行经营责任制，并实行利润分享机制。集团会对事业部设置 5—8 个关键指标进行年度考核，考核结果决定了利润计提率，乘以利润就等于事业部经营层当年的奖金总包，激励的标准非常清晰明了。通过这样清晰的权责划分和高额激励，使得美的的高管积极性被充分调动，彻底扭转了凡事只能何享健一人决策的局面。

由于具备了较好的"顶层设计"基础，美的在企业不同的生命周期可以探索不同的股权激励机制。早在 1999 年，美的就在集团范围内开始推行员工持股制。这在极大程度上催化了产权和分配机制的改革，促使美的和员工之间形成"命运共同体"。从此以后，美的在股权激励的路上一直高歌猛进。 2001 年，美的集团已经完成对公司内部高层经理人的股权收购并进一步完善现代企业制度，为进一步走进资本市场做准备。之后经过一系列的整改，美的在 2013 年成功上市，真正开启它的股市腾飞之路。

从 2013 年上市到 2017 年底，美的在这四年当中进行了数次内部股权激励计划，其中有股票期权激励、限制性股票激励以及合伙人激励，并在一步步探索中趋向成熟，为整个集团业绩的增长继续保驾护航。现在，美的集团不仅坐上了国内白色家电头把交椅，更成为了股权激励制度实施的典范企业之一。

从它推行股权激励的每一个节点上可以看出，股权激励与企业的发展的里程碑息息相关，例如，需要业务扩张或者公司并购，着手业务转型或者整体上市。在这几年里，美的集团实现净利润高增长的曲线和实施股权激励的节奏互相呼应。

期权激励计划强化美的之"心"。首先，为让公司核心管理人员拥有与美的集团"荣辱与共"的使命感和"一家人"的归属感，美的集团从一开始就实施一项针对整个集团内部核心管理团队的认购持股计划。之所以这么做，是因为在现代社会，企业的核心竞争力是高级核心人才。通过一定的股权激励，不仅可以稳定美的集团的内部核心人才，还可以引进高级外部人才。美的以股权激励让核心管理层无论是利益还是情感上都变成"一家人"，有效调动核心管理层的积极性，将核心管理层的凝聚力做到最大化。在美的上市后的第二年，美的集团推行第一期股票期权激励，主要的对象是管理层和核心骨干人员，涵盖了美的集团的董事、董事会秘书、研发人员、一线工人、营销人员以及其他业务骨干。这一举措强化的是美的之"心"，为美的这艘巨轮的乘风破浪奠定坚实的基础。

限制性股票激励计划打通美的"任督二脉"。美的集团首次推出限制性股票激励计划是在 2017 年 3 月。通过定向增发 2000 多万股，占比达到了本次授予限制性股票总量的 81.37%。同时，美的集团预留 500 多万股，占比达到美的集团已发行股本总额的 0.09%。该次激励计划是面向内部 140 多位公司高管，在 36 个月内，分成三次向这些管理层"解锁"。参与人员非常广泛，包括经各部门高层以及美的董事会认为对公司经营和未来发展有直接影响的其他管理人员。这是美的集团打造内部的"命运共同体"的又一举措，将内部的各个运行部位的中坚力量扭成一股绳。在很多企业的管理中，各个部门的内耗通常导致整个企业的效率低下。各个部门是有机整体，也是一个企业的"任督二脉"所在。通过限制性股票激励，从上到下，整个美的集团有了统一的目标。从美的集团后来的业绩表现来看，这一激励机制无疑散发出强大的生命力。

合伙人计划让美的"上下一心"。美的集团善于因地制宜，为了获得长效的激励机制，根据自身发展的实际情况，定制了一套符合自身的股权激励模式——合伙人计划。这是美的在业内首推的股权激励模式，独具慧眼。美的在核心管理团队推出的合伙人计划，换句话来说即是"业绩股票"。合伙人具有长期的特质，这让队伍更加稳定，团队的"向心力"更强。美的集团设立专门的资产管理计划，重点管理团队或者员工可以购买和持有美的集团股票。这种创新模式，能够构建长期有效的激励机制，促进美的内部"经理人"向公司"合伙人"身份的转变，汇聚一批具备共同价值理念的事业带头人，有效促进美的的长久稳健发展，保证整个集团的利益一致性。通过"合伙人计划"的实施，合伙人做到"只有公司赚自己才能赚"，自负盈亏的同时合伙人也是共同承担风险，与股东"一条心"。

融会贯通，美的打出一套"组合拳"。美的集团再次对股权激励机制进行创新，将期权激励、限制性股票激励和合伙人计划有机结合起来推行。这套组合拳不是简单的叠加，而是"1+1+1 > 3"的质变。从上到下，从高层到基层，覆盖人数超过 1600 人，授予股权超过 1.3 亿股，占比达到总股本的 2%。除了合伙人计划，虽然期权激励和限制性股票激励都需要员工自掏腰包购买股票。但是公司背后的付出却是无比惊人，因为在这种"组合拳"当中，美的集团至少要付出 9 亿元的财务费用，占 2016 年度整个公司盈利的 6%。截至目前，这个股权激励力度之大、范围之广，在家电行业里无出其右。

前海股权事务所、中力知识科技的专家学者们认为，虽然股权激励不是万能的，但没有股权激励是万万不能的。在现代市场竞争中，说到底是人才本身的竞争。只有充分通过股权激励去激发每一个员工的企业家精神，企业才能拥有源源不断的活力。**通过超大力度的股权激励计划，美的集团将所有权和经营权充分剥离，提升了员工的主人翁精神，也成就了股东的价值。**同时，股权激励反过来促进美的不断完善公司的治理机制，打开全新的企业前进之门。最终，全体股东的利益达到高度一致，实现收益共享。让每一个个体紧密连接在一起为一个整体服务，提升美的集团的整体价值。

第三节 星巴克的"光荣与梦想"

让每个"伙伴"都拥有家的感觉

相信很多人都曾经遐想过：开一家自己的咖啡馆，装饰得富有情调，每天浸润在咖啡香气中。午后慵懒的阳光下，看着坐在窗口畅聊的客人，惬意地喝着自己亲手调配的咖啡，我们一定会流露出满足的笑容。

在星巴克，这个梦想不再是"梦"，完全可以实现。星巴克在全球的每一位员工，包括每周兼职工作 20 小时以上的员工，都有机会持有星巴克的咖啡豆股票（Bean Stock）。董事会赋予了员工购买并拥有星巴克股票的权利，目的是使员工充分分享公司的经营成果。该计划规定自每年4月1日起至财政年度结束，或者自每个财政年度开始至次年的3月31日，或者自4月1日开始至该计划当年被正式执行之前，连续被星巴克雇佣且被支付了不少于500个小时的工资的员工，都有权利享受该计划。主管及以上职位的人员不参加"咖啡豆"期权计划，但可以参加专门针对"关键员工"的股票期权计划。

早在1991年，创始人舒尔茨就面向全体雇员推出股票期权计划，目标就是让每一位员工，无论是CEO，还是任何一位合伙人，都能够采取同样的工作态度。在综合考虑公司年度业绩的基础上，公司董事会每年会考虑给予符合条件的人员一定的股票期权作为奖励。员工个人应获得的股票期权数量由以下三个主要因素决定：当年（财政年度）的经营状况及收益率；个人在该财政年度的基础薪酬；股票的预购价格或公司允诺的价格。公司的股票期权待权期为5年，任何满足条件的合伙人都可按照股票购买计划购买股票，合伙人购买股票时可以通过薪水折扣获得15%的优惠，这样只要股票上涨，股票期权就越来越值钱。

丰富的股票期权计划，既是对员工基础薪酬的有益补充，是对长期为公司服务并做出相应成绩的员工的奖励，又巧妙地将员工的利益和企业的利益结合在了一起，充分发挥了激励组合效用。星巴克这种通过主动与员工建立"利益共同体"的方式，让员工从工作中得到乐趣，形成职工对企业的归属感、认同感，并进一步满足其自我实现的需要。

在星巴克内部，每一个员工都被称为"伙伴"。这不是一种文字游戏，而是有着实在、实惠而又丰富多彩的股票期权计划为支撑的战略安排。在这种安排之下，每一个员工都有机会成为星巴克的股东，因此被称为"伙伴"。

虽然在大部分中国人看来，做咖啡店的吧员并不算是高端的职业，但是星巴克的所有伙伴们都有一种"与有荣焉"的荣誉感。

2012 年是杨洋在星巴克工作的第 8 个年头，如今他的职位是星巴克国贸一店的店长。国贸一店是星巴克进入中国市场的第一家店，1999 年 1 月 11 日开业。对于自己能负责这家具有特殊意义的店，杨洋说起来很自豪："星巴克的周年庆，也就是国贸一店的店庆日，今年是星巴克庆祝 13 岁生日，我们也准备了大蛋糕，请每一位进店的客人分享。而且在这家店工作，总能有各种惊喜，比如舒尔茨来到中国，也会选择到我们店考察。"

作为店长，杨洋的工作特别繁杂，毕竟，他的工作是要让一家店面正常运转，并保证营业额达到既定目标。因此，无论是店里的促销方案、店员的考核、店面座位设置、吧员的培训、顾客满意度……事无巨细，事事都得操心。

不过，如果走进店里，你却绝对无法从店员的分工或者穿着来区分出谁是店长。在星巴克的店面里，店长和普通吧员穿着同样的黑色 T 恤，戴着同样的名牌，做着同样的工作，点单、制作咖啡、收银、收拾桌子……"在星巴克店面没有职级的区别，我们都是在给顾客提供最好的体验，而在这一过程中，我们也享受其中的快乐。"杨洋说，"所以除了需要做更多的一些管理方面的工作，剩余的时间，我会和伙伴们一起为顾客服务，一天我大约有一半的时间都会在店里和大家一起工作。"

刚在星巴克工作了半年的姑娘刘丹最爱的是这里的氛围，她说："在星巴克我们没有业绩的压力，更多的在于分享。"或许因为完美服务的理念已经深入到潜意识，作为星巴克新人的刘丹，却和已经工作了 8 年的杨洋一样，具有一个特别的本事：只要熟客到店，不用他们开口，刘凡就已经能够准确地帮他们报出想要的咖啡。在杨洋看来，其实这就是星巴克文化的精髓所在，和顾客就像家人和朋友一样。既然是家人，那么自然就会希望去了解他们的喜好，关系他们的状态，希望他们在星巴克能获得更快乐、舒适的体验。

杨洋的另一个重任也和此相关，找准客户群的需求，提供更好的服务。杨洋发现，大部分客人都喜欢在下午茶时间来店里休息一会儿，三五个同事聊聊天。开始的时候，店里大部分座位都是硬的椅子，坐起来没有沙发那么舒服，于是杨洋就提出了申请，把大部分椅子换成沙发，这一举动，让常来店里的老顾客们赞不绝口。

星巴克吸引杨洋的一个很重要的原因就是：虽然每天做的工作都差不多，但是每天都可能有意外和惊喜，需要你自己去探索和体会，然后再完善自己、完善工作。这就像星巴克提供的咖啡，菜单上有的只是常规款，更多的定制口味，需要你自己去体验。

星巴克的福利待遇，在国内的零售业是首屈一指的。**无论是全职还是兼职的伙伴（每周工作 20 小时或以上），都可以享受一系列的薪酬福利项目，包括不断增长的薪资、额外的人寿保险、医疗保险、管理奖金计划以及星巴克商品折扣。**除了一般企业常规的福利，星巴克还为所有员工提供医疗保险，这在零售行业实属创举。

2012 年，在舒尔茨与中国京沪两地的 1200 名伙伴和家属沟通的论坛上，星巴克宣布推出一系列针对员工的新计划，包括培育公司人才发展的星巴克中国大学以及额外拨款 100 万元投入星巴克中国星基金，用于为员工提供必要的经济援助。

星巴克在为所有的员工提供工资福利制度的基础上，更进一步开始股权认购计划，使每个员工都持股，成为公司的合伙人，以此将每个员工与公司的总体业绩联系起来。根据这个计划，在每个申购季开始之前，凡是被星巴克连续雇佣 90 天以上，且每周的工作时间不少于 20 小时的员工，都有机会以抵扣部分薪水的方式或折扣价格购买公司的股票。在申购即将开始前，公司会将申购资料邮寄到雇员家里，每个员工的申购资金限额为其基础薪酬的 1%—10%。而在每个季度结束后，公司会选择一个较低的星巴克股票公开市场价格，将员工所抵扣的工资以低于市场价 15% 的折扣购买，即以"八五折"的价格购买。

这些对员工进行大量投资的举措证明了星巴克在实现赢利的同时，始终与星巴克伙伴以及所在的社区共同分享成功的果实。

星巴克的组织规划：人文精神让员工不离不弃

"星巴克的伙伴（员工）很难被挖走。"星巴克（中国）的人力资源副总裁余华充满自信。在她看来，每名星巴克员工都是公司的"伙伴"。

作为咖啡领域快消品的领军者，星巴克的伙伴每天也会受到来自各方面的压力：从企业业绩的高速增长的需求，到为顾客提供优质的体验，甚至店面中的突发状况的情绪管理等。

星巴克（中国）大学有各种和压力管理相关的课程：基层管理者的必修课"优先管理"能够提升门店管理组的时间管理技巧，帮助他们减少每日的工作压力；针对中高层管理者推出了"精力管理"的培训，将全国各地的总监及以上管理者汇聚在一起，邀请来自西雅图总部的内部讲师，介绍如何通过饮食、健身和身心调节，来缓解压力，在身体、情绪、精神等不同层面进行自我调节和改善，以保持和创造最佳的工作状态；人力资源管理部门也经常会有类似的培训，例如：如何通过了解大脑的物理呼吸，通过禅宗方式练习如何专注、倾听、静观，从而保持良好的情绪状态。"我们通过更加人性化的视角来帮助伙伴达成绩效，通过价值观约束行为，用奖励辅导等方式激励和帮助伙伴，而非通过施加太多压力来完成。"余华说道。

这种人文精神始终贯穿在星巴克内部的方方面面。**星巴克重视伙伴的声音，会定期举行"公开论坛"。在这个论坛中，每一位伙伴都可以向高管提问并得到解答。这种坦诚的沟通机制不但起到了减压阀的作用，而且真正为决策层提供了意见参考。**管理层与伙伴会定期进行一对一的"真诚谈话"，在关注伙伴是否完成任务之外，更加关注伙伴每天的感受和工作的心态。星巴克为此专门引入了"The Power of Unlocked Conversation（开启对话的力量）"课程供总监级管理层学习。

另一种鼓励伙伴的方式是"赞赏文化"。星巴克内部会定期举办伙伴公开论坛，积极认可和鼓励伙伴的突出表现。"除了公司正式的表彰外，我们在每周的咖啡品尝会上，有一个环节是伙伴之间互赠认同鼓励卡片。这种行为习惯是星巴克公司文化的一部分，紧密合作的氛围是促进人际和谐的润滑剂。"余华介绍说。

同时她也强调，与公开认可相反，如果伙伴的绩效表现差强人意，主管会选择私下与伙伴进行沟通，指出问题的同时，也会认真倾听并给予辅导。公开赞赏与私下真诚地沟通也成为了减少伙伴压力的重要环节。

余华对星巴克的伙伴很难被竞争对手挖走很有自信，因为星巴克为伙伴提供的不仅仅是工作场所，更多的是"家"的文化，在互相尊重的氛围中，员工逐渐真正形成了"伙伴"的关系。

另一方面，为伙伴提供多种发展渠道，鼓励伙伴在不同岗位"流动"也成为了特色之一。当公司有职位空缺时，公司会通过内部流程推荐给门店伙伴，鼓励大家申请。除了技术型伙伴之外，星巴克内部的提拔率为90%以上。

如今，"90后"开始成为职场的生力军，而对于星巴克来说，这些年轻人似乎适应得更快。根据星巴克积累的调研数据，余华总结出了"90后"的一些特征：勇于表现，学习能力强。"当公司举办内部伙伴大会时，"90后"多才多艺，尽可能地表现出他们的才华。"

星巴克也为他们提供了多种渠道学习和自我展现的机会，在星巴克，"咖啡大师"是专业的代名词，咖啡大师的级别认证要经过层层选拔，竞争激烈。"90后"的伙伴自我成长欲望很强，会踊跃迎接挑战。在深圳，就有一名"90后"的门店经理脱颖而出成为区级咖啡大师。有突出特长的伙伴还会被聘用为星巴克（中国）大学的"伙伴教授"，所教授的学生也可能是公司总监以上的高管。

余华称，"90后"的第二个特色是独生子女。"90后"作为独生子女更渴望交流，能快够速融于社交网络等互动媒体中，他们逐渐成为了创造"星巴克体验"的生力军。而成熟的"70后"和"80后"则拥有更加圆融的人际技巧和管理经验。多元化的伙伴构成能形成类似家庭亲情、友情的感染力，从而与顾客之间的关系也更加融洽。顾客会因为喜爱的店员而长期光顾星巴克，每名伙伴都有机会通过"竭尽所能做到最好"而成为顾客心目中的"STAR"。根据不同需求提供多种学习发展之路，将伙伴培养成为追求卓越、敢于担当的人才，无疑使他们能更加自信地面对职场压力。

"从人文视角出发，我们追求卓越业绩"。因为星巴克为伙伴提供的不仅仅是一份工作，更多的是在"家"的文化熏陶中，在"伴"你成长的氛围中实现了企业和伙伴的双赢。所以星巴克在中国的 19 年来赢得了无数忠诚的追随者——无论是顾客还是"伙伴"。

产融规划，拓展业务蓝图

2018 年 8 月，星巴克和阿里终于"正式"走到了一起。一个是全球第一大咖啡零售商，一个是线上线下"通吃"的互联网巨头，这样两家"大佬"级企业的合作经过一年多的磨合，终于在妥协中达成共识，一直对"外卖"业务心怀警惕的星巴克，也向阿里敞开了其"第四空间"——外卖和数字化的大门。这种重量级的联盟不仅改变了合作的彼此，还会影响整个行业。

一句"携手阿里巴巴，星巴克将在中国正式上线外送服务"，给延续了几个月的星巴克外送服务猜测送上了一记实锤。星巴克将与盒马开创性合力打造进驻盒马鲜生的首家品牌外送厨房——星巴克"外送星厨"，开拓"第三空间"门店之外的另一外送专用渠道。通过与盒马的深度合作，星巴克将前瞻性地布局未来中国市场新门店与"外送星厨"的有机分布组合，有效提升外送品质与扩大覆盖范围，并以独特方式优化消费者体验。依托饿了么的成熟配送体系，今年 9 月星巴克开始在北京、上海的主要门店进行外送试点，年底覆盖至 30 个城市超过 2000 家门店。如此一来，星巴克通过整合外部资源又一次扩大了其业务蓝图。

与阿里的战略合作让星巴克在中国首次推出外卖业务。"外送业务当然非常重要，但必须要以正确的方式开展，确保消费者拿到的外卖咖啡和门店的品质是一样的。"星巴克中国区总裁王静瑛表示，开展外卖业务的目的并不是为了提升短期业绩。

过去的一年，星巴克和饿了么一起在解决外卖品质这个问题，从咖啡生产到包装到配送，把每个细节都拆分来看，比如梳理菜单，剔除哪些无法满足 30 分钟之内配送的产品；包装的时候如何密封，冷热饮如何分开，直到最后饿了么配置了星巴克专送箱，成立了专门的配送团队，而且做过很多测试之后，才决定上线。

目前，淘宝、天猫会员可以一键变成星享卡会员，消费者可以在任意入口——淘宝、天猫、支付宝、饿了么、盒马、口碑，或者星巴克中国 App 下单，后台的配送体系则会实时分单——匹配到一个距离在 30 分钟配送范围并且客流量不饱和的店铺内。这是一个阿里为星巴克专门打造的中台系统，打通线上线下，占领覆盖更多的市场。

8 月 28 日，全球食品巨头雀巢与全球最大咖啡连锁店星巴克联合宣布，双方已完成 71.5 亿美元的授权协议，星巴克的包装咖啡及茶产品将由雀巢行销全球。根据协议内容，雀巢不会从这件交易获得任何实体资产，而是取得星巴克连锁咖啡店以外的星巴克产品全球行销权，等于除了现有的咖啡品牌外再加入 Starbucks Reserve、Seatle's Best Coffee 和茶品牌 Teavana，但不包括星巴克的瓶装或罐装咖啡，也不含星巴克店内本身销售的产品。星巴克约有 500 名员工将加入雀巢，而雀巢将和星巴克在一个品牌董事会下合作开发新品，此董事会将定期开会，而星巴克必须同意以此品牌开发出的任何新产品。这种产业资源互补的合作也成为星巴克拓展渠道合作的重大突破。

第四节　做好顶层设计才能一"股"作气

2017 年，广东某有限责任公司的张总急匆匆地找到前海股权事务所、中力知识科技，请求后者给他们做一套股权激励方案。公司所处的行业恰是处于一个高速发展期，国家政策也出台了有关鼓励政策，更是让该公司作为新创办企业，乘上东风，一路驰骋。但是正是由于公司发展迅速，不断开疆拓土，成立子公司和分公司，员工人数也不断增加，让张总更加懂得人才的可贵。为了凝聚人心，充分调动核心团队积极性，保障公司业绩持续增长，实现公司战略目标，与核心团队形成利益、事业共同体，实现价值共创共享，该公司迫切想制定一套股权激励方案。

张总对前海股权事务所、中力知识科技的顾问专家说出了他的期望，殷殷话语中满是真诚。他说："老师，请尽快给我们公司定下一套股权激励方案吧，越快越好。我想让跟我一起吃苦的兄弟们能够通过股权激励能得到一些物质奖励。"

"错了，张总！首先股权激励不等于股权奖励。股权激励是企业所有者让渡部分股权，利用股权的长期潜在收益激励经营者，促使其与所有者的利益保持最大限度的一致，以保证企业的财富持续增长。**股权激励评判标准是基于未来的创造，而不是根据经营者对过去的贡献。奖励是基于对过去的贡献。如果错把激励变成了奖励，公司股份分出去，不但没有收到预期的效果，反而比过去更差，致使股权激励趋于失败。**"

听了专家老师一番深入浅出的解释，张总恍然大悟，庆幸自己遇到了专业的团队。专家老师接着跟他说："您刚才说尽快定下一套方案，这我得说一下。现在很多培训机构不分青红皂白都是拿着一套统一的模板，哪个企业来了，都往这个模板靠，这样方案很快就制定出来了。而我们前海股权事务所、中力知识科技不会这样，必须按照您企业的状况量身定制专属于您的方案。而且**股权激励也不是单独存在的，它与企业的顶层设计有着千丝万缕的联系，股权激励必须在对顶层设计庖丁解牛的基础上才制定出最适合企业的方案。**"

因此，张总表示了极大的认同和良好的合作意愿。。

同年，"基于顶层设计的股权激励"咨询项目正式开始。前海股权事务所、中力知识科技与张总的公司开展了隆重的项目启动会。前海股权事务所、中力知识科技的专家顾问们介绍了本项目工作内容和工作计划，介绍了顾问小组工作方式及需双方配合事项，表示会对此公司的战略规划、公司治理、企业文化、组织结构、人力资源、流程与制度、激励机制等方面开展综合诊断调研工作，会依据客观事实进行诊断分析，充分了解公司经营管理状况，找出目前存在的问题并分析其根本原因，为公司提供优化改善的建议和针对性的咨询方案，为后续管理咨询工作奠定基础。

该公司与会的高层听取了前海股权事务所、中力知识科技的咨询过程和方法，看到了一颗认真做事，真正为客户着想的心，而且有着非常专业的知识体系和咨询流程，值得他们倾尽全力去配合和支持。

在项目进展过程中，前海股权事务所、中力知识科技的专家顾问们马不停蹄，先是确定诊断工作计划、收集整理相关资料。然后与总部和各大分\子公司的企业负责人、高层管理人员、职能部门负责人、员工代表一一进行深度沟通与访谈，又与中心负责人、区域市场负责人、员工代表访谈，请管理人员填答问卷，之后进行问卷回收与统计分析，并对访谈记录整理、观点提炼、归纳、分析，根据以上调查的结果做出该企业的系统诊断报告，对初稿进行内容汇报与交流后，再反复修改定稿。

在跟总部管理人员访谈的过程中，广东适逢台风突降暴雨。暴雨击打着窗户，狂风在高楼之间的罅隙里发出狂躁的"呜呜"声。但是前海股权事务所、中力知识科技的老师们完全不受影响，访谈中"任尔风吹雨打，我自岿然不动"。每天晚上访谈与调查后，顾问团队晚上都会在酒店深入研讨到深夜。在访谈的过程中，为了统一思想，前海股权事务所、中力知识科技的专家顾问们还在紧锣密鼓的访谈中见缝插针，为该公司集团公司和分公司、子公司的管理层和员工们培训《顶层设计与股权激励》的相关知识内容，为今后股权激励的实施做足了功课。

前海股权事务所、中力知识科技通过诊断发现，在经营战略调研结果上，92.59% 的受访者认为该公司制定了明确的发展战略，查阅公司《三年战略规划》可以了解到该公司基本战略。66.67% 的受访者认为各职能部门都设定了符合总体战略的职能战略，说明公司对整体经营战略的分解和具体战略举措的制定尚不完善。

前海股权事务所、中力知识科技认为，该公司提出了较为明确的中长期发展目标和战略规划，但缺乏对目标的细化分解和对战略实施的路径规划，这对战略执行质量会造成一定影响，而且会导致团队对战略理解不一致；建议在现有战略规划的基础上，完善职能战略部分，明确各职能模块的战略目标和功能职责以及具体目标，建议通过 BSC 平衡计分卡的形式对战略予以明确和量化，并使职能战略实现对公司总体战略的承接。前海股权事务所、中力知识科技的专家学者们告诉该公司如何区分战略和战术，为该公司战略规划的进一步明晰提供了可行的方向。**公司总战略是强调"做正确的事"，如成本领先战略、差异化战略、集中化战略等，包括战略定位、业务选择、市场区域选择等，并制定清晰的发展目标。公司职能战略是"我们应该怎么支撑总体战略和事业层战略"，如市场营销战略、人力资源战略、财务战略、运营战略等。**

前海股权事务所、中力知识科技同时为该公司梳理了组织结构。2017年 5 月 6 日，该公司发布了组织架构中，某中心归集到总裁直接管理，然而某中心从筹备到营业过程中大部分涉及各个职能部门的协作，需要极强的跨部门沟通与协作能力。2017 年 7 月 21 日，该公司发布了更新过的组织架构中，将 C 中心分拆为 A 中心和 B 中心，同时将运营中心的人力资源升级为人力资源中心。D 中心归口到运营部。五大中心由原分管市场部副总裁直接管理。一定程度上解决了总裁"半空缺"的现实问题。使得业务跨部门协作有了统一的归口和负责人。

2017 年 8 月 18 日，该公司对于组织架构再次进行迭代，再次将 E 职能归集为 F 中心，并对 F 中心下设的二级部门进行了调整。增设了消防环评组，将 D 中心直接归属到运营中心。

前海股权事务所、中力知识科技的专家顾问们，告诉该公司的管理层：**组织结构是为了实现目标而对资源进行的一种系统性安排，最终目的是为了更好地实现该企业的战略目标。该公司需在梳理核心业务流程的基础上对现有组织结构进行系统设计优化。组织结构是为了实现目标而对资源进行的一种系统性安排。**随着组织规模的不断扩大，组织的管理体制会面临领导危机、自主危机、控制危机，促使组织结构不断发生变化，同时组织员工的价值观、态度、期望、能力等都会对组织结构的设计造成影响。随着信息技术的应用，管理跨度和集权分权、业务流程等因素将面临着新的变化和新的要求。组织的创立和设计最重要的目的是实现组织的战略，组织的战略目标对组织结构的设计具有决定性的影响，组织结构必须动态地随着组织的重大战略调整而调整。

从问卷结果分析与访谈信息来看，该企业目前的组织效能尚未达到最佳状态，具体问题表现在：沟通不畅、沟通效率低下、横向沟通与纵向沟通信息不对称。在对某事业中心的调研中，调研对象普遍反映："在筹建和试营业初期因经验不足，验收试营运等问题上下信息落差大。公司政策指令很不透明，人事架构也搞不清楚，不知道隶属关系。感觉很多事情被蒙在鼓里。信息沟通及时性、准确性不够。没有决策人，上传下达有问题。门店无法领会总部意图，信息不对称。各职能部门跟事业中心运营的关键环节，节点严重脱节。决策流程过长，决策变动比较大。"

前海股权事务所、中力知识科技认为，组织沟通协调顺畅的关键在于建立纵向和横向沟通协调的闭环通道。在一个组织内部信息通道包括两个维度：纵向和横向。在组织的沟通中应该以正式信息通道为主，非正式的沟通渠道为补充。纵向的信息通道主要是为了传达公司领导对整个组织的动态控制和公司员工对组织了解的需要。横向信息通道主要是解决跨部门间相互协调的问题和发挥组织效能。

在前海股权事务所、中力知识科技的顾问专家的指导下，该公司组织架构一年内经历三次蜕变，组织结构与业务流程契合度在提升，对二级部门根据职能进行了细化，访谈中大部分受访者认为目前的组织架构更加符合该公司的业务开展需求，能为高效决策提供支持、服务。总体而言变化有以下几个方面：解决了总裁不能全部精力和时间投入到企业日常经营管理的核心问题，与业务开展强相关的各个中心均由副总裁统筹管理，解决了决策效率低下的问题和核心领导缺位问题；二级业务部门根据实际业务开展需要，进行了精细分工，使得大部分业务对接有了"负责人"，方便了一线事业中心的业务对接，使得组织职能更加健全。**信息通道应该是一个闭环的通道，只有"来"没有"去"或者只有"去"没有"来"的沟通都会影响信息传递的质量。**

在股权架构设计方面，为保护公司激励对象的权益，加强对激励对象的管理，提高办事效率，充分结合未来投资退出、融资等方面的需要，**公司将设立有限合伙企业作为本次股权激励计划实施的载体。有限合伙企业作为员工持股平台，将通过增资扩股方式成为公司股东，是特定目的的股东，不从事其他任何经营活动，不做任何其他用途。**在2019年—2020年，公司拟引进投资机构，预计释放10%的公司股份，届时所有股东包括激励对象股份比例将被稀释。公司计划在2021年申报材料，根据目前审核速度，最快计划在 2021 年上市，届时全体股东股份将再次稀释。

该公司科学地设立了"三会一层"的治理结构，即股东大会、董事会、监事会和管理层。在股权激励中，股东大会是股权激励计划的决策机构，批准本激励计划及相关计划；变更、终止本激励计划及相关计划；批准本激励计划总体激励额度；公司法和公司章程所赋予的其他权利。董事会是股权激励计划的管理机构，审议本激励计划及相关计划变更、终止申请；审核、批准本激励计划的激励对象和额度。监事会是股权激励计划的监督机构，负责对公司本激励计划及相关计划的实施进行监督；对于公司本激励计划实施过程中的相关问题，提出改善或优化建议。

前海股权事务所、中力知识科技的顾问专家指出，该公司股权激励机制设计必须结合公司准备上市的总体规划，兼顾股权激励方案的规范。明确激励对象并进行价值评估确认，确保本次股权激励是基于未来的创造而不是过去的贡献，更不能做成福利。以股权激励为核心，设定多种激励方式，并采取多次多阶段的方式满足不同对象需求。必须实现激励和约束相结合，确保股权激励要达到的目的。以薪酬体系为基础的中短期激励结合股权激励等中长期激励手段，建立长效激励机制。加强企业文化的宣导教育，做到义利结合，既注重物质利益，也关注精神富足。

综合以上，前海股权事务所、中力知识科技认为该公司是一家高起点规划、高标准建设、高资源投入的一家创业不到一年的企业，创始人拥有独到的商业眼界，拥有多年的行业运作经验与资本运作经验。在各种利好政策不断出台、各大资本跑马圈地抢占市场的大背景下，该公司希望能够快速完成标准化建设，推动企业文化建设，打造具有该公司特色的服务模式，进行商业模式快速迭代，塑造品牌价值，打造公司核心竞争力，逐步形成产业链优势，打造自己未来的产业生态体系，并期望通过股权进行人才、资源、资本的有机整合，为企业发展形成持续的动力。

前海股权事务所、中力知识科技认为：创新的思维引领、良好的企业文化、清晰的商业模式、统一的战略规划、有效的股权激励、完善的治理体系、系统的企业发展与员工成长协同机制，以及它们之间的有效组合，是任何企业达成目标的关键。前海股权事务所、中力知识科技建议该公司优化和完善以上体系，高度统一团队思想，夯实合伙人文化，激发团队创造力和创业式激情，加强科学的过程管理，推动公司企业文化落地并使之成为落到实处的系统，做大该公司的价值。

前海股权事务所、中力知识科技的项目组团队经过深入调研得出结论：该公司目前处于初创期和投入期，本阶段适宜采取集权式管理，但需要一个核心领导凝聚人心、指挥协调，存在的危机是生存危机，若没有正向现金流则很容易夭折。当然也有部分问题是企业所处发展阶段的共性问题。

业务上，该行业在国内前景广阔，大部分地区市场仍处于跑马圈地的状态，对该公司来说，在市场快速拓展的阶段，如何激活业务部门、迅速占领市场，为该公司当务之急。但目前该公司的业务流程尚未建立完善，处于摸索阶段。

组织上，该公司应根据战略发展规划，依现有核心业务流程，进行有效的组织分析，确立中心/部门定位、核心职能和关键职责，再进行定岗定编，原则是能设置岗位就不设小组、能设小组就不设部门或中心，做到组织结构扁平化，人员精简，一人多岗将在这个时期一直存在。

团队上，该公司对人才的需求非常大，包括核心管理人员、业务人员、服务技术人员。一方面可以通过外部招聘的形式迅速找到关键人才并进行筛选；另一方面，该公司也须加强对内部人才的选拔和培养，打造一支价值观趋同、专业技能过硬的高素质团队。

　　管理上，应与当前发展阶段相适应，应更加强调灵活、高效和协作。规范化与标准化应在发展中逐步完善，缩短内部信息传递通道，建立内部信息共享平台，提高决策效率，加强流程管控、强化激励约束功能。

　　文化上，企业文化建设在现阶段起到融合团队、统一思想的作用，未来更是该公司核心竞争力必不可少的一部分，必须着眼长远，以滴水穿石的方式进行积累和落地。

　　该公司的当务之急并不是迅速做出一套股权激励方案，而是梳理公司的商业模式，明确公司战略规划，清晰公司的发展方向、发展目标与发展步骤，呈现公司价值；构建支撑战略的组织体系，提升组织运营效率；完善人力资源体系，提升组织效能，搭建人力资本发展平台；以企业文化建设为支撑，呈现、传播企业价值观，通过使命和愿景引领企业发展，凝聚人心；以领导力发展为支撑，促进管理团队领导能力与管理水平的提升；规范公司治理结构，以股权为纽带，吸引并激发人才，整合相关资源，借力资本，实现平台共创多赢。

　　该公司目前为非上市公司，激励模式选择较多，方案制定较为灵活，最常用的激励模式有以下五种：

　　1.**超额利润激励**：公司在每个考核年度结束后，将实际完成利润超出设定目标利润的部分提取一定的比例分配给激励对象，各激励对象根据设定的分配系数以及实际达成的考核系数计算可分配的金额。

　　2.**在职分红**：在职分红激励是针对某一类或某些特定岗位而设定的在职虚拟股份，只享受分红的权利，激励对象一般不需要出资购买，在职分红对岗不对人。

　　3.**限制性股份**：指激励对象按照股权激励计划规定的条件，获得的转让等部分权利受到限制的本公司股票，激励对象在达成计划规定的条件，才可解除限售，否则由公司指定的人进行回购。限制性股票在解除限售前不得转让、用于担保或偿还债务。

4. 股份期权：指公司授予激励对象在未来一定期限内以预先确定的条件购买本公司一定数量股份的权利。激励对象可以选择行使权利，也可以选择放弃，非上市公司可对激励对象获授的股份期权制定限制性条款，限制期内激励对象的股份不得转让、用于担保或偿还债务。

5. 虚拟股份激励：是公司授予激励对象一种"虚拟"的股份，激励对象无实际权力，但能够拥有与实股股东同等股份分红权或增值权的一种激励方式。激励对象没有所有权和表决权，不能转让和出售，在离开公司时自动失效。公司在支付收益时，既可以支付现金、等值的股份，也可以支付等值的股份和现金相结合。虚拟股份激励通过让持有者分享企业发展价值增值权，以此来达到将他们的长期收益与企业效益挂钩的目的。适合现金流比较充裕的一些公司，它们在行业中有发展前景，市场有发展空间。公司未来可分配利益，可预测并有足够吸引力。

激励模式的选择要综合考虑公司性质、发展阶段、战略规划、资本规划、股东意愿、员工需求等因素。

该公司作为非上市公司，尚处于初创期，还在进行市场开拓、资金投入和团队打造，短期内无法实现盈利，并且总部承担前端门店的管理和服务，不直接创造利润，所以总部的股权激励不建议采用超额利润奖励、在职分红、虚拟股份激励的激励方式。

实股激励风险过大，人员目前尚不稳定，是否适合公司不能确认，注册后股东变动需走法定程序，风险较大；限制性股份也需要注册，也存在一定风险，人选也较难确定。

股份期权风险最小，如对公司股权价值测算和塑造到位，激励性也比较强。但股份价格较难确定，激励额度也需与董事长沟通并测算才能确定。行权条件设定要科学，可达成，否则会被激励对象理解为"画饼"。

最终经过对比分析与择优考量，前海股权事务所、中力知识科技根据该企业的实际情况，建议**在总部实行股份期权激励计划，在分公司和子公司实行合伙人激励计划。同时也建议随着公司进一步发展，公司集团化成熟后，可以考虑实行集团股激励机制。**

集团股激励是指从集团的角度出发，给每个分公司或者子公司总经理分配股份，以此绑定分/子公司和集团的利益。

集团股激励可以让每个分/子公司的总经理都有股份，激发其进取的动力。让分/子公司和集团利益捆绑，能促使被激励对象更关注集团的顶层设计和整体效应，激励他们为公司冲刺上市发挥最大潜力。

在企业的扩张期和成熟期，分公司和子公司业务开展并成熟，集团总部除了在集团内部进行股权激励之外，还要对分/子公司进行股权激励，也就是集团股激励。实施集团股股权激励的意义是，在不稀释母公司股份的基础上，加强对核心分/子公司总经理和高管的激励，并吸引新来的技术和销售团队。对于母公司来说，如果分/子公司能运作好，可换成母公司股份或独立挂牌上市，如果运作不好，就把其关掉；对于分/子公司总经理和高管来说，可以利用母公司的品牌和资金优势，再加上自己的能力，打拼出一片独立天地。

集团股激励既是分/子公司高管发展与激励的需要，也为公司上市的股权重组打下基础。集团股股权激励的授予是有条件的，基于责任、权利和义务相结合的原则，综合考量激励对象所承担的岗位职责、经营贡献和绩效表现而确定。

第四篇

股权运营：打造企业核心价值
生态系统

第十二章

股权运营之道

　　股权运营，顾名思义，就是用股权作为运营的方法论和思维导论。如果企业家不能明白其中之道，必将会白白浪费企业发展的大好时机甚至是慢慢带领企业走向衰败。如前所述，股权激励作为激励的手段，可以连接人才、资源和资本，为企业的发展助力与赋能。然而，办企业如同中医，如果用西医观点看待企业中出现的问题，就会"头痛医头，脚痛医脚"，只解决企业表面存在的问题。而中医则把人的身体当成一个互相关联的系统，从根本上找到病灶，以杜绝问题的发生，甚至达到"上医治未病"的境界。一个人肝、胃、心脏都很好，但是身体未必很健康，同理，一个企业产品好、技术、服务都很好，这个企业未必能办得成功。有很多国外学成归来的技术"海归"办企业却束手无策，也有很多掌握大量资本的创业者，让企业成为了自己的"滑铁卢"。因此，我们要跳出企业看企业，用系统的眼光看企业，把企业看成是一个内部和外部的系统链接。无论是企业内部的组织、人才还是外部的资源、资本，企业家如果能把这些因素整合起来，为我所用，基于公司的顶层设计和规划把企业、行业甚至产业的资源都统筹配置，便具有了顶尖企业家的顶尖思维。股权如同企业家手中的一张王牌，这张牌打好了，企业能够长治久安，这张牌打错了，企业如同一盘散沙，立马被惊涛骇浪打散。

那么，什么是股权运营呢？**股权运营就是基于企业的顶层设计为基础，以股权为纽带，联动企业发展的核心要素，包括人力资本、产业资源和金融资本等，形成系统的股权思维和行动方案，促进企业股权价值提升，保障企业长久发展。**股权运营是基于顶层设计与价值发展的，其模型如图12-0-1所示。前海股权事务所、中力知识科技通过这几年的实践经验，总结出两条非常重要的股权运营之道。

图 12-0-1 股权运营的模型

第一节 股权规划融入顶层设计

从思维导图可以看出，围绕着"利"和"权"展开，对企业的人才、资源和资本进行有效配置，解决创始股东、经营团队和投资机构三者之间的相互关系，在顶层设计的四大模块支撑之下，结合股权的价值发展，形成了股权的运营之道。股权运营是一个高效能动的商业生态系统。企业从宏观上从整体上看待问题，一开始就运用股权运营的思维，将股权规划融入顶层设计中，在股权运营的思维格局下，企业可以冲破过去思维的拘囿，打通商业系统和股权系统，把创造和分配的系统融合，在整合资源和借力资本之间找到一条产业创新之道。股权规划融入顶层设计中，可以很好地解决"权"的分配问题。通过顶层设计，实现"权"的分配，从而通过企业的股权平衡创始股东、经营团队和外部投资机构的关系。创始股东通过股权运营激活经管团队，吸引投资机构，在股权运营思维的指导下通过多种多样的方法盘活股权，清除企业发展过程中的障碍。

股权是企业的核动力，需要盘活，需要运营。很多企业家推行股权运营的热情高涨，言必谈股权，然而，很多企业家以为在内部实施股权激励计划就是股权运营了，其实不然。因为推行股权激励计划之后不久，他们也会发现，效果实在是差强人意。一提起分红，员工都非常感兴趣，但最后要让他们拿出真金白银买股份的时候，他们却纷纷打起了退堂鼓，不是觉得太贵不买或给老板面子多少买点意思一下，就是拿到股权之后把自己当成了老板做起了大爷，还有的员工因为没得到股权，工作起来没了积极性，让原股东们哭笑不得、痛心不已甚至后悔做股权激励。企业这样的做法之所以打动不了员工，没有产生预想中的员工被激励之后兴奋、拼搏的状态，还是因为企业家并没有站在股权运营的层面去思考问题，在顶层设计的基础上部署股权规划。员工虽然收获了股权激励的股份，但是员工是看不到公司股权在现在和未来的价值。因此，企业不能只是片面、点状、简单地去做股权激励，而没有系统、全面地应用股权运营思维去利用股权的力量，把本是企业"核导弹"的股权当成了"手榴弹"随便扔了出去，效果当然堪忧，问题一大堆也在所难免。

所以，我们一定要牢牢记住一点：只有用股权运营思维盘活股权，让企业的股权价值彰显，股权激励才能真正发挥效能。

第二节 股权运营联动人力资本、产业资源和金融资本

在股权激励中我们强调股权可以去连接人才、资源和资本，股权可以用来激励企业内部的人力资本价值高的员工或者是激励外部的优质供应商或经销商资源，甚至可以用来作为股权融资激励资本方。而在股权运营的模型中，我们强调股权运营需要联动人力资本、产业资源和金融资本，运用股权联盟、产业链激励等方法，打通上下游，整合产业链资源，实现多方合作共赢。站在更高维度的视角去考虑问题，股权运营能够有效地激发人力资本创造的价值，为企业赋能，也可以激发产业资源的上下游，充分整合产业内的资源，当然更不能忽略金融资本的作用，通过三者的联动，我们可以看到，股权运营中的几个核心要素犹如扭在一起的一股绳索，产生了无穷大的韧劲，让企业从内到外都散发着活力。

1.人力资本在当今企业的发展中已经发挥着重要的作用，传统的投资模式或是创业模式都开始在慢慢转变，企业已经不是货币资本一统天下的时代，人力资本开始拥有部分产权，变成了企业的主导。尤其是在初创企业中，人力资本更是起着关键性的要素。初创企业的主导资源其实是知识资本和人力资本，而不是金融资本，在创业的早期，人力资本对企业是否能够成功存活下去起到关键的作用，在吸引产业资源和金融资本方面也起着重要作用。小米就是一个非常典型的案例。在小米公司创业初期，雷军想做的只是手机项目的创业，雷军找到林斌、黎万强、洪峰、黄江吉等联

合创始人，组成了小米项目的创始团队。正因为有这样的创业团队，后期去找资源和资本的时候就变得一帆风顺，在说服投资人进行投资的时候也少了很多的阻力。

2. 股权运营的重要手段之一是以股权为纽带，加深企业之间的联系，体现了"协同效益"这一鲜明特点，促进企业在产业链上下游寻求协同效益，相互取长补短，实现产业结构层面的多元化经营。近年来，国家鼓励央企之间推行交叉持股，加速产业结构优化调整，加强上下游企业间的战略协同，形成产业联动效应，也有利于实现股权多元化，这也成为国企改革的新路径。同时，国企、央企间的股权转移也可以优化股权结构，实现股权的多元化，是改变之前国企"股权一家独大"的现实路径之一。

3. 当今，金融资本已成为越来越活跃的资本形式，在企业整个发展周期中都起到了至关重要的作用，尤其是对那些成为独角兽的企业来说，它们的快速发展都脱离不了金融资本的助力，比如滴滴、共享单车、瑞幸咖啡等，之所以能够迅速成为行业的领军者或者后起之秀，脱离不了资本的强有力的支持。

股权运营就是将人力资本、产业资源和金融资本三者完美地融合在一起，协同发展，产生联动效应。只有三者齐心协力，相互助力，才能保障企业健康持久的发展。

第十三章

股权价值发展

第一节 股权价值发展模式

作为股权运营中的核心要素——股权价值，对企业的长远发展起着至关重要的作用。企业的价值发展是通过价值创造、价值倍增、价值经营等路径方法，持续实现创始股东、经营团队、投资机构等多方面的共同利益。股权是企业股权价值发展的连接通道，连接多少资源和资本，企业股权价值就有多大。

股权运营是以价值创造为导向，基于公司未来的价值发展方向，吸引人才、资源和资本。企业的经营方向在一定程度上决定了股权价值发展的方向与速度，不同的企业会有所不同。企业的股权价值发展主要依赖于股权价值倍增或者资本的溢价。通常而言，企业的股权价值 = 股份数量 × 股票价格，因此股权价值的发展就有两个发展方向，一方面通过股本的增发或者扩大，可以增加股本数量，从而实现股权价值的发展，另一方面，可以通过股份价格的溢价或者增值，实现股权价值的发展。而要实现股权价值的发展也离不开企业规模的发展，经营能力的提升，产业资本和金融资本的助力。

对企业而言，要想把公司的企业价值和股权价值发挥出来，离不开资本路径的规划。前海股权事务所、中力知识科技总结了资本路径发展的两个基本模式。

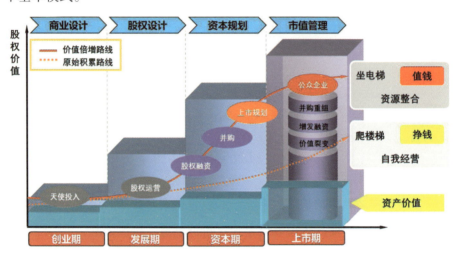

图 13-1-1 企业股权价值发展模式

爬楼梯模式

现在很多企业还在用非常传统的方式去经营，企业经营了几十年，年利润都没有什么特别大的变化，企业一直以来都是一步一个脚印，稳稳当当地保持了一定的增长。这样的方式，我们称之为爬楼梯模式。爬楼梯模式，主要依赖于企业自身的自我经营，完全依赖自己的资金积累，慢慢地滚动发展，把自己积累下来的利润再投入扩大再生产中，使企业慢慢地发展。这样的企业从创业期到上市期，其资产价值的变化并不明显。企业经营战略本身也并没有错，但是往往会很快被同行业的后起之秀或者跨界的一些企业所超越，市场会迅速地被瓜分，导致自己辛辛苦苦经营了几十年的基业一下子就被别人吞噬掉。这种经营方式是一种自我经营的模式，类似于闭门造车，自己打造自己的事业，而不关心周边同行的发展。

坐电梯模式

在企业经营管理上还有一种模式，是借助于金融资本的力量，通过资源整合、资产并购重组、增发融资、价值裂变等方式，使得企业的规模和实力迅速提升，我们称之为坐电梯的模式。这种模式从创业期开始就有资本的进入，通过股权运营、股权融资、并购和上市规划等，不断地将股权进行溢价，将股权价值做大。从模型图中，不难看出，企业除了做好主业经营之外，需要借助资源整合和金融资本，能够快速实现企业价值最大化。享受坐电梯带来的优越感的同时，企业也需要防范风险。这种模式下，股权运营至关重要，稍有不慎，企业也会人仰马翻，阴沟里翻船。

第二节 股权价值发展过程

比较了股权价值发展的两种模式后，我们不难发现，要迅速将企业发展成行业的独角兽，不借助资本的力量是行不通的。正常情况下，如果是爬楼梯模式，企业股权价值的发展是接近线性的，而坐电梯模式下，股权价值发展会随着融资的过程而产生价值倍增和资本溢价。其中融资是企业股权价值发展的一个重要工具。伴随着企业股权价值的发展，企业股权融资形成了"金三角"的结构，也就是企业的一轮融资、二轮融资和 IPO 融资以及企业上市后再融资的过程。企业价值发展有三个非常重要的方面，如图 13-2-1 所示。

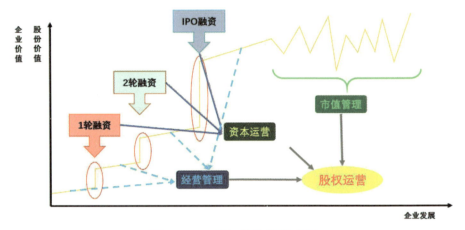

图 13-2-1 股权价值发展过程

经营管理

企业通过经营管理做高利润率,使得企业的股权产生价值并不断增长,是企业价值发展的基本面。只有通过高效的经营管理,提升股权价值增长率,才能使得企业的发展具备资本溢价的可能。

资本运营

当企业发展到一定的阶段,企业想要继续高速地发展就必须借助资本的运营。融资的过程其实就是资本运作的过程。在进行融资的过程中,与风投谈判最重要的筹码就是企业的估值与溢价水平。通过企业股权价值的增长率可以推演企业股权价值的发展,使得企业具备溢价空间,企业股权的 PE 值越高,企业的融资能力就越强。通过融资,又进一步推动了股权价值的不断增长,如此良性循环,企业的股权价值就会越来越高。这个过程就是资本运作的过程。资本运营过程中,股权的增长率越高,其融资的溢价就会越高，而更高的溢价，又会促进股权价值的快速增长，如此反复循环，就会让企业的股权价值不断得到跃迁。

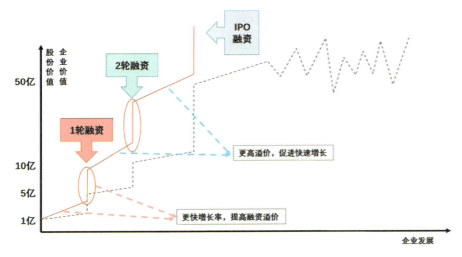

图 13-2-2 股权价值跃迁过程

当然，在资本运营过程中，IPO 融资的时机和路径的选择都是非常重要的。选择在 A 股主板上市、创业板上市、香港上市或者是美国 IPO 都非常有讲究，因为各个国家和地区的资本市场对企业的估值和溢价的判断有很大不同。在美国 IPO 的时候，可能会对中概股有一定的抑制，会对企业的股权价值评定或者市盈率呈负面的结论。而选择何时 IPO 对资本运营同样重要，像小米的上市时机就不是很好，选择了在整个市场低迷，且在外资打压国内市场的情况下，选择在香港上市，这个时候想要维持股价增值是非常难的。

市值管理

当企业上市之后还会增加另外一条非常重要的线，就是市值管理。企业上市后，无论是来自市场的需求还是股东的需求，股权价值都是希望上行的。通过并购重组，增发融资等手段促进企业价值继续增长。

因此，股权是企业发展中的核心激励资源，只有通过流动、分享、增发才能更好地发挥它的价值；股权是企业中最具价值的资产，通过扩大、稀释、增值、溢价才能使其价值最大化。

第五篇

商业文明：顶层设计与股权运营的精神穹宇

第十四章

合伙人时代的企业文化

第一节 顶层设计的文化承载

顶层设计与股权激励需要企业具备一定的基础，如同植物需要土壤一样，在这其中，文化是一个不可忽视的重要因素。企业文化是企业全体员工广泛认可的精神品质和行为方式，是能够切实落地执行的价值观念和行为准则，是贯穿企业发展全过程的一种助推力。它也是具有企业特色的群体意识、行为规范、环境形象和产品服务等，其中蕴含的价值观和企业精神是其核心内容。它不是挂在墙上的标语口号，也不是装订精美的宣传手册，更不是企业老板在大会小会所宣传的名言警句。正如马克斯·韦伯所说："任何一项事业背后，必须存在一种无形的精神力量。"所以，企业文化虽然是无形的，却能切实地影响到企业中每一个人的处事方式和工作效率。

企业文化是顶层设计的文化载体。华为公司作为中国企业中的领军企业，近几年它身负所向披靡的锐气，从国内市场走向世界舞台，并荣登全球行业第一的宝座，开创了中国企业领先世界的先河。在这个过程中，华为的成长势能、经营能力都令人不禁感叹。尽管如此，作为华为掌舵人的任正非却一直告诫华为人，要时刻记得拷问自己"下一个倒下的是不是华为"，这种危机意识成为华为企业文化中的核心要素。在这种企业文化的驱使下，华为持之以恒地进行创新与探索，在企业内部实施了大规模的员工持股计划、轮值CEO到轮值董事长管理模式，还创办华为大学为员工提供多元的学习方式，让华为一直保持清醒及前行的状态，正如华为人所说的那样："华为没有成功，只有成长。"

正是因为华为的危机文化让华为的顶层设计一直在改进，在跃迁。与之相对比的是，有的企业也想改进企业的顶层设计，或者升级商业模式，或者优化治理结构，或者促进人才发展，或者促进产融结合，但是由于良好的企业文化没有形成，致使顶层设计没有得以培育的土壤，最终难以按照规划做好顶层设计。

企业文化也是帮助联想在市场上取得竞争优势的因素之一。柳传志提出的"定战略、搭班子、带队伍"得到了很多企业家的高度认可，"入模子"培训更是联想提高团队战斗力的秘密法宝。通过"入模子"，新加入的员工会在最短的时间里融入联想，认同联想的企业文化，形成共同的价值观。拥有统一思想的联想人，在各自的职位上尽己所能，为人才赋能，为联想的顶层设计提供了更有利、更丰富的支持，共同造就了联想的辉煌时代。正是因为联想集团注重培训和学习的企业文化让联想的顶层设计的大厦坚固稳定，在行业中名列前茅。

对于任何一个企业来说，从创业初期经历风雨颠簸，终见繁花锦簇，走过的是岁月，经历的是故事，沉淀的是文化。在企业顶层设计过程中，企业文化能使员工与企业有着一致的奋斗目标，提高员工的主人翁意识，增强员工对企业的责任感和归属感，从而实现企业的可持续发展。这样的企业文化也能为顶层设计与股权激励保驾护航。

企业文化对于股权激励也有着巨大的促进作用。良好的企业文化可以提高员工的工作效率，防止人才的流失，解决消极怠工等问题，为股权激励的实施提供良好的环境和扎实的基础。优质的企业文化可以提高员工的责任意识和企业归属感，并提高员工的工作积极性，使企业实现管理人性化、员工流失最低化、管理效率最佳化，这也是股权激励实施的必要条件。如果企业长期忽视组织文化建立，造成组织人心涣散、缺乏组织凝聚力，团队都是一盘散沙，又何谈有效推行股权激励。

在我们看来，为了更好地在顶层设计的基础上进行股权激励，有四种企业文化必须根植于每个人的心中——合伙人文化、创新文化、创业文化、学习文化。

合伙人文化遵循的原则是共创、共识、共担、共治、共享。共创是价值驱动要素联动，合作协同创造价值，以客户为核心形成价值创造、价值评价、价值分配的循环；共识有利于建立价值驱动型组织，战略共识与文化价值认同；共担就是合伙人一起出钱、出力、出资源，自我施压与担责，让雇佣关系转向合伙关系；共治是新治理规则，平台责任与小微责任，决策上移、责任下沉、权力下放、共同参与；共享是利益、资源与智慧共享，促进共享平台的建立与价值创造体系的形成。

创新文化的营造离不开组织的创新，可以采用鼓励推动的策略。传承和创新是领导者的重点，领导者要做连接器，把内外资源有效融合起来，重点工作有：邀请成员一起讨论、描绘企业未来发展的商业蓝图，建立内部和外部资源的沟通和协作的桥梁。鼓励、倡导创新和求变的精神，并给予奖励。打造内部创业的环境，激发内部成员的企业家精神。在生态架构下，给予组织更多的自由发展空间。发掘和培养新一代的企业家，不断传播企业思想与文化，鼓舞士气。

创业文化的关键点是：第一，改变企业与员工关系，从雇佣关系向合伙关系转变。第二，给予员工发挥个人价值的机会，鼓励创新行为。第三，组织内部管理思维向经营思维转变，宣导企业家精神。第四，建立以用户为导向的经营模式。第五，建立股权激励模式与合伙人机制。第六，打造创业的文化氛围。例如芬尼克兹就非常注重创业文化，提倡裂变式创业。在公司内部举办创业大赛，只要有野心、有能力的员工都可以参赛，高管用钱投票，让获胜员工做新公司股东，总经理带团队。芬尼克兹通过裂变式创业，在短时间内便孵化出七家新公司，并且每家都能赢利。

学习文化是创建学习型组织的关键。企业在顶层设计和股权运营的过程中，太多的内容需要不断学习、消化和实践，只有不断学习，才可以跟得上时代的节奏，成为行业的引领者。学习文化高度重视人的因素，特别是人素质的全面提高，注重企业和员工的协调发展，是人本管理最高层次的体现。学习文化是一种鼓励个人学习和自我超越的企业文化；是一种形成共同价值观、改善心智模式、培养系统思考能力的企业文化；是一种以学习力提升创新力进而增强企业和员工的竞争力的企业文化。

第二节 股权运营的精神引领

都说"人生不只有眼前的苟且，还有诗和远方"，对一家企业来说，利润就是眼前的苟且，而诗和远方就是愿景。

管理学大师彼得·德鲁克曾经提出，企业必须思考三个问题：

第一个问题，我们的企业是什么？

第二个问题，我们的企业将是什么？

第三个问题，我们的企业应该是什么？

这三个问题是构建企业文化的原点，也集中体现了一个企业的愿景。回答这些问题并付诸行动，可以显现出愿景的力量，而拥有这种力量，可以使企业家在时刻变化的环境中保持清醒的认识，让企业始终运行在正确的轨道上，并保持优越的竞争位置。

造就一家百年企业，靠的是 1% 的愿景以及 99% 的践行。使企业的运营发展与愿景始终一致，是企业家的重中之重，然而，企业家迈出的第一步永远是为企业构建一个可预期的愿景，使所有员工以及其他所有的愿景相关利益者都认同这一愿景，并心甘情愿为其拼搏。一家企业有什么样的愿景，就意味着它会有什么样的未来。

愿景是什么？简单来说，愿景就是告诉利益相关者们"我们的企业将会成为一个什么样的企业"，它是一种宏伟的承诺。企业愿景是企业家勾勒出的美好蓝图，是所有利益相关者对企业未来的一种憧憬与期待。企业愿景并不是指现在要给人们什么，而是让大家拥有一种共同的愿望——通过大家的努力，在将来能得到什么。也就是说，描绘愿景不是为目前"充饥"，而是让人们将眼光放得更长远一些，从而激发出内在的动力。

当微软还是一家很小的公司时，其创始人比尔·盖茨就提出这样一个伟大的愿景："让计算机进入家庭，并放在每一张桌子上。"进入 21 世纪之后，微软又提出了新的愿景："通过优秀的软件赋予人们在任何时间、任何地点，通过任何设备进行沟通和创造的能力。"

福特汽车的创造者亨利·福特的指导原则是："我要制造一辆适合大众的汽车，价格低廉，谁都买得起。"当福特提出这样一个愿景——为每个人提供一辆买得起的汽车时，当时没有一个人相信他。而今天，这愿景早已成为现实。

"你是想一辈子卖糖水，还是想跟我们一起去改变世界？" 1983年史蒂夫·乔布斯对时任百事可乐公司总裁的约翰·斯卡利说了这样的一句话，这句话深深打动了约翰·斯卡利，他毅然决然地离开了百事可乐，来到苹果公司并担任了苹果公司的CEO。改变世界是苹果公司一直以来的愿景，正是在这个愿景的驱动下苹果公司才成长为世界上最有魅力的品牌。

曾经有记者问张瑞敏："海尔的最终目标是什么？"张瑞敏回答说："成为一个真正的世界品牌，不管走到全世界任何地方，大家都知道海尔是一个非常好的、我喜欢的品牌。"基于这种企业愿景，海尔始终以创造用户价值为目标，一路创业创新，现在已经发展为全球白色家电第一品牌。

没有愿景的企业是走不远的。一个没有愿景的企业，或许也能创造巨大的利润，但是却永远不会成为一个伟大的企业，企业拥有者或许拥有雄厚的资产，但他不可能成为一个受人尊重的企业家。

愿景为企业发展指明了前进的方向，为员工创造了一个将个人目标与企业目标相结合的平台，从而使员工将个人命运与企业命运相结合，以此为契机，企业的人才、资源都得以凝聚在一起。共同的愿景从DNA的角度改变了人与人之间的关系，有了愿景，一家企业就不再是一群普通人的简单组合，而是一个有共同理想、共同使命的命运联合体。每一个员工不再是一个被动的服从者，而是为了共同愿景进行创新学习的开拓者。愿景是对未来的投射，它具有理想性、未来性、激励性、方向性与可能性等五大特性，将愿景化为行动时，它的影响力是巨大的，企业将会如同原子弹爆发一样，释放出每一个人的巨大潜力。

阿里巴巴刚刚成立时，马云就提出了一个宏大的愿景：做102年的企业，做世界十大网站之一，是商人就一定要用阿里巴巴。阿里巴巴的董事局副主席蔡崇信，在加入这个团队前就职于香港的一家知名投行，1999年时年薪就已经达到上百万港币，然而，他在拜访马云后却毅然决然地决定放弃投行工作，以500元人民币的月薪，就职当时刚刚上线第一个网站的阿里巴巴。蔡崇信在接受《福布斯》采访时回忆道："与马云见面时，他一直都在谈论伟大的愿景，谈论如何帮助数百万的中国工厂接触西方世界，我被他的人格魅力深深吸引。"很多企业在创业初期都为没有资金招募精英人才而苦恼，伟大的愿景却能吸引志同道合的伙伴加入。

马云说："我们不断地强调使命和愿景，有的人讲阿里巴巴给大家洗脑，其实错了。在信息开放的今天，还有几个人能真的被洗脑？员工相信阿里的使命和愿景，是因为我们真正激发了员工内心的动力。愿景和使命碰在一起，会像化学反应一样，激发出强烈的火花，点燃人们的内心，大家觉得做这件事情有意义，才会努力做下去。"

经济学家杰克·弗朗西斯曾经说过："你可以买到一个人的时间，你可以雇一个人到固定的工作岗位，你可以买到按时或按日计算的技术操作，但你买不到热情，你买不到创造性，你买不到全身心的投入，你不得不设法争取这些。"而企业愿景却能帮你争取到这一切。

愿景也是股权激励的精神引领，唯有具有愿景的企业，才能做好顶层设计与股权激励。从某种程度上来说，股权激励机制是企业内部的一个"筛子"，通过这个"筛子"，企业家能筛选出愿意与企业、与大股东携手拼搏的人。经常有一些中小企业老板会问这样的问题："我的公司在创业初期就做了股权激励，很多元老现在都成了公司股东，他们难道不应该把公司的事当成自己的事吗？但事实完全不是这样，这些人还把自己当成打工者！一让他们做什么，就叫苦连天！"面对这个问题，不得不承认，这些中小企业主过于理想化，不是每一个人都适合创业，也并不是每一个成为公司股东的人都会成为创业者，大多数人对自己的定位都只是打工者或职业经理人。因此，企业在进行股权激励的时候一定要慎重，要用愿景来吸引员工，让他们相信企业的未来，相信自己的股权在未来会拥有更大的价值。

当然，再美好的愿景，也必须是能落地的，是可靠可信的。落地的最终表现就是企业愿景内化于心、外化于行，使企业中的所有人同心同德、言行一致。唯其如此，企业制度、企业理念与企业员工行为才能高度匹配。要实现落地，就需要营造良好的企业文化，使员工在文化环境中受到熏陶和感染，让愿景深入员工心中，让员工在愿景的指引下不断提高自身能力，为企业而奋斗。

为企业构建愿景，如同立下一个美好的目标，只是个抽象的起点，要使其得到真正实现，还需要企业家在过程中不断完善愿景，以及厘清与坚持其核心价值与基本原则。愿景是企业发展中跨越现实要达成的最终目标，所以实现过程必然会有障碍，唯有在实践中能时时反思，忠于初心，才能克服各种困难艰险，享受愿景带来的丰硕果实。

第三节 合伙人的价值观驱动

很多伟大企业的创建者都深谙一个道理：**搞清楚你在坚持什么，比了解你要去往何方更重要**。因为你的目的地会随着周围环境的改变而改变。产品存在生命周期，市场环境日新月异，技术会更新换代，管理理念也绝非一成不变，然而，一家企业的价值观却如同不灭的灯塔一样，永远指引企业变革的方向。

企业的价值观具有巨大的能量，这种能量能够渗透到企业的目标、政策、战略、日常管理以及一切活动当中，能够反映到每个部门、每个员工以及每个产品上，甚至还能够辐射到企业的外部。只有在企业中构建起统一的价值观，才能够激发全体员工的责任感、荣誉感、工作热情以及创新精神，由表及里地约束、引导和激励着全体员工的行为乃至整个企业的行为，充分发挥企业文化的力量，把组织上下凝聚在一起。在统一价值观的指引之下，企业家才能在企业中打造这样的团队：最牛的人都愿意来；来的人拼命奋斗；干得好的人都不想走。

《基业长青》一书的作者詹姆斯·柯林斯说："让你与众不同的不是你的信仰，而是你相信的程度。"这同样适用于我们的企业——企业不能没有价值观，一家企业如果没有价值观就如人失去了灵魂。这样的企业，对内，没有吸引力和凝聚力。对外，没有爆发力和竞争力。但只有价值观也是不够的，对企业价值观的信任和坚守，才是一个企业盈利之外最重要的东西。

纵观世界上的知名企业，几乎每一个企业的高层领导人都在大力强调企业文化的影响力，都希望在自己的企业里建立良好的企业文化和一致的价值观。这个价值观一旦确立，就贯穿始终。

2004 年，阿里巴巴将"六脉神剑"确立为企业核心价值观，这个核心价值观是由六个准则组成的，并且以金字塔形式呈现：塔底讲的是做人（激情、诚信、敬业），塔中讲的是团队（团队合作、拥抱变化），塔顶讲的是使命（客户第一）。

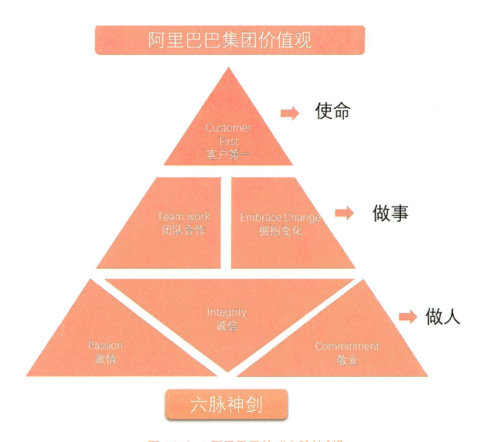

图 14-3-1 阿里巴巴的"六脉神剑"

在十多年的创业历程中，阿里巴巴正是靠上述的价值观、使命感激励员工、凝聚人心、统一行动，使阿里巴巴从小到大、从弱到强，克服了一个又一个困难和挫折，取得巨大的成功。

在阿里巴巴，核心价值观是绝对不能违犯的，2007 年 7 月，马云对员工们说："很多人刚进入阿里巴巴，觉得我们的价值观、使命感，比较虚。但只要马云在一天，这就是一个天条。我什么东西都可以容忍，但是背叛共同的目标和价值观不能容忍。" 2016 年中秋节期间，阿里巴巴在公司内部销售月饼，当时有五名工程师通过修改脚本抢到 124 盒月饼订单。看似近水楼台的顺理成章却与阿里巴巴的价值观相背离。因此，最终这几位员工被阿里巴巴的"六脉神剑"一剑封喉，不得不离开公司。在阿里巴巴的历史上，因为价值观与企业相违背而被裁掉的员工、中层甚至 CEO 级别的人物，不胜枚举。同时，阿里巴巴在纽交所上市之时，与以往的上市公司核心高管敲钟仪式不同，阿里八位敲钟者均是阿里的客户，也深刻地体现了对公司"客户第一"这一价值观的践行。

与阿里巴巴强硬、犀利的价值观不同的是，小米公司的价值观体现出了几分雷军式的平和。在 2017 年 1 月的小米年会上，雷军在演讲中对小米的核心价值观进行了总结：真诚和热爱："如果不真诚，做事不厚道，再高明的忽悠也长久不了，用户总会看穿离你而去；如果不热爱，你肯定没法坚持创业长跑中孤独寂寞和玩命死磕中的痛苦，肯定做不出真正让人感动的产品。我们的愿景是让所有人都能享受科技的乐趣，如果自己都不能享受这个过程，怎么可能让用户享受结果？"

2018 年 4 月 25 日，雷军在小米的新品发布会上公布了小米董事会的一项决议：小米的硬件综合税后净利率不超过 5%，超过 5% 的部分，小米将用合理的方式返还给用户。小米对用户的慷慨令人震惊，因为智能手机整体利润率额仍然维持在一个比较高的水准，苹果达到了 35%，三星在 15% 左右，国产手机虽然略低，平均净利率也能达到 10%。企业都在追求利润率，小米竟然反其道而行之，正是其核心价值观的体现。

价值观是企业在发展中必须遵循的准则，是影响企业未来发展的精神元素。作为企业文化的精髓与灵魂，价值观深深地根植在企业中，使一个企业从根本上区别于其他企业。企业的价值观看上去似乎是虚的，看不见也摸不着，实际上却是实的，它是为了实现企业的使命而提炼出来的观念，并在企业内部加以倡导，指导企业员工的共同行为。实际上，企业的发展目标、管理制度、市场营销等背后都有价值观在发挥作用。德鲁克说，企业家和管理者的任何管理行为，一举手、一投足，都受到价值观的支配。

企业与员工的价值观统一才能打造铁军。我们一直强调，在企业中，对员工进行考核应该遵循一个原则：**价值观第一，能力第二**。任何一家企业都要重视对每个员工的价值观契合度的考核。一个人如果价值观与企业不一致，无论能力多高，都难堪大任。员工与企业应该是事业合伙人，只有找到志同道合的人，拥有共同的目标和统一的价值观，才能心齐，企业才能获得持续发展。

同样，在进行顶层设计和股权激励时，是否与企业拥有相同的价值观，是一个非常重要的衡量标准。那些与企业价值观相悖，只想通过股权激励投机一把的人员，企业家一定要坚决地将其从企业的队列中剔除出去。如果激励对象与企业的价值观差异悬殊，很容易分道扬镳，甚至导致企业出现不可预估的风险。再好的股权激励，也只有选对人才能物尽其用。企业家应该通过股权激励机制筛选出愿意为公司长远发展而奋斗，愿意与企业一起长远走下去的人。

而对那些与企业价值观一致的人，企业家应该将其当成合伙人，激活他们的合伙人精神，让员工对企业产生一种归属感，由原来的为老板工作变成为自己工作。

2017年1月，复星集团创始人郭广昌宣布在企业中实施"合伙人计划"，并决定拿出1.11亿股把公司的核心管理人员"转"为公司的合伙人，第一批拿出其中的4000万股让18位高管成为"全球合伙人"。按照复星集团当时的股票价格，1.11亿股的总价值高达12.8亿港元，这个天文数字使这个合伙人计划被公认为"史上最牛的股权激励方案"。

在其亲笔写就的《致复星全球合伙人的一封信》中，郭广昌称复星从创业之初，创始人之间就是合伙人的概念。他提到，"我们希望复星的人才战略更多地学习高盛的合伙人文化，我们要强调团队、精英组织和企业家精神，我们期待每一位复星人都能成为复星合伙人。"

他这样阐释复星集团的合伙人计划：首先，复星会有不同层面的合伙人，"复星的合伙人将是各自专业领域的脊梁，又拥有着复星全局发展的视野"；其次，复星集团层面的合伙人，是完善复星整个合伙人计划最重要的一步；第三，复星合伙人一定是全球化的；第四，也是最重要的，复星合伙人不是终身制的，也不是论资排辈，复星希望更多年富力强、符合标准的新鲜血液补充进来，而不符合的一定要逐渐退出。360公司CEO周鸿祎也在多个场合表示希望员工能够成为360的合伙人。在与妻子商量之后，他还从自己之前的个人股份中拿出1%，加上买方团增发的9%股份一起，拿出来寻找合伙人，奖励成为合伙人的技术骨干、核心成员。

郭广昌、周鸿祎这些企业家们是睿智的，他们明白企业持续发展的关键，不单在于"怎么做"、"做什么"，而更在于"谁来做"。把员工当成事业合伙人，给权利、给责任、给利益、给未来，他们才会与企业共成长、同命运。

在价值观的驱动下激活合伙人精神，其本质在于，企业与人才不再是博弈的关系，而是构建起一种新型的合伙关系，以此来实现共赢。

共识是合伙人精神的基石。指的是个人价值观与公司价值观有着相同的认识。员工只有认同企业的价值观、愿景和使命，与企业在理念上形成战略共识与文化价值认同，打造使命与价值驱动型组织，才能形成高度的凝聚力和战斗力。通过共同的愿景、使命和价值观凝聚合伙人意志，释放各自力量。作为一个团队，彼此同心同德，有着共同的初心和信念，共同去面对风险和挑战。

共创指的是在企业中，通过价值驱动、要素联动，合作协同，创造价值，并以客户为核心形成价值创造、价值评价、价值分配的循环，使所有员工齐心协力持续奋斗。人人都尽己所能，没有人坐享其成。在企业中实施股权激励，使这个机制成为吸收人才的蓄水池，把员工的利益与企业的未来紧紧捆绑在一起，激发员工的积极性，这种积极性为企业创造的价值，要远远大于被稀释掉的价值。

员工为了企业的发展出钱、出力、出资源，愿意自我施压与担责，叫作共担。正因为共担，员工与企业之间的雇佣关系才会转变成为合伙关系。为了共同的理想和事业情怀，合伙人要共同承担公司发展的责任，共同承担公司经营管理的风险，共同享受公司发展的成果，共同享受公司价值的倍增，共同支持将公司平台做大做强。在现实中，很多企业老板往往是孤家寡人，企业遇到难关时，他是唯一承担责任的人。因此，我们会看到，在招募人才的时候，很多人谈起事业就兴高采烈，谈起薪酬就锱铢必较，但是，一说起业绩达不到该如何？承诺的待遇能不能调整？授予的股权能不能收回？愿不愿意认股出资？他就连连摇头了。不愿意与企业共担责任，工作就只是谋生的手段而已，这样的人是不可能尽全力为企业奉献才智的。

前海股权事务所、中力知识科技曾经帮助一家上市公司将其一部分业务剥离出来，成立子公司，单独上市。当时，这家新成立的子公司发展脉络非常模糊，谁都不知道它的未来将会怎样。为了促进其发展，这家上市公司决定在子公司中引进一个专业运营团队，为了表示其诚心，还专门为这个团队设计了股权激励方案。起初，他们打算拿出 10% 的股权份额来在这个子公司实施员工持股计划。我们在与这个团队的经理洽谈的时候，坦诚地告诉了对方这个公司未来前景的不确定性。实际上，这一点也是无法隐瞒的，因为对方在行业里已经摸爬滚打了许多年，对此早已熟知于心。

在权衡之后，他向我们提了一个要求，希望将股权份额增加至 18%，因为这关系到他将要带来的团队。在协商之后，这家上市公司以 18% 的股权份额吸纳了整个团队的加盟。后来，在这个专业团队的经营之下，这家子公司只用了很短的时间就实现了盈利，并成为行业里的佼佼者。这就是共担：愿意与企业一同面对并解决企业发展过程当中可能会出现的问题，与企业一同承担企业运营发展过程中遇到的责任、义务和风险。

合伙人制，注定了合伙人要比股权激励对象承担更多责任，作为公司的股东，甚至是联合创始人，他要承担公司未来业绩下跌或者亏损的风险。更重要的是，作为公司的合伙人，他必须承担共同创业的责任。某种意义上说，对于合伙人制，"共创""共担"应放在"共享"的前面，它有"共享"的权利，但更多的是"共创"的职责、"共担"的义务。

共享是合伙人精神的驱动，是指个人与公司共同分享成长的收益。既然把员工当成合伙人，就要与其共同分享企业的利益、资源与智慧，在企业内部建立共享平台，形成一个价值创造体。只想和员工一起"做蛋糕"，却不想"分蛋糕"，谁愿意为企业奋斗？让员工共享企业经营成果，才能在成就员工的同时成就企业的事业。

共治是合伙人精神的另一个精髓。建立了合伙人文化后，员工不再是企业的治理对象，企业内部形成了新的治理规则，决策上移、责任下沉、权力下放、共同参与，员工与企业家、股东站在同一战线，共同建设企业，促进企业内部生态圈的良性发展。合伙人制是一种治理结构变革。以前，公司可能由老板一个人说了算，老板与员工之间是上下级关系，而在实施合伙人制之后，老板与员工都是公司的主人，这种文化下产生的竞争力和创造力是不言而喻的，能让团队的自主性和战斗力得到极大发挥。

　　这是一个合作共赢的时代、一个资源整合的时代、一个优势互补的时代，企业家只有调集企业内外所有人才的力量，才能造就大业。而在价值观的驱动之下激活员工的合伙人精神，才能打造一支共识、共创、共担、共享、共治的队伍，这样的队伍能支撑企业战略转型与落地，能高度认同并传承企业文化，能持续激发奋斗激情，还能保障企业基于未来的核心能力。

第十五章

企业家精神

"一个优秀的企业和一个平庸的企业差距有多大？不会超过5%。这种小小的差距导致有的企业成功了、有的企业失败了。这5%的差距究竟是什么？最重要的就是企业家精神的差距。企业家精神是1，其他是0。没有了这个1，再多的0也没有用。"这是经济学家张维迎对企业家精神的精彩论述。

在改革开放四十年的历程中，中国最大的进步就是企业家的崛起。正是由于激发了最初的企业家精神，让众多有才能的人们得到了施展拳脚的天地，一批又一批的企业家成为了最具活力和创造性的弄潮儿，在推动经济发展中扮演重要角色，创造了无数商业奇迹。也正是数以千万计的企业家奋勇争先，经过几代人拼搏进取，才成就了中国全球第二大经济体的辉煌，让大国崛起的理想变成现实。在披荆斩棘、白手起家的艰辛历程中，企业家精神伴随着这些企业家不断成长，而这种精神背后隐现的价值追求，则是引领这些企业成功的原动力。

四十年后的今天，中国正在进入一个全新的商业时代，步入新常态的中国经济正处于转型升级、爬坡过坎的重要时期，重新呼唤企业家精神恰逢其时。党的十九大报告中明确提出要"激发和保护企业家精神"。2017

年 9 月 25 日，国务院正式发布《关于营造企业家健康成长环境弘扬优秀企业家精神更好发挥企业家作用的意见》。这是新中国成立以来，中央第一次以专门文件的方式明确企业家精神的地位和价值，意义重大。在世界经济新形势下，尤其是中国经济迅速发展的大背景下，当代中国需要什么样的企业家？需要弘扬什么样的企业家精神？中国经济社会的转型升级，是否需要企业家精神也成为"新常态"？

要找寻这些问题的答案，我们不能一味盯着中央肯定企业家精神的历史意义，更需要反求诸己，思考什么是企业家精神，自己是否具备企业家精神。

"企业家精神"并不是新词，而是一个源于 18 世纪工业革命时代的舶来词。"企业家精神"指企业家组织建立和经营管理企业的综合才能的表述方式，它是一种重要而特殊的无形生产要素。比如，伟大的企业家、索尼公司创始人盛田昭夫和井深大，他们创造的最伟大的"产品"不是收录机，也不是栅条彩色显像管，而是索尼公司和它所代表的一切；华特·迪士尼最伟大的创造不是《木偶奇遇记》，也不是《白雪公主》，甚至不是迪士尼乐园，而是华特·迪士尼公司及其使观众快乐的超凡能力；萨姆·沃尔顿最伟大的创造不是"持之以恒的天天平价"而是沃尔玛公司——一个能够以最出色的方式把零售要领变成行动的组织。

随着经济发展，很多经济学家将企业家具有的某些特征归纳为企业家精神，著名经济学家熊彼特定义企业家精神为"做别人没做过的事或是以别人没用过的方式做事的组合"。管理学大师彼得·德鲁克继承并发扬了熊彼特的观点。他提出企业家精神中最主要的是创新，进而把企业家的领导能力与管理等同起来，认为"企业管理的核心内容，是企业家在经济上的冒险行为，企业就是企业家工作的组织"。坎迪隆和奈特两位经济学家，将企业家精神与风险或不确定性联系在一起。没有甘冒风险和承担风险的魄力，就不可能成为企业家。

在我国，党中央、国务院历来高度重视对企业家的培育和鼓励。党的十八大以来，党中央多次强调"激发""保护""弘扬"企业家精神，不断强化爱护尊重企业家、重视发挥企业家作用的积极信号。中国的企业家精神具有鲜明的国情特点和时代特色。新时期，爱国敬业、遵纪守法、艰苦奋斗的本色，创新发展、专注质量、追求卓越的品质，履行责任、敢于担当、服务社会的情怀……都是时代赋予中国特色企业家精神的内涵，而且随着社会发展和时代进步，这一内涵还将不断丰富和拓展。

在前海股权事务所、中力知识科技看来，**企业家精神就是追求卓越，不断地超越自我，不断地挑战未来的不确定性**。这就是新时代的企业家精神。

从内涵上来说，企业家精神包括三部分：创新、分享、情怀。创新是企业家最宝贵的基因，对于一家企业来说，最大的隐患就是创新精神的消亡。因此，创新必须成为企业家的本能和毕生的追求。分享是企业家必须具备的一种精神境界。股权激励本身就是一种分享的模式，分享的不仅仅是财富，还有知识、梦想、资源……只有乐于分享，才会有更多的正能量源源不断地聚集过来，更多的人才与资源、资本吸引过来，古往今来凡是有非凡成就的大家、大师、伟人、英雄、企业家不正是这样吗？情怀则是企业家的底色。如果仅仅是为了财富，相信很多企业家目前的财富足够一生享用，但为什么他们还这么拼搏呢？有些是家国情怀、有些是产业报国、有些是证明自己，不管怎样，这些企业家能坚持下去的，是一种理想和使命感，是企业家精神的"根"，也是企业家精神得以产生和弘扬的基石。

对于顶层设计与股权激励来说，创新、分享与情怀这三种企业家精神是一股生生不息的源头活水，因为无论是顶层设计，还是股权激励，都是创新的机制，是一种分享的格局，同时，也只有有情怀的企业家，才能把顶层设计与股权激励做到极致。

第一节 创 新

盛极必衰是谁也无法逃脱的自然规律，沉浮于市场大潮中的企业也不例外。然而，可悲的是，中国很多企业都是在经历了昙花一现般的辉煌后，往往被一击毙命，这不由得令人扼腕叹息。最近炒得沸沸扬扬的中兴事件，就是一个典型的案例，由于缺乏创新的精神，对科研的投入较少，技术研发的能力受限，以至于不守规则，盗用他国核心技术，受到别国的牵制与侵权的罚款，至今还一蹶不振。

根据美国《财富》杂志的调查，世界五百强企业的平均寿命是40—50年，极少有企业能生存超过75年。美国每年新生50万家企业，十年后，只有4%的企业仍然存活。日本存活十年的企业比例也不超过18.3%。而在中国，大企业的平均寿命只有7—9年，中小民营企业的平均寿命连3年都不到，百年老店的数量远远低于发达国家。

这是一个非常残酷的现实，没有哪个企业家愿意自己的企业如同过眼云烟一样衰败。如何延长企业的生命周期是很多企业家一直在寻找的答案，而答案就隐藏在企业的创新能力中，创新是重中之重。

然而，许多企业对于创新的理解还很浅显，理解各有不同，有的企业家认为不创新就是等死，有的企业家认为创新就是找死，有的企业家认为创新是高科技的事情，每个企业或企业家对于创新的理解都是不一样的。

关于创新，经济学上有很多经典论述。美国经济学家约瑟夫·阿洛伊斯·熊彼特是创新理论的鼻祖，在他的代表作 1912 年出版的《经济发展理论》一书，首次提出了"创新"的基本概念。在他看来，企业家是企业发展的带头人，是创新的实践者，应该实现生产要素的重新组合，不断创新发掘新的经济价值。管理学大师彼得·德鲁克也在奠定他"管理之父"地位的著作《管理的实践》这本书中提出："企业只有两种事情要做：一个是营销，一个是创新。" 1985 年，德鲁克积三十多年的经验，推出另一部著作《创新与创业精神》。他认为，创新是企业家特有的工具，变化就是开创新的机遇。

创新是企业家最宝贵的基因，企业有了持续不断的创新，才会释放出巨大的生产力，拥有向前发展的原动力。纵观很多百年企业的发展历程，我们会发现，这些企业的成长都是不断自我否定，不断突破与变革，不断迭代、叠加与重新组合的结果。

正如企业家并非生来就是企业家，创新精神也不是与生俱来的。创新精神要在企业经营的过程中不断锤炼和提升。企业家应该把创新当作心中的信仰，当成抵达成功彼岸的渡船。在创新精神的引领下，不断加大创新投入，并将创新成果转化为企业成长的引擎，为企业创造财富，为社会创造价值。

微软公司的创始人比尔·盖茨就是创新的典范。在领导微软的过程中，比尔·盖茨一刻也没有停下创新的脚步，他把创新当成微软发展的头等大事，并让创新成为微软公司的一种核心文化，让每一个微软的员工都能够自由选择自己可以创新的领域，为他们提供丰厚的条件，让他们发挥自己最大的才干。

在企业运营过程中，微软一直创新不断。当早期的 BASIC 产品在市场上大获成功后，微软开始投入到 MS-DOS 的研发。MS-DOS 推出后，微软马上把大量资金和人力投入新技术的研发中，很快发布了 Office 系列软件产品。这之后，微软又一鼓作气，继续进行 WindwsNT、Windws2000、WindwsXP 等新一代操作系统的研发。当互联网发展日益白热化之时，微软抓住时机，跻身网络研发领域，并不断推陈出新。时至今日，微软仍在不断前行，在发展移动软件、数字电视、XBox 游戏机、高可信度计算、自然用户界面等方面持续创新。

三十多年前，比尔・盖茨为微软提出的前景目标是"让每张桌上都有一台个人电脑"。在三十多年前，这几乎不可能实现。然而，现在看来，这个目标早就已经不难实现了，发展到现在，微软公司又提出了一个新的前景目标，那就是"通过优秀的软件，在任何时间、任何地点，通过任何设备，帮助人们发挥潜力"。从前景目标也可以清晰地看出来，创新是微软的核心价值观。

这种创新精神，正是企业家精神的内核，也是基本底色。企业家的骨子里有了创新的基因，才能为企业持续注入新鲜的活力，才能带领企业在突破中前行。唯有不断创新，企业才能活得好、活得长，才能紧随时代的节奏乃至成为引领者。这种创新精神，正是企业家精神的内核，也是基本底色。著名经济学家熊彼特曾经给企业家精神下了一个定义："做别人没做过的事，或是以别人没用过的方式做事。""创新是干两件事情，一个是干别人没有干过的事情，第二个是干别人干砸的事情。"小米科技创始人雷军如是说。企业家的骨子里有了创新的基因，才能为企业持续注入新鲜的活力，才能带领企业在突破中前行。唯有不断创新，企业才能活得好、活得长，才能紧随时代的节奏乃至成为引领者。

2017 年，国务院办公厅下发了关于推广支持创新相关改革举措的通知，着力破除制约创新发展的体制机制障碍。在深化科技体制改革、提升自主创新能力、优化创新创业环境等方面进行了大胆探索，形成了一批支持创新的相关改革举措。为进一步加大支持创新的力度，营造有利于"大众创业、万众创新"的制度环境和公平竞争的市场环境，为创新发展提供更加优质的服务，经国务院批准，将有关改革举措在全国8个改革试验区内推广。可见，中国政府大力支持创新，营造良好的创新环境。

当然，如果把创新理解为技术创新就太过狭义了，创新还包括经营方式、商业模式、管理方式的创新，在企业中进行顶层设计是一种创新，同样，在顶层设计的基础上构建完善的股权激励机制也属于一种创新。换而言之，创新不只在产品，更在体制和文化。华为花了28年时间向先进的欧美公司学习管理，每年花上亿美元请IBM顾问团队来帮助管理企业，这样才使得华为的生产过程走向了科学化、正常化。这种持续创新和学习的理念，值得所有中小企业学习。

进入21世纪之后，全球化、技术革新、信息传递等方面的发展越来越快。在当前技术进步和产品变革急剧变化的时代，企业家不能满足于现有生产规模的扩大和低成本优势，应充分重视创新，选择恰当的战略和战术，积极求变，加强对前沿技术的开发和产业化，不断提升企业自身的技术革新能力，抢占产业发展的制高点。

不过，一直以来，我们对创新都存在一个误区，认为创新就是做出前无古人后无来者的壮举，从而推崇开天辟地的路径。实际上，创新有很多种类型，有从0到1的开创式创新，有从1到N的持续性创新，有从N到N的平台型创新，也有从N到1的整合式创新，还有从1到一的颠覆式创新。

第一种是从无到有，从0到1的创新。"0"表示过去一无所有，"1"

表示创造出来的"新事物"。这种创新无疑是原创性、开创性的创新，做出前无古人后无来者的壮举，从而推崇开天辟地的路径。通常原生态的创造发明和无中生有的创新都是属于从 0 到 1 的创新，如新理论、新材料、新技术等。例如，法拉第发明了世界上第一台电动机，英国人贝尔德发明了最原始的电视机，冯·诺依曼发明了计算机，每一个新产品的发明除了给自身带来巨大的商业机会以外，还推动了社会的不断进步。爱因斯坦也是开创性创新的典范，曾经屡次做出划时代的贡献，1905 年，只有 26 岁的爱因斯坦，根据丰富翔实的科学实验事实，否定了多少年来神圣不可侵犯的牛顿的绝对时间和绝对空间观念，提出了相对性原理和光速不变原理，创建了现代物理学的理论支柱之一——狭义相对论。也是在这年的 3 月到 6 月，他还发表了光电效应理论、布朗运动理论，在三个重要领域里实现了前所未有的创新。这之后，爱因斯坦没有停下探索创新的脚步，他不断开拓，现在原子能的利用、第一颗原子弹的制成、太阳能的利用、激光技术的应用……无一不是爱因斯坦用他毕生的辛勤创新奠定的理论基础。

这种开创性的创新难度极大，需要长期的理论积累，中国目前最缺的就是这种创新，尤其是在基础理论研究上。中国的实力太过薄弱，独到的创新不多，政、企、学、研都面临创新力不足的问题，科学家得不到真正的尊重，科研人员的激励机制不够完善都是目前中国的困境。没有核心的创新能力，如何谈论中国制造 2025，如何实现企业的数字化转型升级。从国际形势看，新一轮科技革命、产业革命和军事革命正在迅猛发展，如果中国不能坚持"科技是第一生产力，创新是第一动力，是现代化经济体系的战略支撑。在全面创新驱动全面发展的新阶段，要更加重视科学、技术、创新一体化发展，更加重视建立'良性循环'的创新发展生态"的原则，将会在国际竞争压力下寸步难行，这种状况也可以从中美贸易摩擦中一窥一二。

第二种是颠覆式创新，也就是从 1 到一的创新过程。"1"代表事物原本的状态，"一"代表经过创新后的另外一个状态，但其本质是不变的。这种颠覆式的创新也就是从一个东西经过创新完全变成了另外一个东西的过程。柯达的胶卷相机被数码相机所颠覆，但数码相机刚问世的时候，分辨率只有 30 万像素，即使到了 100 万像素，它的成像仍然存在很多问题。如果冲洗的话，照片质量惨不忍睹。然而，虽然它当时有很多缺点，但通过持续改进，它用了十年时间，到今天，已经把胶卷相机的市场彻底颠覆了。微信是颠覆性创新的经典案例。很多企业家最怕的是被颠覆，由于数字技术的突飞猛进，自己原有的市场竞争门槛越来越低，新创企业不断冒出，许多行业领军者很可能在短时间内失去领先地位。威胁来自技术引发的用户需求和商业模式的时代变迁，鲜有公司能够正确应对威胁和颠覆，大象级企业被拱并不少见。然而，腾讯却是一个例外。随着移动互联时代的全面到来，互联网时代的巨头都需要从电脑端向移动端迁移，这是一道难关。腾讯的做法却是以内部创业的心态，成立小项目团队，远离大企业文化的影响，像初创公司一样进行创新，最终于 2011 年 1 月 21 日发布了微信这个移动互联产品。微信从诞生那天就被定义为一款划时代的产品，它既不同于人人，也不同于 QQ，更是快速地拉走了大批的微博用户，就连脸书也不得不开始审慎地注视这个未来的潜在对手，不得不说，微信是社交时代一款颠覆性的产品，它颠覆了微博的弱关系链和人人的强关系链，在移动互联网发展史上第一次把人际关系实现了四通八达的传播，也让社交关系实现了相对平等的对接。凭借着微信的颠覆性创新，腾讯成为移动社交领域的王者，无人匹敌。

第三种是从 1 到 N 的持续性创新。"1"代表着存在的一种事物或产品，

"N"代表着无数种产品的演变，形同于"1+"的概念。几乎大多改变世界的发明以及全球顶级品牌的创新，遵循的都是"渐进式改良"的路径，先模仿、学习，再创新、超越。过去三十多年，中国企业习惯并擅长微创新，将欧美、日韩发达国家的先进产品或技术加以复制改进之后引入中国，继续发挥甚至提升产品价值，享受创新红利。纵观中国企业发展史，很多巨头的崛起轨迹莫不如此，马化腾、马云、李彦宏分别以通信软件、电子商务、搜索引擎为"利器"，支撑起整个互联网的梦想。但是，马化腾的QQ模仿以色列几位网迷创造的OICQ，却通过娱乐化和本土化的方式大获成功；马云的淘宝网模仿美国eBay，却以免费将"鲨鱼"赶出了长江；李彦宏的百度是谷歌的中国翻版，却通过中文优势和单点突破稳坐中国搜索引擎老大的宝座。也许有一天，小米能把"师父"苹果赶出中国，这并非耸人听闻。再举个例子，众所周知的苹果电脑的磁吸式电源接头，最早应用在日本的电饭锅上，它是为了防止儿童绊倒之后被煮熟的食物烫伤而设计的。乔布斯发现之后，将其运用到"奢侈"的苹果笔记本电脑上。这是一种跨界的创新，通过跨境将产品应用在无数个可以利用的领域，实现了从1到N的创新。

第四种是从N到N的平台型创新。第一个"N"代表着N个产品或事物，第二个"N"表示N个产品衍生出来的无穷的产品系列，或者是跨界到N个领域打造出来的产品或事物,因此这是一种平台型创新。小米、阿里巴巴、腾讯无不是这种平台型创新的组织。例如，三一重工作为一家以装备制造为核心业务的龙头企业，近年来，加快了企业转型升级的脚步，依托自身在制造、研发领域的优势，为充分发挥品牌影响力，2016年年初，三一众创正式启动运营。现已有孵化面积35000平方米，厂房面积10000平方米，累计引进初创企业和团队230余家，目前在孵企业153家。2017年，三一重工作为工程机械行业唯一一家企业获评国务院"双创"示范基地，成为典型的平台型创新企业。又如，美的开放式创新平台是美的集团投入11亿元资金与浙江大学联合开发的一个全球企业和个人开放式创新平台。美的集团提供集团资源，用户可以在该平台发布新创意，参与产品众创；发布需求与解决方案，共享技术方案，申请创业项目等。该平台的愿景是短期目标是希望借助这个平台更广泛地吸引外部创新力量来提升美的内部的创新能力。长期来看，因为平台本身也是一个公司可以独立于美的运行，当它发展壮大到一定阶段可以依靠自己生存获利来推动创新，成为一个真正的开放式平台。

第五种是从N到1的整合型创新。"N"表示现有的无穷的产品或者技术，"1"表示将现有的产品或技术整合成1个全新的产品或技术，从而产生惊人的结果。美国《时代》周刊曾经发表过一篇文章《当今时代谁最性感》，提到所谓那些最性感的人是战略资源的整合者，而不仅仅是技术创新者。他们完善他人的想法，改进他人的产品，形成让人难以抗拒的新产品。未来的企业不一定看你占有多少资源，最主要是看你整合资源的能力。橡皮头铅笔的发明就是一个典型的整合创新的例子。在铅笔上加个橡皮头，这就是使用方便的橡皮头铅笔。看来十分简单，似乎是用不着思考就自然出现的，其实不然。铅笔出现在200多年以前，但过了100多年之后才出现带橡皮头的铅笔。这种看似小小的创新却为发明者带去了巨额财富，也为人们带来了方便。在企业中，运用整合型创新取得成绩的案例比比皆是。海尔公司从洗地瓜的洗衣机、双动力的洗衣机，到不用洗衣粉的洗衣机、能让衣服跳舞的洗衣机……从最初的概念式的突破，一步步走到应用技术上的突破、基础技术的突破，无不是整合创新的结果。乔布斯就是这样性感的人，他整合了很多资源与技术，创造新的产品和模式。

iPhone 出现之前，所有的零件都是存在的，技术也是存在的，只是把它们全部整合起来，形成了智能手机，他参考了众多的优秀的文化，将这些应用到了苹果产品的设计中，从而引领了时代潮流；同样，早在 1998 年苹果就创造性地推出了首款一体式电脑一体机——iMacG3，改变了以往台式机主机与显示器分开的模式，将二者结合在一起，形成了一体机。

但无论是何种类型的创新，都不能为了创新而创新。要知道，企业创新的目的是为顾客创造价值，让企业健康持续发展。因此，创新必须回归根本，坚守根本价值。想要做时代的成功企业，就必须始终抓住经营的本质不放，也就是经营的诚信、品质、创新和服务；要抓住消费的本质不放，即始终为消费者创造价值。创新是不可能一蹴而就的，需要经历一个持之以恒、循序渐进的积累过程。在这个过程中，我们要杜绝浮躁，保持耐心，把一丝不苟、精益求精的工匠精神融入企业运营的每个环节，实现从产品创新到技术创新、市场创新、组织形式创新等全面创新以及企业全要素、全流程、全渠道、全生命周期的持续、循环创新，不断追求完美和极致。

企业家的创新精神是企业家精神的核心，但是也不能片面地去理解，我们可以从企业家、企业、员工、客户和社会五个角度去理解。

创新体现了企业家的精神，体现了企业家的价值。企业家精神的核心内容之一就是创新，优秀的企业家之所以被尊重，正因其"创新者"的角色。企业家对创新的理解不尽相同，但需明确的是不应过于狭义，技术创新是创新，经营方式、商业模式、管理方式的创新也是创新。企业家精神是创新活动的驱动力，企业家对创新的理解度影响着企业的创新程度。

企业的创新是企业发展的动力。创新带来的是企业的蓬勃发展。从企业的角度来说，作为引领企业发展的核心力量，创新是企业升级的第一动力，因为有了持续创造新价值的能力，企业才能在复杂的商业环境中屹立不倒。德鲁克曾经说过，"每一个组织都需要一个核心的能力，就是创新。"在市场竞争日趋激烈的今天，企业的某一项核心竞争优势一般仅仅能够保证在一定阶段内的领先，企业若想获取长久的竞争优势，就必须要不断地变革、创新。**企业通过管理创新、技术创新和营销创新等手段将新产品推出市场，犹如给企业注入新鲜血液，增强了企业的活力与动力，成为企业能否长居不败地位的关键。**华为花了 28 年时间向先进的欧美公司学习管理，每年花上亿美元请 IBM 顾问团队来帮助管理企业，这样才使得华为的生产过程走向了科学化、正常化。这种持续创新和学习的理念，值得所有中小企业学习。企业的创新需要基于顶层设计进行，构建完善的机制与企业文化，促进创新的源源不断。

创新激发员工的潜能，提升员工的能力。从员工的角度来说，创新能促使他们突破自身局限，不断提升能力，使他们将自己的潜能完全发挥出来。尤其是在今天这个数字化的时代，成功的企业需要把握好平衡，充分利用技术来提升员工的能力，给员工赋能而不是取代员工。通过数字化手段将培训与日常工作无缝衔接，加快员工学习的步伐，激发他们的创新能力。归根到底，"人才是第一资源""致天下之治者在人才"，当今世界的综合国力竞争，说到底是人才竞争，人才是富国之本、兴邦大计。党的十八大以来，习近平总书记在不同场合强调要爱才惜才，聚天下英才而用之。因此，创新离不开人才的支撑。

创新能使企业更深层地挖掘客户价值，从而更好地满足客户需求。创新能够将客户的需求转化成难以抗拒的产品或者服务，正因为此，企业才有了长远发展的基础。尚品宅配是中国大陆第一家采用数位科技为客户提供定制化家居服务的公司。传统的理解上，尚品宅配是做家具的，客户需要的是家具。然后，通过创新，他们挖掘出客户真正的价值需求并不是家具，而是家具背后带来的居家生活的享受与品位。创新思维带给了客户更高的价值体验和价值需求。

创新可以推动社会的发展。发展是靠创新引领的，社会的进步更是离不开创新。每一次的科技创新都毫无疑问地推动了社会的进步，比如过去工业革命产生的一系列新产品，再到今天的互联网、人工智能、物联网和大数据等。这些技术都深深地影响了人类的生活。习近平总书记曾经指出："创新是引领发展的第一动力。抓创新就是抓发展，谋创新就是谋未来。适应和引领我国经济发展新常态，关键是要依靠科技创新转换发展动力。"因此创新对于中国社会的发展至关重要。

总之，企业家是经济活动的重要主体，要深度挖掘优秀企业家精神，弘扬企业家精神，发挥企业家示范作用，就必须提倡创新精神。企业家的创新精神才能驱动企业去创新，企业在寻求创新的过程中，必定会激励那些具有创新才能的人，也能激发出员工的潜能；员工创新能力的提升必定会给客户带来更多的价值体验，从而推动整个社会的发展。

第二节　分　享

"利他共享"思想由来已久，孔子说"己欲立而立人，己欲达而达人"，列子说"利出着实返"，现代管理学之父彼得·德鲁克说"最好的管理就是'利他'"。但"利他共享"思想被引入精益思想并得到世界范围内的企业家和管理学者的认同，源于日本著名企业家、哲学家稻盛和夫的"自利利他"思想。

在稻盛和夫看来："人的心可以分为两面，一面是利己之心，一面是利他之心。所谓利己之心，是指一切为了自身的利益；所谓利他之心，是指为了帮助别人，宁肯暂时牺牲自己利益。自利是人的本性，自利则生；没有自利，人就失去了生存的基本驱动力。同时，利他也是人性的一部分，利他则久；没有利他，人生和事业就会失去平衡，并最终导致失败。"

稻盛和夫刚开始创办企业的时候，与其他企业家也是一样的，最初的目的其实都是为他自己，为了利己，为了自己多挣钱，为了实现自我价值。直到他创办京瓷的第三年，突然有一天，十一位一直追随他的员工把他拦住了，而且要求他承诺定期加薪，而且要对未来作出保障，否则就集体辞职。

这件事让当时的稻盛和夫十分震惊，不过，他并没有指责员工，而是用了整整三天的时间来进行自我反省。他深知这些员工的工作态度非常认真，提出这样的要求并不是来要挟自己，必定事出有因，于是他开始反思自己的想法是不是有问题，然后与员工去交流、去了解他们的需求和想法。

经过这件事之后，稻盛开始意识到，只有将自己的个人抱负与员工的利益关联在一起，一荣俱荣，只有这样，他们才会为你的个人抱负去奉献，也就是"自利利他"。

自此以后，稻盛和夫在设定公司的目标时，将其变成了全体员工都能接受的目标，同时为所有员工精神和物质两方面需求做出保障，自利利他，并将其总结为一种管理哲学。

对企业家来说，追求利润无可厚非，否则企业就会失去生存的基础。但企业家也应具备一种分享精神，这是企业家精神的一个重要组成部分。对内，老员工为企业的发展付出了大量的心血和精力，当企业的"蛋糕"做大后，理应对他们进行回馈。对外，企业家应该勇于承担责任，创造更多的社会价值，用实际行动感恩和回报社会。如果一个企业家缺乏分享精神，他的企业是很难做大做强的。

企业家要分享的是什么？成功的企业家应该把自己的知识、经验与智慧贡献出来。中国电子商务的兴起，离不开一个人，他就是马云。这十几年来，马云不断地向其他创业者分享自己的经营理念，利用电子商务给国内商业经济发展和人们生活带来了巨大变化。一个企业家撬动了整个社会的变化，让我们看到了企业家智慧在融入行业之后的巨大影响，乃至跨越互联网行业之外，对中小制造企业等诸多其他行业带来的巨大影响。这是经验、智慧的分享。

企业家的分享还是一种利益的分享。做企业是一件非常辛苦的事情，但再辛苦我们也要坚持做下去，因为有利益。在这个过程中，我们能得到物质的利益，也能得到精神上的满足感。要想更多的人与我们一同奋斗，就必须把利益分享出去。

世界500强之一、零售企业巨头沃尔玛有条成功的经验："和你的同事们分享利益，把他们当成合作伙伴看待。反过来他们也会将你当成他们的合伙人，大家齐心合作的效益将大大出乎你的意料。"财聚人散，一心独吞利益的人只能孤独前行；财散人聚，分享利益才能吸引更多的人才，建立起一支有战斗力的团队。如果我们的企业面临改革，在重建企业文化、弘扬奉献精神之前，首先要反思的是利益分享机制。不变利益独享为分享，一切都是空谈。

华为有三大生态理念，利益分享就是其中非常重要的一个理念。华为的高层管理者曾经在多次强调华为的利益分享，并引以为傲。华为轮值CEO徐直军认为这一理念是华为成功的最核心要素："对华为公司来讲，人力资源在整个公司管理体系中相对于其他公司更重要。可以说华为公司成功的最核心的要素，就是从一开始就建立起来的利益分享制，也就是任总建立的虚拟股权机制和后来的TUP机制。就是因为这个机制，把华为公司员工和企业的利益紧密地结合在了一起，也正是因为这个机制，使得华为能做到很多其他企业难以做到的事情，比如干部能上能下。当然走到今天，仍然能看到很多问题，但我们在不断地调整、优化。华为公司在人力资源工作上花的时间应该是最多的，公司高层管理团队大量的时间开会讨论的不是业务，都在讨论人力资源相关的议题。比如怎么把团队激励起来，怎么把各级干部的积极性调动起来等。面向未来，我们希望每一个在华为公司的员工，都能感觉到你和公司是一体的，都是被激励的，而不是在公司干得没劲。"

同为轮值 CEO 的郭平在 2016 年中国移动全球合作伙伴大会上又将利益分享的对象进行了延伸："面对未来智能社会这个最不确定的对手，华为的战略就是"团结一切可以团结的人"。靠什么来团结人？利益分享。过去 20 多年，华为通过构建员工利益分享机制，以奋斗者为本，极大激发了全体员工的持续奋斗热情，造就了强大的组织能力。我们已经将这一分享机制向战略客户、战略供应商扩展。面向未来的生态圈建设，我们还将进行更为广阔的利益分享，比如学术机构、研究机构、行业组织等等，都是我们要团结的对象。"

肯给钱的企业家才有人死心塌地得跟着你干，葛朗台式的老板早晚有一天会众叛亲离。一个企业要想做成百年老店，"人"是最核心的元素。一个拥有分享精神的企业家，才能引领他的企业走得更远。利益分享是对员工劳动价值的承认，让员工与企业家一同分享企业的发展成果，与企业团结一心，也是企业经营之道。只有把企业营造出家的氛围，把每个员工都当作家庭一员对待，让员工认为企业的发展和自身利益息息相关，才能形成凝聚力和向心力。反之，企业只顾盈利，忽视员工需求，把员工当作"机器人"来使用，分配工作时只愿员工拼命多干活，利益分配时却直接忽略员工，这样的企业必然是懒散和低效率的。

企业家的分享更是一种企业价值观、思想的分享。在顶层设计的基础上，我们要把企业的文化、价值观、愿景不断地分享给更多的人——分享给员工，分享给股东，分享给产业的上下游……精神上的分享比金钱的分享更重要，每个人都有能量，通过分享不仅能让我们的能量更大，还能与他人进行交流与能量聚合。

企业的发展就像一艘正在乘风破浪中前进的巨轮，需要各方的共同努力、团结协作才能成功起航，分享恰好能调动各方力量，带来的企业的共创、共担、共治、共识与共赢。与投资人分享，企业家得到的是源源不断的资金；与合伙人分享，企业家得到的是理想的创业伙伴；与员工分享，可以把每个人都变为创业者。正是因为有了分享，企业家才能吸引更多的利益相关者与自己一同共建和谐企业、共谋企业发展、共享发展成果，打造一个牢不可破的企业利益共同体，使企业拥有强大的向心力和竞争力，调动所有人的积极性和创造力，增强企业的活力，把企业这栋大厦建得更高。

伴随着经济全球化，无论是从国家层面，还是企业层面来讲，分享都已经成为时代经济发展的主题。互联网万物互联的特性，更是加快了经济发展的融合与联动。尤其是随着移动互联网规模不断扩大，新消费、新经济模式出现，分享、共享的新思维充斥在各行各业中。企业只有把"分享共创"植入自己的企业基因中，融入企业价值观，将企业发展与时代发展相融合，才能才新的市场环境中继续生存下去，并为企业带来更好的发展。

第三节 情 怀

放眼中国企业界，有数不胜数的企业老板，一直在上演着"长江后浪推前浪，前浪死在沙滩上"的剧情，为什么最后能真正成为企业家的老板却寥若晨星？为什么大多数中小企业在 2—3 年内夭折？其实，问题的症结其实在于"老板"与"企业家"认知的差异。

企业家与老板有质的区别。老板是小商，将利润当成结果，一心追逐。企业家是大商，谋的是道，他们把利润看成是一个过程，肩负着更大的使命，坚守着自己的原则，努力实现自己的理想。对于老板来说，人生最大的价值是为自己谋求利益，而对于企业家来说，他们希望创造的真正价值，不只是企业的未来和长远发展，更是着眼于整个社会，为人类谋福祉。

简而言之，企业家拥有的是大情怀，追求的是超越利润之上的使命与价值观。

客观来说，使命、价值观决定了企业可以赚哪些钱、不能赚哪些钱以及用哪种方法赚钱。正确的使命、价值观为企业明确边界，约束企业家沿着正确的轨道经营，企业在边界内发展壮大。这样企业家才会在短期利益与长远战略上做出合理取舍，更加关注诸如顶层设计等根本命题，让企业实现自我更新、完善。

1999 年 2 月 21 日，农历正月初六，在杭州西湖一个叫湖畔花园的小区，16 栋 3 层，十八个人聚在一起开了一个动员会。屋里几乎家徒四壁，只有一个破沙发摆在一边，大部分人席地而坐，马云站在中间讲了整整两个小时。合伙人彭蕾回忆说："几乎都是他在讲，说我们要做一个中国人创办的世界上最伟大的互联网公司，张牙舞爪的，我们就坐在一边，偷偷翻白眼。"

后来人们通过阿里巴巴创业史的视频发现，马云那两个小时的演讲主要围绕理想、使命、精神展开：

"如果说第一，我们把阿里巴巴定位为国际站点，而不是国内站点。第二个，我们要学会硅谷那种拼劲，如果我们是早上八点钟上班，五点钟下班，这不是搞高科技，绝对不是我们阿里巴巴的精神，如果以这种精神工作赶紧去其他地方。

人家美国人强就强在硬件，强就强在他的系统方面确实比我们高，但是玩信息玩软件，中国脑袋绝不比别人差。我们在座的所有人的脑袋绝不比任何人差，这就是我们敢跟美国人斗的机会。我们绝对敢斗，如果我们是好的团队，知道自己想做什么，我相信我们可以一当十。

我们能够赢这种机构，能够赢其他很多民营企业，凭的是我们的精神，我们一手的创新概念，以及我们这种拼劲，才能去斗。否则的话，跟他们有什么区别呢？"

那时候这些人每个月拿 500 块钱工资，两三个人在一起合租，吃 3 块钱的盒饭。然而，就是在如此艰难的情况下，马云却喊出："我们要建成世界上最大的电子商务公司，要进入全球网站排名前十位！"

2017 年，当年的理想已经成为现实，马云在湖畔大学第三届开学典礼上依然在强调"使命感"："企业做大，不一定快乐；做小，不一定不幸福。你一定要想明白，你有什么？你要什么？你能放弃什么？我把这称之为'使命感'。只要是一个组织，它要能生存下来，一定有一个坚强的使命。"这句有关"使命感"的阐述，正是对 18 年前那个一穷二白的阿里巴巴为什么能一路走到今天所做的最好诠释。

情怀是企业家精神的精髓，也是激励企业家改革创新、砥砺前行的根本动力。企业家对于理想的追求、对价值观和使命的坚守会形成强大的凝聚力和向心力，从而带领企业走向更远的未来。我们为很多企业做过"基于顶层设计的股权激励"落地咨询，其间与企业家、高管进入深入交流，当我们听到有些企业家对员工说："我们做企业的目的就是盈利，就是赚钱"时，心里焦急万分。这样的企业只有眼前的苟且，却没有诗和远方，很难走得更远。生意人和企业家截然不同，前者注重眼前利益，后者更关注未来，承担社会责任。我们希望中国少一些"生意人"，多一些"企业家"。

安托万·德·圣-埃克苏佩里在《小王子》中写道："如果你想造一条船，不要急着找人来收集物料，不要给他们分配任务和工作，而是教会他们渴望浩瀚无际的大海。"如果企业是一条船，企业家就是船长，要告诉大家蓝天高远，海洋浩瀚，而并非埋头划桨。苹果创始人史蒂夫·乔布斯说"活着就是为了改变世界"；比尔·盖茨创办微软之初立志"让每个人的桌面上都有一台电脑"；迪士尼的使命是"让世界快乐起来"；马云提出"让天下没有难做的生意"，万科提出"要成为中国房地产行业领跑者"。

中国不乏有情怀的企业家。李嘉诚的财富足以让他安享晚年，但是90 岁高龄的他仍然在操心企业的经营，就是企业家的情怀支撑着他，让他超越了个人以及家族的利益得失，有着更高维度的社会责任、使命和梦想，成为他耄耋之年依旧孜孜前行的动力；80 多岁的周家礽创办滇虹药业和群优生物科技有限公司，以"生命不息、奋斗不止"为理念，与时间赛跑，为社会多贡献一份力量。

不过，企业家不应空谈"情怀"，那些只谈情怀，动不动就给员工"画大饼"，却从来不谈如何实现情怀的老板，只会把企业引向穷途末路。情怀讲得多了就成了套路，久而久之，企业招不到好的人才，好的人才也不信企业。

很多企业家和职业经理人对西方管理方法了如指掌，比如 SWOT 分析法、经济价值分析、精益管理、战略地图等，却很难将这些管理方法建立的竞争优势融入企业灵魂之中。还有一些企业每天都强调情怀，将企业文化总结得比世界 500 强公司还要全面、科学、经典，却无法将其落实到日常经营之中。企业家必须通过顶层设计在经营环节和管理实践中坚持使命、价值观，换句话说，情怀必须转化为行动，才能发挥出真正的能量。

所有经久不衰的企业，都是因为企业家将骨子里的情怀，长期地坚持、践行、传播。既要仰望星空，更要脚踏实地，以行动努力让梦想照进现实。

将情怀转化为行动，首先要把情怀转化为企业的使命、愿景。谷歌是一家伟大的企业，它一直拥有一种情怀，就是"不作恶"："勿以恶小而为之"。它把这种情怀转化为企业的使命，使谷歌的每个人都牢记于心，并以此为责任。正因为如此，谷歌拥有世界最强大的互联网技术，并且用这种目前最先进的技术来为社会、为人类做有价值的事。

其次，企业家应该在企业内部搭建能实现情怀的可持续发展的商业平台，这是企业家情怀的着力点。一个有利于企业发展，商业模式拓展的平台是离不开企业的顶层设计，只有从顶层设计出发，才能搭建出有利于人才发展，组织成长，实现企业家情怀的舞台。

最后，企业家应该以身作则，知行合一，为员工树立榜样。约翰·麦克斯维尔在他的《领导力21法则》里曾经提出了"磁铁法则"的概念，他认为，一个人所能吸引到的人，是与他相似的人，而不是他希望得到的人。如果我们是充满正能量的，那我们吸引到的就是积极乐观的人。如果我们是对待工作极为懈怠的人，那我们吸引到的通常就是一些懒散、消极的人。如果我们严于律己，那我们吸引到的就是一些对自己要求很高的人。同样的道理，如果我们是具有价值、能为企业带来生产力的人，那我们吸引到的也会是一些能为企业做出贡献的人。所以，企业家要首先做好自己，才能得到人们的追随，情怀才能真正落地。

第四，企业家要提升领导力，感召他人，促进情怀的实现。稻盛和夫在创业之初就下定决心："坚持正确的做人准则，用正确的方法做正确的事。"他认为只有这样企业才能长久，才能对员工和他们的家庭负责，只有企业持续生存才能使价值观和经营能力留存下来，同步增长，相互促进。企业家凭借自己的人格魅力影响更多人，受到影响的员工在践行情怀过程中不断自我更新，成长进步，企业发展的动力才更加充沛。一个有领导力的企业家，会形成一种心理磁场，吸引来许多有才华、有追求的人，跟随他一起干事业。因为他们觉得，这个企业家有追求，我们跟着他干会有前途、有成就感，我们愿意追随他，只有跟着这样的人才能成就大事业。有领导力的企业家，能通过顶层设计与股权激励把一个人的能力变成一群人的能力，把一小群人的能力变成一大群人的能力。

如果企业做到上下同欲，为了同一个目标而奋斗，员工就"有梦不觉人生寒"，自动自发地把企业目标内化为自己的行动，这样必然立于不败之地。只不过，在时代潮流、经济局势快速变化的新时代，始终坚持正确的使命、价值观很不容易，而立足长远目标、遵循顶层设计也很难把握。这是永远挑战企业家和管理者的难题，需要更多智慧和耐心，需要重新呼唤企业家精神。

第十六章

企业家哲学：商业是企业家的一场自我修行

第一节　常怀利他之心，成就生命的大格局

稻盛和夫被誉为日本"经营之圣"，他曾一手创办了两家世界 500 强企业。国学大师季羡林曾说，根据七八十年来的观察，既是企业家又是哲学家，一身而二任的人，简直如凤毛麟角，有之自稻盛和夫先生始。日本首富孙正义曾评价："没有稻盛先生的教导，就没有我孙正义的今天"。在中国，马云、张瑞敏、任正非等著名企业家都深受稻盛和夫思想的影响。

作为影响企业家的企业家，稻盛和夫非常尊敬"明治维新三杰"之一的西乡隆盛，他在遗训中写道："只有彻底抛弃私心的人，才能成就大事"。在稻盛和夫看来，如果被私心杂念所束缚，就看不到问题的本质。反过来，提升心性，达到纯粹的精神状态，就不会产生错误判断。因此，每个人在做决策前一定要多叩问自己："是不是出于私心，是不是有一颗利他之心？"

今天的中国已经进入消费升级时代，每个人的思想境界、胸怀格局都应该随之升级，但现实却往往令人感到悲哀忧虑，许多领域的商业生态已

进入"互害模式":农民种菜喷农药,自己不吃卖给别人;开发商建房质量不好,自己不住卖给别人;商家造产品以次充好,自己不用卖给别人。每个人都奉行损人利己的价值观,凡事逐利而行,却将道义抛诸脑后,以为占尽便宜,其实每个人都会成为受害者,在缺乏利他之心的生态链条中无人可以逃脱。

也许有人会说,"弱肉强食,适者生存"是市场经济的基本规律,也是人性使然。不过,在我们看来,企业尊重市场有三重境界:第一种是具有预见性和快速应变的能力,反应敏捷,行动迅速,抢在变化之前变化,这种境界的企业能快速成为行业巨头,比如 IT 时代的微软、谷歌;第二种是以积极心态去改变自己,适应变化,以跟随者的身份积极改变,学习进步,从而占有一定市场份额,比如移动互联时代的苹果和小米;第三种是以抗拒、漠视态度应对变化,这类企业会在市场趋势下逐渐被淘汰,比如诺基亚、摩托罗拉。

这三重境界背后其实是企业利他之心的高下之别。许多企业成长为行业巨头之后,却背离创业初心与商业本质——为客户提供有价值的产品或服务。预见变化或主动变化与适应,都是在努力满足客户需求,以利他之心将消费者放在第一位;抗拒或漠视变化,往往是对客户潜在需求反应迟钝,已经远离消费者。

其实,所有的商业运作都将围绕人来进行,以人为本,返璞归真,肯定人在价值链体系中起到的根本性、决定性作用,针对人性做出改变,企业才会更有竞争力。回归人性的重点在于对消费者需求的把握。计划经济时代,产品生产的主动权在企业手中,工厂生产什么消费者只能买什么。互联网时代,买方市场逐渐形成,而且信息更加透明,许多互联网企业通过"粉丝经济"实现口碑营销,归根结底还是以用户为中心,回归人性。

从这个意义上来说，企业最根本的利他之心，就是以客户为中心。

当然，对于企业而言，利他之心所说的"他"不只代表客户，还包括员工、供应商、股东等其他利益相关者。利他之心是企业的生存之本，也是至高无上的经营哲学，只有这样，才能保持生命力，获得长期可持续的发展。形象来说，这世间存在着一股"他力之风"，推动一切事物不断朝着更好的方向前进。如果强调"利己之心"，风帆上就存在孔洞，无论"他力之风"如何吹，风都从孔洞穿过，风帆升得再高船也不会前行；如果用"利他之心"扬起风帆，就能一帆风顺，乘风破浪。

作为企业家，我们要回归一个最原始的问题：企业"凭什么"存在于社会中？或者说，企业存在的前提和理由是什么？很多人对于企业性质的认识，可能从源头就开始发生了错误。

一个最流行的显著错误是：企业因利润而存在。对于企业本质的认识长期习惯性地基于这样的逻辑：企业是一个营利性的组织，它从属于资本，并因资本的赢利而存在。由此推导出来的结论是：企业因资本、权力而驱动，因获取利润而存在。这是一个谎言！事实上，拥有丰厚利润却最终倒闭的企业不胜枚举。据统计，我国有60%的民企在5年内破产，85%在10年内消亡，其平均寿命只有2.9年，真的是"各领风骚三五年"。企业的利润并不是存在的理由，而是"利他之心"所出现的必然的结果。

"利他之心"不只是一种人生豁达的境界，更是企业竞争力的源头。在企业经营中，只有做了有利于员工、客户乃至整个行业的事情，才会得到同样的有利回报，经营起来才会得心应手。企业是不可能脱离社会孤立发展的，而是存在于一个自然的生态系统中，如果企业家只一味地关注自己的利益，可以在这个世界上得以生存，但一旦危机爆发，往往就会孤立无援。企业只有与相关利益者建立从共赢到共生的良性关系，从"利他之心"出发，才能依靠强大的整体力量获得持续发展。

以利他之心来成就企业的长远发展，企业家需要从局部思维转变为注重整体、关注他人利益的系统思维。能够把企业经营得有声有色的人，都是能给更多的人带来更多利益的人。

这种人生观的差异，也是商人与企业家的根本区别之一。商人将利润当成结果，一心追逐。而企业家则把利润看成是一个过程，他们肩负着更大的使命，坚守着自己的原则，努力实现自己的理想。对于商人来说，人生最大的价值是为自己谋求利益，而对于企业家来说，他们希望创造的真正价值，不只是企业的未来和长远发展，更是着眼于整个社会，为人类谋福祉。

人生观决定了我们的事业观、财富观与世界观，凡事须立足于长远，境界须大开大阖，只有站在更高维度的企业家，才有可能成就生命的大格局，甚至超越国界、迈向人类的精神高峰。

第二节　以世界眼光打造企业竞争力

美国国家情报委员会顾问帕拉格·康纳在著作《超级版图》中指出，传统上衡量一个国家战略重要性的标准在于领土面积和军事实力，而今天一个国家的实力要看它通过连接所能发挥的作用，也就是互联互通程度，即在地理互联、经济互联、数字互联层面是否深度参与全球资源、资本、数据、人才和其他有价值的资产流。

当今世界的流动性、全球性、连接性比以往任何时候都要明显，全球新商业文明——全球互联文明正在崛起。由于连接的发展，贸易的渗透，每个角落都呈现出更好的连接性，所有国家都互相连接并且越来越整合为一体。通过修建基础设施打造全球供应链，可以实现资源、生产、服务和消费的连接，这意味着跨全球基础设施、洲际贸易走廊、跨国供应链将是未来重塑全球商业文明和政治秩序格局的主导力量。

这是中国崛起的机遇，也是企业腾飞的机会。中国不仅是全力推动全球化的超级大国，也将成为全球最大的消费市场。在过去 10 年间，中国经济总量增长 2.5 倍，汽车销量增长 3 倍，高铁里程数增长了 183 倍，电子商务在社会零售总额中的占比增长 13 倍，网民数量增长 2.5 倍。这个十年，在 2018 年《财富》世界 500 强名单中，中国公司数量从 35 家增加到 115 家，其中有 4 家进入前十大行列。"是世界更需要中国，还是中国更需要世界？"这个问题的答案正日渐清晰。

不管身处哪个行业，企业规模多大，一个无法回避的事实是，中国市场已经是全球市场，而且是全球最活跃的消费市场。因此，即便没有走出国门，你的竞争对手仍可能来自全世界。这是中国企业的共同难题，在可预见的时期内，中国将在一定程度上主导全球经济，但中国需要一批在全球市场上具有重要影响力的公司。虽然全球资产规模最大的前四大银行都来自中国，排名全球前十的房地产公司中国占到 7 家，在智能手机领域有 4 家中国公司进入前六，但它们仍然不具备驾驭全球战略、全球市场、全球资源的能力。一个经济大国不仅要输出资本和商品，还要传递价值观和文化，真正具有全球影响力的企业将承担历史使命。

企业家的眼界，决定了企业的边界。当今世界，人类面临的不稳定、不确定因素依然很多，但和平发展、开放融合、变革创新是不可逆转的三大潮流。面对世界潮流与时代变局，企业家应当把握历史规律，认清世界大势，以商业智慧把握新机遇。

在中国企业界，如果要了解本土企业家的世界眼光，家电行业必定是最佳研究样本之一。在中国家电业40年的发展历程中，外资品牌一直扮演着至关重要的角色。到1978年改革开放时，中国大部分家电尚不能自主生产，需要靠国外进口。以洗衣机为例，到20世纪80年代中期，中国先后从日本、英国、意大利等国家引进60多项技术。到20世纪90年代中期，中国家电市场依然是外资企业的天下，松下、索尼、夏普、三洋、西门子、惠而浦等世界大品牌如日中天，到1995年底至少有25家外资品牌在中国设立了合资公司。进入21世纪之后，几乎所有欧美系、日韩系品牌都在中国设厂，由合资改为独资，依然风头强劲。

在不经意间，经过十几年的发展，在外资品牌垄断的夹缝中诞生并成长起来的中国家电企业，已经完成从模仿跟随到崛起超越。尤其是进入2016年之后，家电行业再次成为经济话题的热门领域，几桩影响未来全球家电行业格局的并购案重新将公众视野到聚焦中国家电身上。

2016年1月15日，海尔宣布以54亿美元收购家电业务。海尔并购GE家电的一个月之后，2016年3月日下午，鸿海宣布将投资2888亿日元收购夏普普通股，持有66%的股权。同一个月，3月17日，日本东芝与美的集团双方发布公告，美的已与东芝就收购白色家电业务达成谅解备忘录，总额约为33亿元，美的将持有东芝家电80.1%的股权。

连续三桩振奋人心的并购案不仅让公众自豪于中国家电崛起，升腾起全世界"扫货"的优越感。中国是全球最庞大、最有潜力的巨大市场，消费升级还将带来更多机会，在解决制造环节的降低成本、提升附加值基础上，再多一些客户为中心的研发创新意识，甚至还能主动进行战略转型和经营变革，必将在全球家电行业称雄。而且，中国必将成为全球家电制造中心，而且会成为全球家电大国，在规模提升、市场扩大的同时形成技术、品牌领先优势，成为家电强国。

同样，当欧美、日韩家电企业发展低潮、转型停滞的全球格局中，未来 5 年中，越来越多的中国家电企业将面临从追随者向领导者过渡的适应期，我们面临的所有中国难题，已经是世界难题。

中国家电行业的发展历程，体现了企业家具备世界眼光和全球格局的重要性。那么，什么样的企业家才是具有世界观的企业家？首先要有大视野。视野决定境界，中国企业家不能站在中国看中国，要跳出中国看中国。一个企业家，能看到国内外经济、行业和技术变化以及发展趋势，发现并掌握大规律，才能为企业开创新境界。一家企业能走多远，关键在于企业家能看多远，能看到未来多少年会发生什么样的变化。这个视野最重要的就是能看到未来变化大趋势，比如政治领域的变化、经济领域的变化、技术领域的变化，以及企业自身能力发展的变化。

世界观还要有大格局。企业家需要放眼全球，不仅要了解国际市场，致力于做好独具特色的国际化产品，更要争取国际化的品牌和影响力；意味着企业家要放宽视野，不只要了解本行业、本领域的前沿信息，更要对其他相关产业、甚至世界经济发展态势有更为全面深刻的认知与把握，如此才能为企业谋深远。

全局观也是世界观的一种体现，所谓全局观，就是要让企业生态链都满意，要让客户、员工满意，让合作伙伴、政府满意，甚至赢得竞争对手的尊敬。这也是很多企业家在企业中推行股权激励的初心。让更多的人成功，才是真正的成功。让别人强大了，你才可能强大。

如今，商业模式在不断变革，新事物也风起云涌，每个时代都会在趋势的引导下形成新的风口，企业家只有站在一定的高度，进行顶层布局，做到观念世界级、能力世界级、资源世界级，才能抓住机遇，引领企业顺势腾飞，不断发展壮大。

第三节 企业家的财富观，决定了企业的高度

一个企业家对待财富的态度，决定了其事业的高度。

具有企业家精神的人与资本结合就是企业家，而企业家是市场的主体，无论资源配置还是科技创新，都是企业家精神在发挥决定性作用，资本只是提升效率的工具。当然，客观来说，追求利润、积累财富也是企业家的动力之一，本无可厚非，企业家是私有财产制度的产物，只有建立私有财产制度、保护产权，才能出现真正的企业家。

在财富与成功画等号的时代，富豪榜俨然成了成功者的"光荣榜"。每年富豪榜发布，都会刮起一股"首富旋风"。富豪榜不只是创业成功者的盛宴与狂欢，也是财富路径与经济规律的直观表达。一个国家、社会对待财富的态度，就是对待历史和未来的态度。

在 1999 年胡润第一次推出中国富豪榜之前，中国的私人财富状况从未公开，没人知道"首富"是谁。其实，在改革开放后很长一段时间内，发财致富需冒坐牢的风险。

特殊的政治环境给了第一批胆大者创富的机会。20 世纪 80 年代，个体户悄然兴起，温州柳市镇的"五金大王"胡金林 1980 年收入几十万元，1982 年因"投机倒把"被追查，如果不逃可能被捕甚至枪毙。安徽芜湖的年广久靠炒瓜子暴富，1982 年就赚了 100 万元，家里藏的钞票沤到发霉，

一出太阳就得用麻袋装满扛出来晾晒。可他因为做买卖三次入狱，罪名分别是投机倒把、"牛鬼蛇神"和"流氓罪"。

1978年以来，中国第一个被冠以"首富"的人是牟其中。1989年他因"罐头换飞机"一夜成名，又以"空手道"实现系列资本运作，1994年入选福布斯全球富豪龙虎榜，位居大陆第四，国内的一本民间刊物将他评为"大陆超级富豪之首"，"首富"由此诞生。

名正言顺的"首富"要等到20世纪最后一年出现，在当年的十大富豪中，刘永好家族、吴炳新、黄宏生红极一时，主要集中在饲料、制药、家电等实业。此时的中国，市场经济体制已确立7年，企业家地位扶摇直上，造富浪潮一浪高过一浪，发财途径更阳光合法，胡润富豪榜对中国人财富观念的冲击和转变史无前例。

新千年的头10年，"中国首富"只在荣毅仁家族、刘永好家族、丁磊、黄光裕、张茵、杨惠妍、王传福之间变化，他们也是十大富豪榜的常客。2008年，曾于2004年、2005年连续当选首富的黄光裕再度登顶，却在当年11月银铛入狱，"首富落马"现象备受关注，"富豪榜成为'杀猪榜'"的言论大行其道。"黄光裕案"成为30年财富史上的另一大转折点，"首富"光环黯然失色，合法致富深入人心。

在胡润发布富豪榜的10年间，有1330名富豪上榜，"落马"富豪49名，占总人数的3.7%，其中还包括下落不明、去世的人，真正的"问题富豪"只有1.4%，比例很低。富豪榜产生树大招风、全民监督的效果，这是鼓励"阳光造富"的好事，那些非法致富者无论是否上榜终将倒霉。

2010年以来的第二个财富十年，胡润捧出的"首富"依次为宗庆后（三次）、梁稳根、王健林（连续三年）、许家印、马云，尽管互联网富豪如日中天、势不可当，但"首富"依然由传统行业的代表轮流坐庄，勤劳致富的传统观念依然根深蒂固。不过，今后几年，这种观念将随着虚拟经济的代表霸占"首富"而动摇甚至颠覆。

纵观改革开放以来的中国财富史，发财路径可总结为：六七十年代靠体力；80 年代靠胆识；90 年代靠关系；新世纪靠知识。创富方式从资源利用开发、产业创新融合进化到构建生态体系阶段，首富已实现从生产销售商品到营销生活方式、从管理企业到开创事业、从创造财富到传播价值的蜕变。与之同时，普通人的财富观念也从追求结果、关注"首富"转变为注重过程、全民理财。

改革开放以来，中国富豪如恒河沙数。2018 胡润全球富豪榜显示，大中华区十亿美金富豪人数达到 819 人，占总人数的 30% 左右，位居全球第一。然而，财富可以传承，修行无法替代。林则徐曾言："子孙若如我，留钱做什么。贤而多财，则损其志；子孙不如我，留钱做什么。愚而多财，益增其过。"意思是子孙如果像我一样卓异，我就没必要留钱给他，贤能却拥有过多钱财，会消磨他的斗志；子孙如是平庸之辈，我也没必要留钱给他，愚钝却拥有过多钱财，会增加他的过失。传承财富是最没有意义的，"成功于一时，垂业于万世"，可以传承万世的唯有经营事业的心智与历练。

美国富豪的解决途径是慈善，从卡内基、洛克菲勒到盖茨、巴菲特，美国超级富豪都是大慈善家，如果临终前还非常有钱对他们而言是一种耻辱。从本质上来说，所有的富豪都是财富管理者而非拥有者，只有让财富流动起来，创造更多的财富，才是财富的真义，也是富豪的价值所在。企业家的财富越多、能力越强，意味着其社会责任越大。

一辈子致力于慈善事业的企业家邵逸夫曾经说过，"一个企业家的最高境界是慈善家"。财富应向善，慈善是文明和进步的标志之一。值得欣慰的是，过去 10 年来，中国企业家的财富观念、慈善意识不断提升，企业家群体的社会捐款数量逐步增加。根据 2018 胡润慈善榜公布的数据，"100 名中国大陆最慷慨的慈善家总捐赠额比去年上升 33%，达到 218 亿元；上榜门槛比去年提高 6.7%，达到 1600 万元。其中，平均捐赠额是 15 年前的十多倍。"

随着企业规模的不断扩大和个人财富的快速增长，中国企业家已成为推动公益慈善事业发展的重要力量，一些有社会责任与担当、有理想与情怀的企业家已经逐步完成了由"企业家"向"慈善家"的意识和身份转变。同样，社会尊重企业家，不是因为企业家能创造财富、拥有财富，而是因为他们懂得如何利用财富去改变和影响世界，能做到以家国利益为重，以未来利益为重，以社会利益为重。

企业家把企业经营好是一种本能，承担更多社会责任是一种本分，而将企业家精神与社会责任相结合不仅是一种创新，也能创造更大价值。在今后漫长的岁月里，这样的财富观将深深影响中国乃至全世界的商业观念，它逐渐沉淀为一种精神，激励年轻一代勇敢追寻光荣与梦想。在纷繁复杂的世界，这种精神本身就是弥足珍贵的力量。

前海股权事务所 >>>

中力知识科技成员机构，**中国股权激励领先品牌**。帮助企业解决股权激励、股权架构布局、控制权设计、股份改制、股权并购重组与上市、股权价值管理等一揽子股权事务的股权运营专家。

前海股权事务所在股权激励领域研究和服务范围广泛，涵盖了股权激励与顶层设计、领导力、组织效能、合伙人机制、股东精神与企业文化、产业链整合、企业上市与法律法规等知识体系的融会贯通，深度解决企业股权激励根本性和系统性问题。

前海股权事务所注重科技创新，研发并推出了"股角兽"股权智能平台，通过软件、互联网、云计算、大数据方式，为企业提供股权激励与股权管理智能解决方案。

前海股权事务所积极关注社会公益，2014 年至 2018 年连续承办了50 余场《基于顶层设计的股权激励》公益辅导班（4 天 3 晚），并定期发布《中国股权激励白皮书》和举办"中国股权激励高峰论坛"，引领行业发展。

深圳中力知识科技有限公司 >>>

创新驱动综合服务机构，聚焦管理创新、产业创新和科技创新服务，是集学术研究、培训咨询、会员服务、产融服务、商业智能服务、科技服务为一体的创新型智库和平台，为客户提供知识、资本、生态的高附加值服务。公司在北京、上海、广州、成都、无锡、南昌等地设有分支机构。